安泰行业评论·第一卷

陈方若　主编

上海交通大学出版社
SHANGHAI JIAO TONG UNIVERSITY PRESS

内容提要

　　《安泰行业评论》旨在为学界、业界和政府部门的相关人士提供一个探索解决重点行业发展中的难点和痛点，寻找转折点的研究平台。鼓励学者学以致用，更加深入地关注中国经济和行业发展中的问题；鼓励学者和企业管理者相互借鉴，共同探索新的商学研究范式，营造充满活力的商学生态。本卷的12篇文章都由国内著名高校的资深教授和经验丰富的企业管理者撰写，从多产业视角切入，涵盖了中国互联网平台监管、中国工业互联网发展实践、互联网医疗、电商物流发展、硬科技产业发展、产业数字化转型等诸多重要问题的前沿探索，同时也对智慧视觉、区块链技术、人工智能技术等一系列重要数字技术赋能产业发展问题进行了深入剖析。本书既适合学术界对数字经济发展问题感兴趣的相关领域研究者进行学术讨论，也有助于企业家对产业转型、数字化发展与平台赋能相关产业发展实践问题的深入思考。

图书在版编目（CIP）数据

安泰行业评论.第一卷/陈方若主编；陈宏民执行
主编.—上海：上海交通大学出版社,2022.9
ISBN 978-7-313-27397-0

Ⅰ.①安… Ⅱ.①陈…②陈… Ⅲ.①社会科学—文
集 Ⅳ.①C53

中国版本图书馆CIP数据核字（2022）第162725号

安泰行业评论·第一卷
ANTAI HANGYE PINGLUN·DI-YI JUAN

主　　编：陈方若
执行主编：陈宏民
出版发行：上海交通大学出版社
邮政编码：200030
印　　制：上海景条印刷有限公司
开　　本：889mm×1194mm　1/16
字　　数：234千字
版　　次：2022年9月第1版
书　　号：ISBN 978-7-313-27397-0
定　　价：68.00元

地　　址：上海市番禺路951号
电　　话：021-64071208
经　　销：全国新华书店
印　　张：9.5
印　　次：2022年9月第1次印刷

安泰行业评论

主　　编：陈方若

执行主编：陈宏民

编委会成员（按照姓名首字母排序）

Preface | 序 |

《**安**泰行业评论》是一个系列出版物，其创编有三个主要目的：一是探索一种新的研究范式；二是架起一座连接学界与业界的桥梁；三是营造一个健康的商学学术生态。下面我们就来谈谈这几个目标背后的逻辑。

所谓研究就是对一个复杂问题提出自己的见解。好的研究通常具备两个维度：一是好问题，二是好见解。当然见解是要建立在严谨、科学的方法之上，而不是拍脑袋想出来的。在商学领域，包括经济学与管理学两大类，我们观察到一个普遍现象，那就是对第一个维度的重视程度远远不及对第二个维度的重视程度。造成这种现象最重要的原因是论文审稿人的局限性。通常情况下，审稿人都是同领域的学者，对很多实践性很强的问题（经管研究的主要对象），他们掌握的一般都是二手资料。因此对研究的问题是否可称为"好问题"，他们只能做"近似"处理。所以我们经常看到"误判"的情况，一个"假"问题被认为是"真"问题，而一个"真"问题却被判定为"假"问题。相比之下，在"好见解"维度上，我认为审稿人的表现值得点赞。这要归功于学者们深厚的逻辑功底和多年的理论熏陶。

我们希望探索一种新的研究范式。在这个新的范式里，我们更关注"好问题"的提出，当然也不忘鼓励"好见解"。行业实践是经济管理问题的富矿，希望本系列出版物能成为挖矿人的天地、"找问题"的平台。大家知道，行业研究，即以行业问题为导向的研究，在业界已经开展了很久，已有成熟的范式。但对于很多学者来说，行业研究还比较陌生，况且学界与业界在行业研究的目标定位上可以有所不同。因此，我们也希望本系列出版物能成为大家探讨学院派行业研究范式的开放平台。

我们希望在学界与业界之间架起一座新的桥梁。经管学科是一门实践性很强的学科，因此，学界与业界的紧密联系就显得异常重要。所谓联系，就是两个群体之间的交流、碰撞与合作，前提是学术研究与业界兴趣要有较大的交集。业界对商学领域的研究一直抱有很大的兴趣，包括宏观经济与企业管理等。因此，在宏观与微观（企业）层面，学界与业界一直保持着比较紧密的联系。相比之下，中观（行业）层面的交集就比较少了，主要是因为学界没有把行业研究作为一个重要的研究方向。这种状态是令人遗憾的，因为业界在这方面的投入是巨大的，如咨询公司和投资公司的投入，这与学界的重视程度形成了巨大的反差。当然，学界与业界在行业研究的目标上可以有所不同，如业界可能主要关注市场或投资机会的发现，而学界可以有更广阔的追求，如问题发现和政策建议，但这并不妨碍学界与业界之间的跨界交流。学界与业界在行业"中观"层面的交集，希望能够通过本系列出版物加以扩大。

我们希望本系列出版物也将有助于商学生态的建设。就跟在自然界一样，一个健康的生态必须具有物种多样性，多种多样的物种可以互补、互促、共同进化。我们在这里倡导的研究范式对学界而言就是一个新物种，它和传统的研究范式一起，可以相辅相成、相互促进、共同发展。这样我们的学术生态就会变得更加丰富，一种范式注重发现问题，另一种范式注重解决问题，它们形成一个自然的生态链，共同守护着整个生态系统的健康与活力。另外，因为学界与业界的连接更加丰富且紧密了，学术生态也会因此而变得更加开放，兼收并蓄，海纳百川，生机勃勃。最后，我们希望经过多年的努力，本系列出版物能够成为商学研究领域的一个重要参照物，被纳入商学院的考核评价体系中。考核是指挥棒，因此一个正确的考核评价体系应该与组织的终极目标保持高度一致。我们相信理论与实践的紧密结合符合商学院的终极目标，而本系列出版物也将成为商学生态的一个重要组成部分。

《安泰行业评论》创编的背景是安泰经管学院正在推行的一项改革。几年前，安泰重新制定了发展战略，把目光聚焦在促进商学院理论与实践的紧密结合上。学院的发展战略是"纵横交错，知行合一"，旨在于传统的学科导向的"横向"研究基础之上，建立以行业问题为导向的"纵向"研究，形成纵横交错的发展局面。大家知道，商学院的"象牙塔"文化由来已久，而且有愈演愈烈的趋势。对于实践性很强的商学学科来说，这种趋势无疑是危险的，甚至是毁灭性的。安泰的新发展战略就是希望扭转这种趋势，重回商学院发展的正轨。我们想在商学院也来一场改革与开放，通过行业研究这一有力抓手，为学科发展引来"活水"。另外，为了配合这项改革，安泰也对教师的考核评价体系做了修订，鼓励多元发展，既欢迎理论创新也倡导对实践的贡献。我们把这套新体系叫做"全光谱考核评价体系"，希望老师们都能在一个更加广阔的光谱里，找到合适的位子，发出自己的一份光和热。但是，在修订考核体系的过程中，我们发现现有的出版物覆盖面还不够广，特别缺乏那些在"找问题"上下功夫的文章。这是创编本系列出版物的初衷。

感谢兄弟院校与社会各界对安泰经管学院一直以来的关注与支持！安泰的改革只是众多商学院只争朝夕、锐意进取的一个缩影。大家知道，要改变一个生态，这个生态中的每一个成员都要行动起来。众人拾柴火焰高！衷心希望《安泰行业评论》能够成为商学院变革与行业创新发展道路上的一个"会客点"和"加油站"。让我们携手共进，为推动我国社会经济的发展做出应有的贡献！

上海交通大学安泰经济与管理学院院长
上海交通大学行业研究院院长
上海交通大学深圳行业研究院院长
2022 年 8 月 22 日

安泰
行业评论
ANTAI
INDUSTRY
REVIEW

目录

1
智慧视觉产业现状分析与发展建议
魏 江 应震洲 刘 洋

12
中国互联网平台的反垄断监管：动态探索、国际经验与未来思考
陈宏民 陈志洪 杨云鹏

28
"硬科技"产业发展的激励机制、财富示范效应和社会影响
徐 飞 何 伟 胡 铖

43
数字技术如何赋能价值增值：企业微信场景生态系统的运作启示
陈春花 梅 亮

60
基于区块链技术的数据—算法—场景价值链研究展望
蒋 炜 王鸿鹭 郑志强 沈 浙

69
勇立潮头：中国工业互联网发展的实践探索
吴晓波 余 璐

与未来对话

81
新时期我国电商物流发展特征、挑战及对策建议

刘　祺　冯耕中　朱佳雯　周　旭

91
全球结构矛盾加剧背景下的中国产业转型

潘英丽　何知仁

105
疫情防控推动互联网医疗快速发展

于广军

112
全球变局中的人工智能产业发展：新格局与新挑战

史占中　张　涛

122
重重困境下的中国制造业如何转型突围

蒋　耀　孙远祥

133
钢铁工业数字化工厂建设与运营——浅谈数字孪生技术的应用

袁　磊

智慧视觉产业现状分析与发展建议

魏　江　应震洲　刘　洋

摘要

　　过去20多年来,我国智慧视觉产业整体水平正从并跑转向领跑,市场份额全球第一,这得益于我国智慧视觉产业发展的市场优势和制度优势,但我国视觉产业相关领域的科技创新能力仍落后于美国、日本,存在一些薄弱环节,突出反映在:一是图像传感器高端技术被垄断;二是芯片供应严重受制于人;三是储存硬盘被美国两大寡头占领;四是国外垄断了算法基础框架研发。由于美国对我国视觉智慧领域的核心技术封锁,智慧视觉产业供应链上出现以下"卡脖子"环节:一是高端芯片供应链断裂,成品芯片的供应受限;二是制造设备封锁,超高端光刻机禁售;三是产业链内迁至排华的"美国半导体联盟"。为此,本文建议:我国要充分发挥自身市场优势,构筑产业创新生态,采用非对称创新赶超战略,既要坚定不移地扩大国际高水平科技合作,又要发挥新型举国体制优势,制定新型行业国际标准,实现非对称创新追赶。

关键词

智慧视觉;卡脖子环节;产业生态

【作者简介】

魏　江　浙江大学管理学院院长、教授、博士生导师,研究方向为创新管理、战略管理。先后主持国际合作项目、国家自然科学基金项目、国家社科重大项目等。在国际、国内有关刊物上发表论文400多篇,出版专著18部。成果引用率连续10多年处于国内管理学界前列。

应震洲　浙江大学管理学院博士生,研究方向为创新战略。

刘　洋　浙江大学管理学院百人计划研究员、博士生导师,研究方向为创新战略。

2021 年5月28日,习近平总书记在两院院士大会和中国科协第十次全国代表大会上强调,科技攻关要坚持问题导向,奔着最紧急、最紧迫的问题去①。智慧视觉产业是战略性新兴产业,我国核心企业海康威视、大华股份、海能达、华为、中兴等均被列入美国实体"黑名单",被限制芯片供应、封锁制造设备供应等。回顾我国智慧视觉产业历程,比较中美智慧视觉产业供应链体系优劣势,识别我国智慧视觉产业的技术和零部件断裂点,对于支撑我国智慧视觉领域科技自立自强、抢占未来科技和产业发展的制高点具有重要意义。

1 智慧视觉产业发展历程

智慧视觉产业依托于视觉计算,聚焦于感知智能的图像捕捉、图像运输、图像储存和分析,实现在安防、制造、政务、医疗、零售等行业的应用。1982年,Marr[1]提出视觉计算的理论与方法,通过计算的方式实现二维图像到三维结构的复原,由此,计算机视觉成为一门独立学科。随着大数据、深度学习、运算能力等的高速发展,视觉计算已广泛应用于城市安防等领域,填补安防领域人眼识别的不足。视频监控经过4个阶段发展,已经初步与数字、AI相结合,形成智慧视觉产业。智慧视觉产业是指以通过计算机模拟人的视觉功能,从客观事物的图像中提取信息为手段,利用"视频+AI+数据",构建视频监控平台,从而实现安防智慧升级的产业。产业链包括上游、中游、下游3个部分,本文所提的智慧视觉特指应用于视频监控领域的智慧视觉。

2020年我国智慧视觉产业市场规模达860多亿元,占整个人工智能行业的57%,计算机视觉逐渐成为人工智能领域最重要的研究方向[2]。智慧视觉产业生态比较开放:产业链上游包括算法(如图像处理、视频压缩算法[3])、芯片(如图像传感器芯片)和其他零件(如光学镜头和硬盘存储器),而核心半导体决定视频质量(见图1);中游包括设备产品设计和制造(如摄像机、存储录像设备、显示设备和交换机[3])等;下游包括产品分销、运营服务等。

我国智慧视觉产业起步较晚,发展迅速,经过模拟监控、数字监控、网络高清监控、智能监控4个阶段的发展[4](见表1),已步入世界领先行列。第一,模拟监控阶段(1979—1999年)。该阶段视频监控系统主要由图像质量低、无法联网的模拟摄像机等构成,海外企业垄断监控设备,中国企业以代理商为主。第二,数字监控阶段(2000—

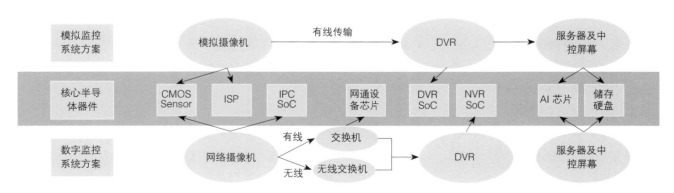

图1　智慧视觉行业核心半导体器件

① 崔兴毅.科技攻关,奔着最紧急、最紧迫的问题去[EB/OL].(2021-05-31)[2022-04-14].https://news.china.com/zw/news/13000776/20210531/39627901.html.

表1　智慧视觉产业发展历程

阶　段	时　间	特　点	代　表　企　业
模拟监控阶段	1979—1984年	国外视频监控概念进入中国，主要应用在文博等特殊单位，产业法律法规空白	C&K、ADEMCO、SONY、Panasonic
	1985—1999年	国外产品进入，代表产品是模拟摄像机及磁带录像机，产业法律法规制定处于起步阶段	Honeywell、JVC、SANYO
数字监控阶段	2000—2004年	视频监控企业逐渐增加，视频监控产品品类逐渐丰富，在金融、交通、楼宇等领域逐步应用	TYCO、BOSCH、三星
	2005—2010年	市场规模逐步扩大，网络监控系统发展壮大，从产品向系统集成方向发展	VERINT、AXIS、NICE
网络高清监控阶段	2011—2016年	从系统集成向解决方案、行业化及平台化发展，平安城市大力发展	海康威视、大华、宇视科技
智慧视觉阶段	2017年至今	人工智能赋能智慧视觉，人脸识别得到快速发展，视频结构化及大数据介入，AI企业入局	商汤、依图、华为、云从科技、旷世

数据来源：根据黄凯奇等人在2015年的相关资料[4]及其他公开资料整理。

2010年）。该阶段，数字视频录像机（DVR）出现并取代了磁带录像机，智慧视觉行业实现跨越式发展，中国企业也逐步推出自己的视频编解码算法，正式进入视频监控产品市场。第三，网络高清监控阶段（2011—2016年）。该阶段出现的网络高清摄像机和网络硬盘录像机，可以将视频数据通过网络输送，从而开启了网络监控时代。第四，智慧视觉阶段（2017年至今）。计算机视觉领域中人工智能技术快速发展，视频监控走向智能化、主动化。产业边界不断扩张，人工智能、云计算等新兴技术开始赋能视频监控，推动智慧视觉产业形成。2018年，

智慧视觉（AI+视频监控）产业快速落地，AI技术成为推动智慧视觉行业发展的中坚力量，市场边界拓宽。具有视觉算法、产品的企业更具竞争优势，传统安防企业、AI企业、BAT企业交互竞争合作，产业边界不断扩张。

目前，智慧视觉行业发展加速，市场规模显著扩大，需求侧与供给侧多元化加剧，产业成员走向竞合。为满足国家安全需求，行业逐步实现全链条国产化（见表2）。2020年全球智能视频监控市场规模达226.5亿美元，成为智慧视觉领域不可小觑的应用市场[5]。我国智慧视觉企业数量已达上千，主

要市场份额由头部企业所掌握，海康威视、大华占据国内市场超过59%的份额，占全球市场41.7%的份额[6]。

随着智慧视觉产业的发展，产业生态在以下几个方面出现变化。第一，市场需求方从政府向企业与个体消费者拓展，需求多元化。应用场景扩大，传统视频监控产品和解决方案不断向多场景拓展。第二，市场边界打破，产业开始融合[7]。市场供给方更加多元化，ICT（信息与通信技术）和人工智能算法领军企业开始进军智慧视觉行业。第三，企业间合作加强，形成生态竞争。人工智能在视觉领域的应用是

表 2　关键零部件国内外供应商

环　节	关键组件	国内主要供应商	美国主要供应商	其他主要供应商
视频捕捉	光学透镜	舜宇光学、联合光电、宇瞳光学		腾龙光学、佳能
	CIS（图像传感器）	韦尔半导体（豪威科技）、思比科	安森美	索尼、三星
	网络摄像机芯片	海思、富瀚微电子、国科微	德州仪器、安霸（Amberella）	Nextchip
	人工智能芯片，图像处理器	海思	英伟达、英特尔	
	模数转换器	圣邦微、矽力杰	亚德诺、德州仪器	
传　输	企业网络设备	H3C		惠与
	IP网络设备	华为、中兴、星网锐捷	思科、瞻博网络	
	网络设备芯片	海思、中兴微电子、盛科	博通、美满	瑞昱
储存与中心分析	服务器	华为、浪潮、联想	戴尔易安信、惠与	
	中央处理器	海思	英特尔	
			超威半导体	
	人工智能芯片，图像处理器	海思、寒武纪	英伟达	
	NAND/DRAM	长江存储、长鑫/兆易	美光、英特尔、西部数据（WDC）	三星、东芝、海力士
	硬盘驱动器		西部数据	东芝
	NVR/DVR SoC	海思	希捷科技、德州仪器、美满	

数据来源：根据公开资料整理。

场景化、碎片化的，涉及模型、硬件、应用、场景等多个环节，任何一家企业都无法独立打造完整的产业链。

2 智慧视觉产业发展优势

本文通过对市场与企业内部进行分析，认为我国智慧视觉产业在过去20年之所以取得快速发展，取决于三大优势：市场优势、制度优势与部分技术优势。

2.1 市场优势

我国智慧视觉市场具有基础雄厚、规模大、层次明显、产业壁垒高等特点，产业链中各层级产品均存在应用市场。① 智慧视觉产业基础雄厚。海康威视、大华占据全球市场41.7%的份额，这两个行业巨头均位于中国，使中国智慧视觉产业资本雄厚，拥有坚实的产业基础，这有利于新技术的开发及实现强者恒强的局面。② 市场需求大。我国智慧视觉市场需求总量突破5亿台，市场总规模突破500亿元（见表3）。预计到2025年，市场规模可达到1 500亿元，带动相关产业规模预计达4 800亿元。③ 市场层次明显。我国智慧视觉市场的分布在地域上存在明显梯度，不同层级市场（市、县、镇等）之间存在较大差距，智慧视觉产业链中各层次产品均存在被市场接受的可能。④ 智慧视觉市场进入壁垒显著。海康威视和大华基于对行业的理解，立根于视频解码，融合软硬件技术，为终端提供一体化解决方案，因此，具有较强的市场影响力。智慧视觉行业壁垒明显，新进入者若缺乏应对多元应用场景的经验，则难以快速获得通用技术以绕开壁垒。而中国智慧视觉产业在行业资源积累上具备明显优势。

2.2　制度优势

我国政府大力开展"雪亮工程""智慧城市"等工程，创造出体量巨大的制度型市场，这有利于智慧视觉产品试验应用，形成产业"试验田"，推动智慧视觉产业不断进步。"雪亮工程"联合三级（县、乡、村）治理中心，以智慧视觉为基础，旨在实现"全域覆盖、全网共享、全时可用、全程可控"的公共安全视频监控建设联网应用[8]。2015年起，视频监控建设已被提高到国家安全领域战略高度（见表4），中央将"雪亮工程"建设纳入"十三五"规划。"雪亮工程"的推进为智慧视觉产业带来众多发展机遇，各"雪亮

表3　2020年各地区智慧市场简况

	智慧视觉市场规模/亿元	智慧视觉消费规模/亿元	智慧视觉市场需求量/亿台
华　东	197.17	170.38	2.177
华　南	136.49	117.97	1.431
华　北	66.79	57.71	0.800

数据来源：智研瞻产业研究院，《2021—2027年中国安防视频行业市场前景分析预测报告》。

表4　"雪亮工程"相关规划

城　市	"雪亮工程"相关规划
北　京	2016年发布《关于积极推进"互联网+"行动的实施意见》
呼和浩特	自2016年起投入26.1亿元打造公共安全视频监控"天网"工程
郑　州	安装约22 000台摄像机，完成全区域、全时段覆盖，全网共享的视频监控建设
太　原	建设"雪亮工程"指挥调度中心
长　沙	推进公共安全视频监控项目，由政府投资安装公共位摄像机7.5万台
临　沂	临沂平邑县"雪亮工程"利用三级联合治理中心，使视频联网覆盖515个行政村
遂　宁	打造"雪亮工程"平台，增设视频监控点近600个，覆盖全市120余个乡镇

数据来源：根据公开资料整理。

工程"应用城市对摄像头硬件及监控综合平台的需求旺盛，促使形成制度型市场，而应用场景的拓展又进一步扩大了智慧视觉市场规模。此外，我国还出台了大量智慧城市扶持政策（见表5），加速智慧视觉市场发展。智慧城市建设所包含的智慧安防、智慧交通等项目都拓宽

了智慧视觉产业应用场景。智慧视觉企业通过技术融合创新逐步衍生出安防机器人、智能巡检机器人、防爆机器人、智慧安防平台等一系列创新产品和服务模式[9]。

2.3　技术优势

智慧视觉产业对前端摄像技

表5 我国智慧城市建设相关扶持政策

发布时间	部　门	文　件　名	主　要　内　容
2014年3月	中共中央、国务院	《国家新型城镇化规划（2014—2020年）》	推进智慧城市建设，将网络信息宽带化、规划管理信息化、基础设施智能化作为主要建设方向
2014年8月	国家发展改革委联合七部委	《关于促进智慧城市健康发展的指导意见》	到2020年，建成一批智慧城市，致力于改善民生服务，增加城市综合竞争实力
2016年2月	中共中央、国务院	《关于进一步加强城市规划建设管理工作的若干意见》	到2020年，建成一批智慧城市，用以提高城市内部以及城市间的运行效率
2018年2月	交通运输部	《关于加快推进新一代国家交通控制网和智慧公路试点的通知》	试点内容包括：基础设施数字化、路运一体化车路协同、基于大数据的路网综合管理、新一代国家交通控制网等
2019年1月	自然资源部	《智慧城市时空大数据平台建设技术大纲（2019版）》	打造智慧城市时空大数据平台试点，用以统筹城市整体规划、开发及管理

数据来源：根据公开资料整理。

术具有较高要求，而我国摄像机算法核心技术、5G摄像机关键技术、视频编解码技术处于世界领先水平，体现在以下两个方面：一是进入数字化时代，基于CMOS（互补金属氧化物半导体）感光芯片的核心算法已打破日本的垄断，形成群雄逐鹿的市场形态，给予中国智慧视觉厂商更多的竞争机会。各大国内企业可以自研算法来适配不同的芯片，以搭载到具备知识产权的自制摄像机，使摄像机表现出更加优越的性能。二是5G摄像机关键技术和视频编解码技术，如智能流控技术、智能编码技术、智能解码技术等逐步达到国际领先水平[10]，其中我国制定的新型音视频编码国家标准，逐步在国际范围内推广使用。

3 我国智慧视觉产业"卡脖子"环节

3.1 产业科技创新能力薄弱

虽然我国智慧视觉产业已处于国际前列，但是科技创新能力存在系列薄弱环节，突出反映在：一是图像传感器高端技术被垄断；二是芯片严重受制于人；三是储存硬盘受美国两大寡头占领；四是国外垄断算法基础框架研发。

1）图像传感器高端技术被垄断

智慧视觉图像传感器像素要求高，国内厂商在中低端市场供货，高端市场被国外巨头企业瓜分。应用于智慧视觉产业的摄像机需要满足智慧视觉"看得清、看得远"的高

像素要求，因此，CMOS传感器凭借低成本、低功耗、高清晰度的优点取代了CCD传感器[11]。国内CMOS厂商仍以中低端市场供货为主，高端传感器技术掌握在国外巨头企业手中，高端市场被巨头企业瓜分。2018年，索尼在CMOS图像传感器市场中的占有率为50.1%，行业排名第一，达68亿美元；三星排名第二，市场占有率为20.5%，豪威科技（目前已被国内企业收购）排第三，市场占有率达11.5%[17]。国内厂商思比科等企业主要通过渠道代理商出货，开始逐步拓展智慧视觉市场；豪威科技则直接向海康威视、大华股份供货。

2）芯片严重受制于人

产业内AI芯片种类多、要求

高,国内集成电路制造工艺低,这些因素阻碍了芯片产业的发展。AI芯片暂无被广泛接受的定义,广义上所有能运行AI算法的芯片都可称为AI芯片[13]。智慧视觉行业对于AI芯片的要求突出体现在以下三个方面:① 算力要求不断提升。② 芯片集成度越来越高。在摄像机领域,AI芯片正逐渐和视频处理芯片融合,以提供更高集成度、更低功耗和更佳性能的产品。此外,基于客户实际场景进行在线训练以提升算法精度已成为芯片产业的发展趋势。③ 云边端芯片统一架构成为趋势。随着智能化的深入,同一算法模型需要同时在云端和边缘设备灵活部署(见表6)。AI芯片在智慧视觉产业中需要具备在前端实时

处理复杂应用环境和在多种室外环境下可靠工作的能力[14]。智慧视觉产业"芯片"严重受制于人,国内企业介入困难。不同零部件的芯片要求不一致,分别由国外不同大厂技术垄断(如高性能AI芯片主要由英伟达、英特尔提供;高端传感器芯片由索尼、三星提供;储存器芯片由希捷和西部数据提供)。总体而言,芯片制造需要依托集成电路制造工艺,但是我国集成电路制造工艺不够先进,还不能满足高端芯片的产出,我国还未掌握14纳米以下的芯片制作工艺,这限制了高端芯片在智慧视觉市场的应用。

3)储存硬盘受美国两大寡头占领

产业内储存硬盘要求严格,技

术与市场均被国外寡头占据,国内缺乏发展基础。智慧视觉产业硬盘主要用于数字硬盘录像机和监控影像系统,需要硬盘能够24×7全天候连续运作[15]。因此,相比于个人计算机,硬盘在能耗与兼容性方面要求更高。由于应用场景的特殊要求,硬盘需具备以下特点:一是采用智能寻道技术以优化寻道速度,降低能耗、噪声和振动,提高运转流畅度;二是需要缓存技术为数字视频录像和回放做优化;三是搭载斜坡加载技术以确保硬盘在启动、停转和不工作时停放磁头;四是使用不锈钢外壳将工作噪声最小化,达到噪声低于15分贝的程度。智慧视觉硬盘储存市场主要被希捷(Seagate)和西部数据(Western

表6 AI芯片底层技术及供给商

类型	厂商	优点	缺点
CPU	英特尔、AMD、高通	通用性好,串行运算能力强,适用于逻辑运算	开发难度大,架构限制算力提升,低算力、高价格
GPU	英伟达、高通、ARM、英特尔	通用性更强,编程语言成熟易用;多线程结构,具有较强的并行运算能力;现有产品比较成熟,价格不高	性能不如专业AI芯片;价格、功耗等不如FPGA和ASIC;硬件结构不具备可编辑性;中算力、高价格
FPGA	赛灵思、阿尔特拉(Intel)微软、百度、深鉴、莱迪思	能耗低,效率高;可编译,灵活性高,开发周期短;用于平台加速、深度学习	编程语言技术门槛较高;价格较高,单价高于ASIC;计算能力不如GPU、FPGA
ASIC	谷歌(TPU)、寒武纪(NPU)、地平线(BPU)、比特大陆(BMU)、NXP、Movidius(Intel-VPU)、Mobileye	针对专门任务进行架构层优化设计,可实现PPA最优化设计,量产后成本最低	初始成本高;可编程架构设计难度较大,针对性设计会限制芯片的通用性

资料来源:根据公开资料整理。

Digital）占据，美国这两大寡头规模优势明显，其他企业难以突破壁垒。我国企业在硬盘零部件上与美国差距显著。我国硬盘产业发展缓慢，但硬盘并不是智慧视觉产业市场的独特零部件，考虑到我国传统PC机硬盘市场较大，美国不太可能对我国硬盘市场采取断供措施。

4）国外垄断算法基础框架研发

国外公司垄断了算法基础框架研发，我国企业难以介入，并且需要获得国外企业授权才能在应用层面进行改进，就目前而言，我国企业暂未涉及底层框架。

综上，产业供应链的主要断点是半导体零部件，包括AI芯片、储存硬盘芯片、传感器芯片等。

3.2　产业核心技术被国外封锁

为阻碍我国智慧视觉产业进一步发展，美国对我国智慧视觉领域的核心技术进行封锁，针对我国的半导体产业实行三大攻"芯"策略，围攻我国半导体产业，使得智慧视觉产业供应链上出现以下"卡脖子"环节。

1）高端芯片供应链断裂，成品芯片的供应受限

美国通过国家政策，限制我国芯片龙头企业发展。根据变更后的美国政策，使用美国芯片制造设备亦需要获得政府许可，致使我国芯片龙头企业（如华为等）和智慧视觉产业企业（如海康威视、大华等）被"卡脖子"：不仅高端芯片被"卡脖子"，

成品芯片供应也严重受限，严重阻碍了我国智慧视觉产业的发展。

2）制造设备封锁，超高端光刻机禁售

EUV（极紫外线）光刻机全球唯一供货商阿斯麦尔严重受美国等西方国家控制。美国限制阿斯麦尔对中国出口高端光刻机（5纳米、7纳米）。首先，阿斯麦尔的大股东、二股东分别为资本国际集团、贝莱德集团，这两家公司都是美国公司。其次，EUV光刻机的核心零部件仅有10%是由阿斯麦尔公司提供，最核心的顶级光源、高精度镜头和精密仪器制造技术三大部件和系统均由德国和美国公司提供[16]。超高端光刻机关键零部件的光源、镜头和阀件分别从美国、德国和法国进口，所有核心零部件均对中国实行禁运。最后，阿斯麦尔与英特尔签订战略合作协议，且英特尔占据阿斯麦尔一定股份。因此，美国可以轻松联合欧洲的阿斯麦尔等制造设备公司对我国智慧视觉产业中的芯片环节发起封锁，让我国在半导体制造端举步维艰，即使设计出14纳米或7纳米的芯片也无法完成制造，而芯片发展停滞又让智慧视觉产业进步减缓。

3）产业链迁移与"美国半导体联盟"

美国联合日韩、欧洲及中国台湾等地区的半导体公司，包括芯片制造商（如台积电、三星等）、设备厂商（如尼康、阿斯麦尔等）和芯

片IP巨头等成立"美国半导体联盟"[12]，将中国大陆企业排除在外；美国试图将半导体产业链回迁至美国本土，现已要求台积电将重心转移至美国，由此中国大陆或面临更为严重的芯片断供。

4　我国智慧视觉产业发展建议

4.1　企业发展对策

对企业而言，要充分利用我国优势，构筑产业创新生态，采用非对称创新战略，解决"卡脖子"问题。

1）把我国市场、制度、技术优势转化为企业自身竞争优势

（1）企业要响应"国内大循环为主体、国内国际双循环相互促进"的新发展格局，充分利用国内超大规模市场和国际市场，构筑自身竞争优势。国内产业巨头要积极向"一带一路"沿线国家输出产品，并且尊重国际规则，以减少海外国家对信息安全的顾虑。例如，宇视科技自中非合作论坛北京峰会召开以后，依托国家"一带一路"倡议，向非洲40多个国家输出产品与解决方案，并且将宇视解码器安置于非盟总部，体现对信息安全的尊重。

（2）充分利用我国制度优势，依托制度型市场构筑自身竞争优势。海康威视依托我国"雪亮工程""平安城市"等政策进入新疆各城市，扩大应用市场。

（3）依托我国坚实的产业基

础,不断提升产业整体竞争力。

2)构筑产业创新生态,联合突破"卡脖子"技术

(1)智慧视觉产业龙头企业与芯片、人工智能、硬盘等行业龙头建立联盟,共同就共性技术进行深度研发合作,共同突破"卡脖子"技术的制约。就目前被"卡脖子"的半导体零部件环节,建议传统安防龙头海康威视、大华等企业与华为海思和中芯国际签订战略合作协议,由三方共同出资进行芯片研发与制造,海康威视和大华提供应用场所,加速芯片追赶。

(2)各企业依托物联网、人工智能等技术营造中国的产业生态系统,联合行业内的参与者、高校与科研机构、政府有关部门等形成健康的生态系统。产业生态系统内,各主体突破信息与技术壁垒,整合人力、技术资源,实现协同创新。

3)采用非对称创新思维,实现非对称赶超

"非对称创新"是指通过识别和重新定义非对称资源进而逐步获取竞争优势以实现创新追赶的创新战略[19]。"非对称"具备两层含义:一方面指代识别独特但无价值的"非对称资源"并将之转化为独特且有价值的"对称"资源的过程;另一方面表征中国企业不是与国际领先的竞争对手按照它们所主导的范式进行"对称"的竞争,而是另辟蹊径,从国际领先的竞争对手所不重视的要素出发逐步形成优势

的过程。

(1)企业制订"采购+备胎"的混合式创新方案。一边持续性地向原本的供应商采购高端的零部件,另一边选择性地进行技术突破,选择具备产业基础且必须真正突破的节点进行攻克。我国智慧视觉企业切不可脱离国际轨道,一方面要继续保持开放,吸收外国先进技术;另一方面要有忧患意识,对可能被"卡脖子"的技术或者零部件开启自研道路,降低对国外供应商的依赖程度,在实践中进步。

(2)鼓励非对称组织学习,设计非对称组织架构,探索非对称组织治理,寻找非对称追赶路径,进而获取竞争优势[18]。

4.2　政府应对策略

在智慧产业领域中,政府要发挥"领航员"的作用,帮助智慧视觉产业指明发展道路。

1)坚定不移地扩大智慧视觉领域国际科技高水平开放合作

(1)持续推动中美智慧视觉特别是半导体领域的科技交流与合作。持续加强中美两国高等院校、研究机构、民间团体之间的交流合作。强化民间团体的作用,充分挖掘我国多层次超大规模市场、制度型市场、5G与智慧视觉融合先发等优势,强化继续合作的谈判筹码,利用我国的市场需求特性,捆绑美国企业,以牵制美国政府的政策打压。要持续加强与美国企业间的合作,

即使受到美国政府的打压,仍然可以选择主动与美国企业联系,采用类似吸引特斯拉工厂的方法,给予其政策优惠,避免中美两国在智慧视觉领域的科技脱钩。

(2)深化与欧洲国家在图像传感器、芯片、储存硬盘、算法基础框架等领域的科技合作。以"市场换技术"等手段扩大与欧洲国家的产业合作。联合被美国霸权主义制裁的国家,形成统一战线。

(3)开辟"第三空间",在"一带一路"沿线国家,发挥高校、企业等民间力量建立联合实验室以集聚全球智慧。

2)利用新型举国体制优势打造智慧视觉产业生态

(1)通过政策联动、前瞻布局和统筹谋划打造智慧视觉产业生态系统。摸排智慧视觉产业链以及应用场景,厘清其与相关产业的关联。借助于政府协调,不同部门、不同产业形成联动,在算法基础框架、智能芯片和高端芯片、超高端光刻机等关键"卡脖子"环节促成高校、科研院所、军工企业、不同行业优势国企民企的强强联合,推进关键核心技术攻关。被"卡脖子"的半导体环节属于复杂任务系统,更需要举国体制这一适用于复杂任务的任务体制,"两弹一星"等项目的实践已经证明了顶层领导的作用。因此,政府应该在其中起到系统谋划、统筹领导的作用。

(2)创造制度型市场,并将其

作为国产替代的"试验田"。加大对国产芯片等核心零部件的政府采购力度和政策鼓励,充分发挥我国中低端市场的优势,从而为国产替代零部件提供融入市场的机会,力争在"试错"中完善软硬件系统,不断实现本土替代和非对称创新。

(3)发挥我国拥有超大规模市场、应用场景多、数据丰富的非对称优势,集中力量开发高质量数据和环境,激发数据网络效应。伴随着网络规模扩大,企业可以从中获得更大的价值,从而保障企业迭代创新。

3)制定新型行业国际标准,实现非对称创新追赶

(1)制定新型音视频编码标准,突破美国标准垄断,增加国际话语权。我国制定了新型音视频编码国家标准,正逐步向全球范围推广。

随着该标准的国际推广,我国企业将踏入产业生态中心地带,突破美国对音视频领域的标准垄断。

(2)融合5G与智慧视觉,通过技术互换实现非对称创新追赶。基于"非对称"的逻辑,依托我国智慧视觉产业5G技术的先发优势(目前掌握了智能流控技术、智能编码技术等),我国可以在5G方面对国外进行技术授权,通过5G技术授权换取供应链中其他节点的技术使用权,即通过技术互换实现我国智慧视觉产业供应链中关键技术的追赶。

4)强化战略科学家作用,创新产教融合模式

(1)全面摸排智慧视觉领域的全球"战略科学家",设立"卡脖子"技术攻关特区。对于我国在算法基础框架、智能芯片和高端芯片、

超高端光刻机等领域的准世界级科学家和产业领军人才,以"超常规"方式设立以战略科学家为核心的研究攻关特区,给予充足的科研资源、宽容的人才引育政策。对于国外战略科学家,以1个国外战略科学家+1个国内战略科学家+N个中青年研究团队("1+1+N")的方式组建研究攻关特区。

(2)通过产学研协同合作、产教融合模式创新,长期培育智慧视觉产业相关人才。创新国家实验室、国家技术创新中心、高校、科研机构、领军型企业之间人才流动和人才培育的机制,完善以科研项目为纽带的联合培育机制。智慧视觉产业作为多领域交叉产业,需要实践与理论并行,因此政府应全面推进科研项目,扩大博士研究生专项招生规模。◆

【参考文献】

[1] Marr D.Vision: a computational investigation into the human representation and processing of visual information[M]. New York: W. H. Freeman and Company, 1982.

[2] 陈志宏,王明晓.计算机视觉在智慧安防中的应用[J].电信科学,2021,37(8):142-147.

[3] 王振兴.近似动态规划在供应链生产环节风险管理中的应用研究[D].北京:清华大学,2009.

[4] 黄凯奇,陈晓棠,康运锋,等.智能视频监控技术综述[J].计算机学报,2015,38(6):1093-1118.

[5] 青岛软媒网络科技有限公司.Omdia:2020年全球智能视频监控市场规模达226.5亿美元[EB/OL].(2021-07-23)[2022-01-01].https://baijiahao.baidu.com/s?id=1706044064122376555&wfr=spider&for=pc.

[6] AI掘金志.Omdia:中国持续引领全球专业级安防市场[EB/OL].(2020-11-16)[2022-01-01].https://www.leiphone.com/category/smartsecurity/uwVlC2JtT8JvY6ut.html.

[7] 李仲男.安防产业发展研究:解读数字化转型[J].中国安防,2021(Z1):28-35.

[8] 黄波,杨安,陈琳,等.基层社会治理体系和治理能力现代化:大数据与"雪亮工程"机遇、挑战[J].中国公共安全,2018(7):149-159.

[9] 毛亮.智能视频分析技术在智慧城市中的深度应用[J].中国安防,2017(6):49-52.

[10] 李丹.5G开启智能安防产业新征程[J].中国安防,2019(6):42-46.

[11] 蔡磊涵.CMOS图像传感器在监控市场主导地位提升[J].中国安防,2015(10):2-6.

[12] 吕栋.美欧日韩台等64家企业组半导体联盟,敦促美政府拨款500亿美元[EB/OL].(2021-05-13)[2022-01-02].https://www.guancha.cn/economy/2021_05_13_590558.shtml.

［13］但斌.人工智能真的这么神秘吗？［EB/OL］.（2018-08-13）［2021-01-11］.https://net.blogchina.com/blog/article/664685104.

［14］ 李红莲.AI专用化芯片正成大趋势加速安防产业智能化变革与升级［J］.中国安防,2018（6）：2-11.

［15］王啸虎.浅析固态硬盘与机械硬盘的存储方案在各领域及安防行业的应用［J］.中国安全防范技术与应用,2020（3）：18-22.

［16］郭乾统,李博.基于光刻机全球产业发展状况分析我国光刻机突破路径［J］.集成电路应用,2021,38（9）：1-3.

［17］宪瑞.索尼独占全球图像传感器过半份额 三星第二［EB/OL］.（2019-08-05）［2022-01-02］. https://news.mydrivers.com/1/639/639550.htm.

［18］魏江,刘洋.中国企业的非对称创新战略［J］.清华管理评论,2017（10）：20-26.

［19］魏江,王丁,刘洋.非对称创新：中国企业的创新追赶之路［J］.管理学季刊,2020,5（2）：46-59+143.

中国互联网平台的反垄断监管：
动态探索、国际经验与未来思考[*]

陈宏民　陈志洪　杨云鹏

摘要

本文旨在研究中国互联网平台的反垄断监管问题，通过分析互联网平台监管的国际经验和中国探索，提出未来互联网平台反垄断监管的新思路。本文总结了近10年来政府对互联网企业的监管，从行业属性确定，到与传统企业实行"拉架式"区别管理，再到当前对超级平台的反垄断强监管。本文提出了对互联网平台"规模监管从宽，行为监管从严"的监管原则，分析了其背后的经济学原理，并对未来监管思路提出了相关建议。

关键词

互联网平台；反垄断监管；中国探索；国际经验

【作者简介】

陈宏民　上海交通大学安泰经济与管理学院教授、博士生导师，行业研究院副院长、数字化平台团队负责人，上海市人民政府参事，研究方向为平台经济、产业组织理论。曾先后主持过多项国家自然科学基金、教育部哲社重大课题等项目。在《管理科学学报》等期刊发表论文100余篇。在人民网、新华网、财新网、《解放日报》《文汇报》等知名媒体发表数十篇文章。

陈志洪　上海交通大学安泰经济与管理学院副教授，行业研究院数字化平台团队成员，研究方向为产业组织理论、企业竞争策略。

杨云鹏　上海交通大学安泰经济与管理学院助理研究员，行业研究院数字化平台团队成员，研究方向为数字平台模式创新。

* 基金项目：教育部哲学社会科学研究重大课题攻关项目（20JZD010）；上海市哲学社会科学规划青年课题（2021EJB006）。

数字技术、通信技术、网络技术的迅猛发展与平台型商业模式的持续创新，使得数字化平台日益成为经济社会的重要形态，引领越来越多的行业转型发展[1-2]。数字化平台充分促进了社会生产力的发展，同时也变革了人们的生产关系与生活方式，体现在社会生产、分配、交换与消费活动的方方面面。数字经济时代，互联网平台已经发展成为社会生产与再生产的新组织形式，其在众多领域的跨界发展激发了传统行业的活力，重构了传统行业运行的生态体系[3]。

中国的互联网经济经过20多年的蓬勃发展，已经取得了举世瞩目的成就[3-4]。互联网平台经济的快速发展在大力推动经济循环、有效提升产业升级、整合优化资源配置、充分提高生产效率等方面起到了重要作用。但随着互联网领域在经济社会中全方位的扩展，互联网平台呈现快速、多领域跨界的发展态势，并逐渐出现了互联网超级平台滥用市场支配地位、限制自由竞争等阻碍市场健康发展、影响消费者权益的一系列突出问题，且这些问题愈演愈烈[1-4]。

21世纪以来，世界各国政府都在积极出台政策规制平台巨头的反垄断行为[5-6]。中国政府也从2010年开始积极探索互联网平台的反垄断监管，并出台了一系列关于行业监管的指导意见与用于规范市场的指导文件。对平台经济加强监管不是为了制约互联网平台的快速发展，而是为了让平台经济健康持续发展。互联网企业的迅速扩张以及对这类企业的反垄断监管，仍是目前中国乃至全球政府共同面临的挑战[7-11]。

本文旨在研究中国互联网平台的反垄断监管问题，通过分析互联网平台监管的国际经验和中国探索，提出未来互联网平台反垄断监管的新思路。本文研究内容如下：第一部分阐述中国互联网领域的快速发展；第二部分介绍中国互联网企业的垄断态势和政府的反垄断探索；第三部分梳理互联网企业反垄断监管的国际经验；第四部分提出互联网企业反垄断监管的理论思考；第五部分展望未来互联网平台监管的趋向。

1　中国互联网领域的快速发展

中国互联网领域的发展起始于20—21世纪之交，壮大于非典疫情之后（2003年），到2015年前后已经蔚为壮观。按照2015年5月的市值排名，阿里巴巴、腾讯和百度分别位于全球最大互联网企业的第三、第六和第八名。继门户网站和电商之后，餐饮、传媒、出行、社交、金融、医疗、物流等领域先后迈向平台化，中国正式进入平台经济时代。

"平台经济时代"应该有如下两个特征：一是在越来越多的行业出现平台型企业；二是平台型企业在行业中发挥着越来越重要的作用。

1.1　互联网平台深入各个传统领域

1994—2002年，中国互联网处于探索期。早期互联网进入中国后，互联网从信息检索向商业化探索发展。中国互联网早期在商业领域主要表现为门户网站和搜索引擎等形态。其中，互联网企业包括新浪、搜狐、网易、腾讯等门户网站，另外还包括百度、慧聪网、房天下等信息搜索平台。

2003年非典疫情过后，中国互联网从探索期发展到成长期，互联网业务受到巨大激励。先是淘宝（2003年5月）、京东（2004年）相继上线，电商成为一道靓丽的风景线。随着资本市场的全力推动，互联网企业先后进入餐饮、传媒、出行、社交、金融、医疗、物流等领域。尤其是2009年移动互联网兴起并爆发式增长之后，中国互联网进入快速发展期。互联网企业在传统行业迅速扩张，头部企业涌现，并通过进一步融资实现持续扩张。2009年年初，3G网络的开通使得手机上网的速率大幅度提升，手机上网成为潮流。再加上高度活跃的SNS社交网站，以人人网（校内网）、开心网、QQ等SNS平台为典型代表，吸引了庞大的手机用户，拉动了新一轮网民规模的增长（见表1）。

2010年团购网站兴起，团购

成为城市一族最潮的消费和生活方式，典型代表是2010年1月成立的中国首家Groupon模式团购网站"满座网"和3月成立的"美团网""拉手网""淘宝聚划算"以及12月成立的"京东团购"[1]。王兴创办美团引发"百团大战"后，拉手网"G+F"开启了中国团购创新时代。随后C2C巨头淘宝进军团购，团购网站改变团购行业的游戏规则，引发了"千团大战"。以门户网站为首的互联网巨头（搜狐、腾讯、新浪）相继进入网络团购领域，大型门户网站和社区、大型新闻媒介集团、电信运营商、银行等都纷纷利用自身资源优势，开展团购服务。值得一提的是，1288网成为国内首家团购骗子网站，引起社会对团购网站道德诚信问题的广泛关注，团购网站的信用认证和行业监管被提上日程。

2012年微信朋友圈和今日头条上线，同年天猫与淘宝的日总销售额创造了新的历史纪录，天猫在中国B2C市场以56.7%的市场份额位居第一，而京东在2012年的中国自营B2C市场占据49%的份额[2]。2013年余额宝上线，2014年打车软件上线，同年中国手机网民规模首次超过PC端网民规模（见表1）。2015年中国首次提出"互联网+"，中国互联网进入高速发展阶段。拼多多成立于2015年9月，是专注于C2M拼团购物的第三方社交电商平台。2016年互联网直播、网红等热词"风靡全国"，同年知识付费崛起，2016年12月3日是喜马拉雅FM发起的国内第一个知识内容消费节。2016年滴滴出行收购优步中国后，在中国网约车领域的市场份额达到近90%，"互联网+交通"出行模式发展迅速。2017年自媒体百家争鸣（诞生了百家号、搜狐号、网易号、京东号、迅雷号等）。2018年中国互联网发展稳步推进，4G网络覆盖率已超全国人口的98%[3]。2019年8月26日，中国工信部信软司公示2019年十大跨行业跨领域工业互联网平台清单。2020年中国短视频用户规模达8.8亿人，首次超越了网购用户8.12亿人、游戏用户5.09亿人的规模，短视频正在成为全民最热休闲方式[4]。2021年中国工业互联网发展成果突出[5]，有全国影响力的工业互联网平台已经超过150个，接入设备总量超过7 600万台套。

1.2 互联网用户规模持续增长

随着中国互联网的不断普及，中国互联网用户规模持续高速增长。中国互联网络信息中心（CNNIC）从1997年开始发布《中国互联网络发展状况统计报告》（以下简称《报告》）[6]，《报告》显示，截至2002年12月，中国网民规模突破5 000万人；截至2009年12月，中国网民规模突破3.8亿人；截至2014年12月，中国网民规模突破6.49亿人，手机网民规模突破5.5亿人，首次超过PC端网民规模；截至2021年12月，中国网民规模达10.32亿人，较2020年12月增长约0.43亿人，互联网普及率达73.0%（见表1）。

① 腾讯网.证券日报.2010年中国互联网十大事件［EB/OL］.（1997-11-12）［2022-01-20］.https://tech.qq.com/a/20101229/000059.htm.

② 艾瑞咨询.2012年电子商务市场监测数据［EB/OL］.（2013-01-25）［2022-01-20］.https://news.iresearch.cn/zt/192594.shtml.

③ 国家互联网信息办公室.2018年中国互联网发展稳步推进［EB/OL］.（2020-04-14）［2022-01-20］.http://www.cac.gov.cn/2020-04/14/c_1588409502123830.htm.

④ 文汇客户端.短视频用户达8.88亿，60岁以上银发族贡献"新流量"［EB/OL］.（2021-08-27）［2022-01-20］.https://wenhui.whb.cn/third/baidu/202108/27/421430.html.

⑤ 中国互联网络信息中心（CNNIC）.第49次中国互联网络发展状况统计报告［R/OL］.（2020-05-14）［2022-02-25］.http://www.cnnic.cn/hlwfzyj/hlwxzbg/hlwtjbg/202202/P020220407403488048001.pdf.

⑥ 中国互联网络信息中心（CNNIC）.1997年11月，CNNIC发布第一次《中国互联网络发展状况统计报告》［EB/OL］.（1997-11-12）［2022-01-20］.http://www.cnnic.cn/gywm/ppjz/ppsjz/201206/t20120612_27983.htm.

表1　1998—2021年中国网民规模增长

年份	网民规模/亿人	手机网民规模/亿人	典型特征
2021[①]	10.32	10.29	
2020	9.89	9.86	短视频用户规模首次超越网购用户和游戏用户
2015[②]	6.88	6.20	
2014	6.49	5.57	手机网民规模首次超过PC端网民规模
2009[③]	3.84	2.34	
2004[④]	0.94	—	
2002[⑤]	0.59	—	
2001[⑥]	0.34	—	
1999	0.089	—	
1998	0.021	—	

数据来源：根据CNNIC《中国互联网络发展状况统计报告》（1997—2021年）自行整理。

《报告》显示[⑦]，截至2021年12月，中国农村网民规模已达2.84亿人，农村地区互联网普及率为57.6%，较2020年12月提升1.7个百分点，城乡地区互联网普及率差异较2020年12月缩小0.2个百分点；中国手机网民规模达10.29亿人，较2020年12月增长4 298万人，网民使用手机上网的比例为99.7%。

中国互联网应用用户规模持续增长。一是即时通信等应用基本实现普及。截至2021年12月，即时通信用户规模达10.07亿人，占网民群体的97.5%；我国网络视频（含短视频）用户规模达9.75亿人，占网民整体的94.5%，其中短视频用户规模为9.34亿人，占网民整体的90.5%。二是在线办公、在线医疗等应用保持较快增长。截至2021年12月，在线办公、在线医疗用户规模分别达4.69亿人和2.98亿人，同比分别增长35.7%和38.7%，成为用户规模增长最快的两类应用；网上外卖、网约车的用户规模增长率紧随其后，同比分别增长29.9%和23.9%，用户规模分别达5.44亿人和4.53亿人。

中国网络基础资源发展迅速，截至2021年12月，中国累计建成并开通5G基站数达142.5万个，全年新增5G基站数超过65万个；中国域名总数约3 593万个，IPv6地址数量达63 052块/32，较2020年12月增长9.4%；移动通信网络IPv6流量占比已经达到35.15%。

中国工业互联网发展成果突出，截至2021年12月，有全国影响力的工

① 中国互联网络信息中心（CNNIC）.第49次中国互联网络发展状况统计报告［R/OL］.（2020-05-14）［2022-02-25］.http://www.cnnic.cn/hlwfzyj/hlwxzbg/hlwtjbg/202202/P020220407403488048001.pdf.

② 中国互联网络信息中心（CNNIC）.第37次中国互联网络发展状况统计报告［R/OL］.（2016-01-22）［2022-01-20］.http://www.cnnic.cn/hlwfzyj/hlwxzbg/hlwtjbg/201601/t20160122_53271.htm.

③ 中国互联网络信息中心（CNNIC）.第25次中国互联网络发展状况统计报告［R/OL］.（2010-01-15）［2022-01-20］.http://www.cnnic.cn/gywm/xwzx/rdxw/2010nrd/201207/t20120710_31687.htm.

④ 中国互联网络信息中心（CNNIC）.第十五次中国互联网络发展状况统计报告［R/OL］.（2005-01-21）［2022-01-20］.http://www.cnnic.cn/hlwfzyj/hlwxzbg/hlwtjbg/201206/t20120612_26706.htm.

⑤ 中国互联网络信息中心（CNNIC）.CNNIC发布第11次《中国互联网络发展状况统计报告》［R/OL］.（2003-01-16）［2022-01-20］.http://www.cnnic.cn/gywm/xwzx/rdxw/2003nrd/201207/t20120710_31344.htm.

⑥ 中国互联网络信息中心（CNNIC）.第三次中国互联网络发展状况统计报告［R/OL］.（1999-01-01）［2022-01-20］.http://www.cnnic.cn/hlwfzyj/hlwxzbg/hlwtjbg/201206/t20120612_26723.htm.

⑦ 同脚注1。

业互联网平台已经超过150个,接入设备总量超过7 600万台套,全国在建"5G+工业互联网"项目超过2 000个,工业互联网和5G在国民经济重点行业的融合创新应用不断加快。

1.3 互联网企业的规模和体量不断壮大

数字经济时代,越来越多的行业出现了平台型企业,平台型企业在行业中发挥着越来越重要的作用。平台是数字经济时代新的市场主体类型,大体上讲,平台可分为两种类型。一类是需求匹配型平台,通过需要方搜索、供给方推送和平台智能系统,供需双方在平台上被精准匹配。另一类是技术支撑平台,这类平台上各方的交易关系原本就存在,技术平台通过自身改进提升了用户间交互体验[1]。近几年,全球平台型企业的规模和体量不断壮大,中国互联网平台规模持续扩大。

截至2020年底,全球市场价值超过100亿美元的平台企业(大型平台)达76家,价值总额达12.5万亿美元,较2019年增加7家。从中国平台企业增长数量来看,截至2020年底,中国市场价值超过10亿美元的平台企业达197家,价值规模达3.5万亿美元,较2019年增加23家,比2015年增加133家,以平均每年新增超过26家的速度快速扩张。其中,中国市场价

表2 2015—2020年中国互联网平台规模增长

年份	中国大型平台数量①/个	中国中型平台数量②/个
2020	36	161
2019	27	147
2018	23	135
2017	18	113
2016	11	94
2015	11	53

数据来源:中国信通院《平台经济与竞争政策观察(2021)》。

值超过100亿美元的数字平台企业(大型平台)达36家。从中国平台企业的价值规模来看,2015—2020年,中国超过10亿美元的平台企业价值由7 702亿美元增长到35 043亿美元,年复合增长率达35.4%,并呈现中型平台规模不断扩张且加速成长为大型平台的趋势(见表2)[12]。

2 中国互联网企业的垄断态势和政府的反垄断监管探索

2.1 互联网平台的市场影响力和垄断态势

1)市场集中度高

平台经济具有较强的网络效

表3 2020年中国平台经济各细分市场集中度

市场CR₄	平台经济细分领域
100%	即时通信
90%～100%	移动支付、游戏直播、搜索引擎、网络音乐、网上外卖、电商直播
80%～90%	综合视频、网约车、网上零售、娱乐直播
70%～80%	短视频
60%～70%	应用商店

数据来源:江小涓、黄颖轩,《数字时代的市场秩序、市场监管与平台治理》,2021。

应和规模效应,使得平台间竞争的"马太效应"凸显,用户和数据资源加速向少数头部平台集中,各细分领域集中化和寡占化现象极为普遍[1,4]。从细分领域来看,即时通信、移动支付、游戏直播、搜索引擎、网络音乐、网上外卖、电商直播等市场CR_4(行业前四名份额集中度指标)均超过了90%,综合视频、网约车、网上零售、娱乐直播等市场CR_4也在80%以上,大部分领域市场份额均被少数头部平台占领,市场竞争格局高度集中(见表3)。

从大型平台的分布领域来看,电子商务平台数量最多,100亿美元以上的大型电商平台多达18家,

---

① 百亿美元级,市场价值在100亿美元以上的大型平台数量。
② 十亿美元级,市场价值为10～100亿美元的中型平台数量。

是平台经济最为活跃的领域[12]。数字媒体（10家）、金融科技（8家）、社交网络（8家）、本地生活（8家）等平台数量也较多，是平台经济发展的重点领域。新冠肺炎疫情进一步促进了购物、娱乐、医疗、教育等活动加速向线上转移，使得相关行业获得快速发展。在疫情冲击和数字技术的带动下，在线教育（3家）、医疗健康（3家）等领域也迎来了发展的黄金时期，出现了大型数字平台企业引领的格局。从市值变化来看，医疗健康领域增速最快，高达716%；其次是在线教育领域，增速达146%；然后是本地生活服务领域，增速达98.5%；此外，电子商务在较大体量的基础上仍然实现了72.7%的高速增长[12]。

2）拥有海量用户、供应商和数据流量

大型平台不仅是一个规模巨大的企业，还是巨量交易场所和联结广泛的基础设施提供者[1,4]。平台上有数以十万计、百万计的商家和数以千万计甚至亿计的消费者，平台提供的商品和服务内容丰富，数量庞大，交易和交互数量巨大，是一个局部市场。同时，平台联结范围极广，接入平台成为企业参与分工与协作的基础条件，因此，平台也具有基础设施的性质。以下是几个具有代表性的购物平台上的企业/

表4　中国四大平台上的企业及品牌商数量（单位：万家）

年 份	淘 宝	天 猫	京 东	拼多多
2020	1 065.61	35.60	23.64	860.00
2016	940.00	15.77	13.20	—

注：数据来源于江小涓、黄颖轩在2021年发表的《数字时代的市场秩序、市场监管与平台治理》一文；"—"表示未找到相关数据。

品牌商数量（见表4）。

平台企业汇聚着巨量消费者，截至2021年12月①，中国各类个人互联网应用用户规模呈普遍增长态势。其中，即时通信用户规模突破10亿人，短视频用户规模约达9.34亿人，网络支付用户突破9亿人，网络购物用户约达8.42亿人，网络直播用户突破7亿人；在线医疗（约2.98亿人）、在线办公（约4.69亿人）的用户规模增长最为明显，较2020年12月分别增长8 308万人、1.23亿人，增长率分别为38.7%、35.7%；网上外卖（约5.4亿人）、网约车（约4.5亿人）的用户规模分别较2020年12月增长1.25亿人、8 733万人，增长率分别为29.9%、23.9%；在线旅行预订、互联网理财、网络直播、网络音乐等应用的用户规模增长率也均在10%以上。

中国几大具有代表性的平台的消费者数量庞大，且呈现逐年上涨的趋势。截至2021年6月30日，

阿里巴巴生态系统全球活跃消费者数量达到11.8亿人，其中，中国消费者约有9.12亿人；淘宝天猫平台月活用户为9.39亿人；拼多多平均月活用户数为7.385亿人；京东平台活跃买家数为5.319亿人[1]。

与此同时，头部互联网平台利用其所积累的大数据优势迅速形成先发优势，由于具备规模效应、网络效应，平台累积了海量用户，拥有了大量的数据资产，易形成市场垄断地位和滥用支配地位的行为[13]。数字经济时代，作为资产的数据能够产生财富效应，因此，平台拥有了海量数据就拥有了巨额资产。数据作为新型生产要素具有非竞争性，边际成本低至零，使得平台经济具备超越传统规模经济与范围经济的特征。再加上网络价值与网络节点数的平方成正比的麦特卡夫定律，决定了平台经济本身通过技术进步与数据积累就可以实现成本陡降、效益倍增，产生网络效应和

---

① 中国互联网络信息中心（CNNIC）.第49次中国互联网络发展状况统计报告［R/OL］.（2020-05-14）［2022-02-25］.http://www.cnnic.cn/hlwfzyj/hlwxzbg/hlwtjbg/202202/P020220407403488048001.pdf.

财富效应[①]。

3）引起业界和学界的广泛争议

《中华人民共和国反垄断法》（以下简称《反垄断法》）出台于2007年，自2008年《反垄断法》生效以来，"奇虎诉腾讯滥用市场支配地位一案"[②]是最高人民法院依据《反垄断法》审理的第一起案件。

2010年中国两大互联网公司北京奇虎科技有限公司和腾讯公司互相指责对方不正当竞争并提起诉讼。2010年9月21日，腾讯公司发出公告称，正在使用的QQ软件管理和QQ医生将自动升级为QQ电脑管家。2010年11月3日，腾讯公司和腾讯计算机公司发布《致广大QQ用户的一封信》，明示禁止其用户使用奇虎公司的360软件，否则停止QQ软件服务；拒绝向安装有360软件的用户提供相关的软件服务，强制用户删除360软件；采取技术手段，阻止安装了360浏览器的用户访问QQ空间，在此期间大量用户删除了奇虎公司相关软件。

2011年11月15日，奇虎公司向广东省高级人民法院提起诉讼，围绕三个焦点内容。一是腾讯公司和腾讯计算机公司在即时通信软件及服务相关市场具有市场支配地位（奇虎称：腾讯公司和腾讯计算机公司在中国（除港澳台地区）的即时通信软件及服务市场的份额达76.2%，QQ软件的渗透率高达97%，由此推定腾讯公司和腾讯计算机公司具有市场支配地位）。二是腾讯公司和腾讯计算机公司滥用市场支配地位，排除、妨碍竞争，违反了《反垄断法》的规定（奇虎称：腾讯公司和腾讯计算机公司具有强大的财力和技术条件，可以有效提高价格以阻碍竞争对手的进入、发展与壮大，排除相关市场内的竞争。而且由于腾讯公司和腾讯计算机公司用户群庞大，其他潜在竞争者难以进入相关市场，即便进入也难以形成有效竞争）。三是腾讯公司和腾讯计算机公司应对其垄断民事侵权行为承担相应的法律责任（奇虎称：腾讯公司和腾讯计算机公司共同实施滥用市场支配地位的行为，导致奇虎公司受到损害，应当承担连带责任，连带赔偿奇虎公司经济损失1.5亿元及合理开支100万元）。

广东省高级人民法院一审认为，本案争议焦点主要是：相关市场如何界定，腾讯公司和腾讯计算机公司在相关市场上是否具有支配地位，腾讯公司和腾讯计算机公司是否滥用市场支配地位排除、限制竞争及其应承担何种民事责任。一审法院认为奇虎公司对本案相关商品市场的界定错误，其所提供的证据不足以证明腾讯公司和腾讯计算机公司在相关商品市场上具有垄断地位。广东省高级人民法院于2013年3月20日做出（2011）粤高法民三初字第2号民事判决：驳回奇虎公司的全部诉讼请求。

奇虎公司不服，向中华人民共和国最高人民法院提起上诉。2013年6月，最高人民法院受理了该案。这是《反垄断法》出台6年来最高人民法院首次审理的互联网反垄断案。最高人民法院于2014年10月8日做出（2013）民三终字第4号民事判决：驳回上诉、维持原判。法院生效裁判认为，本案中涉及的争议焦点主要包括：一是如何界定本案中的相关市场，二是被上诉人是否具有市场支配地位，三是被上诉人是否构成《反垄断法》所禁止的滥用市场支配地位行为等几个方面[③]。首先，在反垄断案件的审理中，界定相关市场通常是重要的分析步骤。尽管如此，是否能够明确界定相关市场取决于案件的具体情况，尤其是案件证据、相关数据的可获得性、相关领域竞争的复杂性等。

① 刘英.坚持平台经济反垄断［EB/OL］.（2021-03-11）［2022-02-25］.https://share.gmw.cn/theory/2021/03/11/content_34677286.htm.
② 中华人民共和国最高人民法院.奇虎公司与腾讯公司垄断纠纷上诉案判决书［EB/OL］.（2014-10-16）［2022-02-25］.https://www.court.gov.cn/zixun-xiangqing-6765.html.
③ 中华人民共和国最高人民法院.指导案例78号：北京奇虎科技有限公司诉腾讯科技（深圳）有限公司、深圳市腾讯计算机系统有限公司滥用市场支配地位纠纷案［EB/OL］.（2017-03-16）［2022-02-25］.https://www.court.gov.cn/shenpan-xiangqing-37612.html.

在滥用市场支配地位案件的审理中，界定相关市场是评估经营者的市场力量及被诉垄断行为对竞争的影响的工具，其本身并非目的。即使不明确界定相关市场，也可以通过排除或者妨碍竞争的直接证据对被诉经营者的市场地位及被诉垄断行为可能的市场影响进行评估。其次，法院生效裁判从市场份额，相关市场的竞争状况，被诉经营者控制商品价格、数量或者其他交易条件的能力，该经营者的财力和技术条件，其他经营者对该经营者在交易上的依赖程度，其他经营者进入相关市场的难易程度等方面，对被上诉人是否具有市场支配地位进行考量和分析。最终认定现有证据并不足以支持被上诉人具有市场支配地位的结论。最后，法院生效裁判打破了传统的分析滥用市场支配地位行为的"三步法"，采用了更为灵活的分析步骤和方法，认为：原则上，如果被诉经营者不具有市场支配地位，则无须对其是否滥用市场支配地位进行分析，可以直接认定其不构成《反垄断法》所禁止的滥用市场支配地位行为。法院生效裁判认为，虽然被上诉人实施的"产品不兼容"行为对用户造成了不便，但是并未导致排除或者限制竞争的明显效果。

2014年10月16日，最高人民法院对"奇虎公司诉腾讯公司滥用市场支配地位纠纷上诉案"进行了公开宣判。尽管最高人民法院在二审判决中指出了一审判决中存在一些事实认定和法律适用的不当之处，并依法进行了改正，但这并未影响最高人民法院做出"维持原判、驳回上诉"的裁判结果。本案是最高人民法院首次依据《反垄断法》直接审理的案件，也被称为"互联网反垄断第一案"，影响可谓重大。历时四年的奇虎诉腾讯滥用市场支配地位的案件，虽然以奇虎败诉而宣告结束，但它意味着，互联网领域的反垄断已经不再遥远。

因此，中国互联网领域的反垄断与不正当竞争的焦点问题已经非常突出，包括相关市场如何界定，是否拥有并滥用市场支配地位、抑制市场正常竞争等核心问题[4,8-11]。互联网领域的反垄断呼声日益得到政府的高度重视，这些核心问题在国外互联网反垄断法的成长过程中同样也出现过，执法部门在借鉴国外经验的同时，也必须充分考虑到中国目前处于市场经济发展、改革开放攻坚的关键时刻的现实国情。行政监管与法治监管需要与时俱进，适应数字时代特点[13-15]，重点推进合规监管、分类监管、技术监管、均衡监管、价值导向监管和敏捷监管等，促进多种秩序力量共同发力，维护市场有序运转、多方主体利益均衡和社会效益最大化[1]。

2.2 中国互联网领域的反垄断监管探索

随着互联网企业向诸多传统行业渗透，这些平台型企业在传统行业中的影响和作用越来越大，与传统企业的竞争，与同时进入这些行业的互联网平台之间的竞争也越来越激烈，相关的反垄断诉讼也逐渐增加。但是真正有影响力的反垄断判少之又少。

反垄断监管的第一步是对互联网企业的行业属性的界定，因为企业监管通常是根据行业属性及其相关市场属性来执行的。美团、大众点评属于餐饮行业吗？滴滴出行属于交通运输行业吗？e租宝属于金融行业吗？这些问题在2015年之前的界定是不清晰的。无论业界、学界还是政界，对此都有不同的看法，也出现许多争论。

其实这个界定并不难①。所谓行业[16]，既不能用技术手段来划分，也不能按商业模式来划分，而是应该由那些提供相同或者相近的产品或服务内容的企业所组成；它们可以采取不同的技术和工艺手段，也可以选择不同的商业模式来运营。强调互联网应用型企业必须隶属于所服务的行业，既是为了让这些互联网企业更好地发展，且能够更好地融入相关行业，也是为了促使政府有效加强和改善对这些互联

---

① 作者在2015年就撰文强调，互联网应用型企业应该归属于它们所服务的行业。详见参考文献[16]。

网企业的市场监管,从而避免灰色地带,降低行业风险。

互联网监管正是在各界的高度关注和热烈争议下,迈出了艰难的第一步。2015年下半年开始,政府频繁出台一系列行业监管的指导意见,首次明确了众多互联网应用企业的行业属性。

2015年7月初,国务院发布《关于积极推进"互联网+"行动的指导意见》,从总体思路、基本原则,到11个领域的重点行动,再到保障支撑,各个部委分工,给出了完整清晰的框架。随即中国人民银行等十部委推出了《关于促进互联网金融健康发展的指导意见》。8月初,中国人民银行推出了《非银行支付机构网络支付业务管理办法(征求意见稿)》。10月初,交通运输部推出了《网络预约出租汽车经营服务管理暂行办法(征求意见稿)》。

经济社会的发展在不断解决问题,同时又制造出一些新的问题。明确互联网企业的行业属性,能为行业监管当局提供监管的依据;可是要把互联网企业和传统企业这两群从体制机制到商业模式都截然不同的"孩子"放在一个班上管理[17],确实很有挑战!①

于是,互联网监管迈出了第二步,即对同一个行业中的互联网企业和传统企业实行分类管理。初期的监管采用了我们所称的"拉架式规范"的方式[18],即在行业中划出一个细分市场,供新进入的互联网企业运营。就像在拳击赛场上,互联网企业与传统企业打得不可开交,监管部门就像裁判,上去先将双方拉开,要求气势汹汹的互联网企业站在一个指定区域内。比如交通运输部规定,打车平台只能运营网约车,而传统出租车公司则运营巡游车;又比如央行规定,网络支付机构只能为线上交易(而不能为线下交易)提供支付;等等。

这种细分市场的划分可谓煞费苦心,是监管当局在寻求"鼓励创新"与"规范发展"之间的平衡。这种划分可以引导互联网企业追逐"服务红利"而不是"政策红利",同时对传统企业提供一定的保护,鼓励它们早日"脱胎换骨",转型升级[19]。

然而,这种平衡很快就被打破。各个行业构造的细分市场壁垒很快被技术创新和商业模式创新所突破。比如支付行业原先"线上交易,线上支付;线下交易,线下支付"的规则被一个二维码的出现所击溃,互联网企业继续攻城略地,快速集中。拉架是暂时的,掐架是永恒的!互联网的反垄断面临着新的挑战。

互联网企业的迅速扩张以及对这类企业的反垄断监管,并不是中国所面临的独特问题,而是全球政府共同面对的挑战。

3　互联网企业反垄断监管的国际经验

对于巨型企业的反垄断监管,西方发达国家有着较长的历史经验,值得我们借鉴。

19世纪末期,石油、铁路、钢铁等第二次工业革命后的新兴产业出现了垄断特征,彼时这些大型托拉斯(Trust)对产业的高度控制引发了公众担忧并推动了1890年《谢尔曼法》的诞生。依据《谢尔曼法》,垄断美国铁路运输的北方证券公司、石油霸主标准石油公司、占据烟草业95%的市场份额的美国烟草,以及摩根财团等多个当时的行业巨头被强制解散或拆分。

20世纪70年代后,以芝加哥学派为代表的新自由主义兴起并登上历史舞台。在130余年的反垄断执法中,美国逐步发展了二元判断标准:本身违法原则(illegal per se rule)和合理性原则(rule of reason)。本身违法原则是指在某些特定情况下只要存在某些行为就被认定为违法,如行业内的价格合谋。合理性原则延续了英美法

---

① 我们曾提出三条十分形象的监管原则:第一是"嫁出去的闺女泼出去的水",第二是"男耕女织,男女有别",第三是"不搞母系社会"。详见参考文献[17]。

系（common law system）的特点，原告和被告可就相关行为是否存在反竞争效应进行辩护。美国反垄断执法中越来越多地强调合理性原则，对于竞争损害的证明标准也不断提高。

3.1　GAFA等超级平台的市场集中及其政府关注

21世纪以来，数字经济下信息技术在人们工作、生活中日益普及和深入。以谷歌（Google）、苹果（Apple）、脸书（Facebook）和亚马逊（Amazon）为代表的平台巨头（GAFA）在数字服务行业的市场集中度持续上升，在经济发展中越来越具有举足轻重的作用。2021年，GAFA加上微软是当今美国市值最高的5家公司，总市值超过8万亿美元，占到标准普尔500指数成分股总市值的25%。截至2022年5月15日，GAFAM五大科技公司市值约7.54万亿美元。总市值较1月时减少1.8万亿美元，相当于蒸发了一间谷歌。

GAFA市值高涨的同时，其市场支配地位也引起了广泛关注。有研究表明，作为信息时代的数字守门人（digital gatekeeper），它们拥有海量数据信息，并能通过跟踪个人行为，精准了解用户的需求和偏好特征，并通过并购、定价和各种协

定，不断在多个领域构建市场进入壁垒，以形成反竞争效应，阻碍经济发展[20]。

凭借在浏览器市场接近70%的份额的Chrome浏览器，在智能手机终端占75%左右的Android系统装机比例，谷歌公司占据了60%左右的搜索市场，并成功将这一庞大流量变现为广告收入。YouTube在2006年被谷歌收购后，现覆盖全球20亿用户，每年为谷歌贡献超过150亿美元的收入，并仍以35%的年复合增长率飞速成长，是谷歌最重要的广告现金牛之一。通过并购策略、技术手段以及与用户、合作伙伴的各种协议，谷歌不断强化其在线广告业务的优势地位，这些策略、手段与协议对广告主、广告分销商和其他广告平台具有潜在的反竞争效应①。

脸书公司在全球拥有20亿用户。凭借对用户（信息）的实时跟踪，脸书能够进行精准广告投放以获得收益。通过收购WhatsApp、Instagram等公司，脸书不断强化其作为个人社交网络平台的垄断地位，并对潜在竞争对手进行打压。

与谷歌、脸书不同，苹果公司通过系列硬件产品和Apple Store的各种数字服务获取收入。虽然iOS系统相对于Android系统的市场份额只有25%，但Apple Store的

销售收入远超Google Play，2021年上半年两者分别为340亿美元和180亿美元。Apple Store收入的大幅增长标志着苹果公司在数字服务业务领域的巨大胜利。但为了加强其对Apple Store上App的抽成收入（俗称"苹果税"），苹果公司向第三方发布者实施应用内购买（in-app purchase, IAP）条款，而这已受到来自Spotify、Rakuten、Netflix、Hey等多家公司和App开发者的挑战。

占据美国线上销售及相应物流配送半壁江山的亚马逊的市场支配地位不言而喻。有研究表明，那些选择了亚马逊物流（fulfillment by Amazon, FBA），或者购买了亚马逊在线广告的商家产品更容易出现在用户的搜索名单上。此外，亚马逊通过与第三方卖家签订享有最低价（fair pricing policy）等条款，使得其他在线销售平台很难与之竞争。

美国政府已经针对这些平台巨头展开了广泛的调查工作。2020年7月，美国众议院司法委员会召开针对GAFA这4家巨头的反垄断听证会，并发布《数字市场竞争状况调查报告》（*Investigation of Competition in Digital Markets*）。这份450页的报告明确提出GAFA存在利用自身优势地位抑制竞争、扼杀创新等问题，并建议采取措施规制科技巨头的平台垄断行为，包

---

① 2018年7月，欧盟委员会判定谷歌采取"非法限制措施"加强其在搜索引擎方面的主导地位，对其处以43.4亿欧元的罚款。2019年3月，欧盟委员会再次对谷歌处以14.9亿欧元的罚款，理由是谷歌滥用主导地位，排挤互联网广告服务领域的竞争对手。

括拆分平台、加强反垄断立法、强化反垄断执法等。同年10月，美国司法部向谷歌公司提起诉讼，指控谷歌通过反竞争手段，维护其在搜索引擎和线上广告领域的垄断地位。这是21世纪以来美国政府对科技公司提出的最严重的反垄断指控。2021年6月11日，美国众议院司法委员会颁布了5部针对科技巨头的法律草案①，被认为是为GAFA"量身定做"。这一系列动作预示着美国自20世纪70年代以来盛行的新自由主义的结束。

欧洲市场针对平台巨头的反垄断正在路上。2020年12月，欧盟委员会推出《数字服务法》(*Digital Service Act*，简称DSA)和《数字市场法》(*Digital Market Act*，简称DMA)两项法案，分别于2021年底和2022年初投票通过。其中，《数字服务法》侧重于加强数字平台在打击非法内容和假新闻及其传播方面的责任，《数字市场法》重点针对数字领域的不公平竞争问题。两项法案对未来打破互联网科技巨头垄断、促进欧洲数字创新及经济发展等具有积极意义。

虽然从立法和执法上，美国和欧盟针对平台企业的反垄断行为已经积极行动起来。但无论是理论还是措施，都亟待更新与发展。与传统经济模式有所不同，以数字技术为基础的平台经济存在典型的规模经济和多样化的网络效应，很多情景并非单纯的横向或纵向关系。在平台商业模式不断创新发展的过程中，需要考虑竞争性平台之间的关系、平台与用户或向平台提供服务的供应商之间的关系，以及平台企业进行多边市场拓展所面临的各种具体情形，这些都给平台企业反垄断执法带来了各种新问题。

3.2 美国运通公司案例启示

2018年美国联邦最高法院就俄亥俄州等州诉美国运通公司案(Ohio v. American Express Co.，后简称"美国运通案")的案件判决具有一定代表性意义，引发了各界关注。2010年，美国司法部在历经2年调查取证的基础上就维萨(Visa)、万事达卡(MasterCard)和美国运通与商家签订"反转向条款(anti-steering provisions)"提起诉讼。"反转向条款"禁止商家在顾客已经进入商店并准备购买东西后劝导他们使用其他向商家收取更低费用的信用卡或方式支付，该条款也被称为"非歧视性条款(non-discrimination provisions)"，也就是要求商家不能对顾客用卡进行"歧视"。该条款被认为对发现金融服务公司(Discover)等试图通过给予商户更低费率进行市场扩张的公司起到了抑制作用。被诉后，维萨和万事达卡两家公司迅速与司法部达成和解，同意将该条款从协议中移除，但美国运通坚持应诉。2015年在地区法院败诉后的美国运通并没有放弃，并在2017年的上诉中赢得了第二巡回法院的支持。此后以俄亥俄州为首的11个州提请联邦法院再审。美国联邦最高法院以5：4的微弱优势，判定"反转向条款"并没有违反《谢尔曼法》。

"美国运通案"中被告以《谢尔曼法》第一条——"限制州际或与外国之间的贸易或商业"提请诉讼。虽然各方都同意以合理性规则来判断美国运通的"反转向条款"是否属于"限制贸易"行为，但反垄断学界和业界围绕该案展开了激烈的争论。美国几乎所有的反垄断法学者都在案件审理过程中及判决前后对此案发表了意见[21]。在美国最高联邦法院的判决意见书中，以克拉伦斯·托马斯(Clarence Thomas)大法官为代表的多数派意见认为，从信用卡交易数量等指标来看，没有明确证据表明"反转

---

① 5部相关法律草案包括《美国选择和创新在线法案》(*American Choice and Innovation Online Act*)、《终止平台垄断法案》(*Ending Platform Monopolies Act*)、《通过启用服务交换增强兼容性和竞争性法案》(*Augmenting Compatibility and Competition by Enabling Service Switching Act*)、《平台竞争和机会法案》(*Platform Competition and Opportunity Act*)，以及《并购申请费的现代化法案》(*Merger Filing Fee Modernization Act*)。

向条款"损害了竞争；而以斯蒂芬·布雷耶（Stephen Breyer）大法官为首的少数派则认为该条款使得Discover公司在试图降低商户费用以扩展市场中受到"反转向条款"的约束，且美国运通在保持市场份额的同时一直在提高价格，这些证据都表明条款在面向商户市场时存在反竞争效应。

3.3 欧美反垄断执法的若干焦点和争议点

平台企业在发展初期往往充当交易或交互的媒介。但随着其发展壮大，平台企业不仅是市场的组织设计者，也是市场的参与者。例如，亚马逊平台上有大量的自营商品；谷歌的搜索引擎上可以搜到比价业务，但与此同时谷歌本身也提供比价服务。平台企业为了保护自身利益，会利用某些方式来对自营业务予以特别的优待，这可称为"自我优待"。例如，亚马逊会对从平台业务中获得的数据进行分析，并用分析结果来指导其自营业务[22]；谷歌会在搜索过程中把自己的比价业务放在靠前的位置。"自我优待"也会通过捆绑销售方式进行。1998年，微软就曾将其浏览器（Internet Explore，简称IE）与Windows系统捆绑销售，以限制来自网景公司Netscape的竞争。2017年，欧盟委员会认定谷歌在用户购物中进行操纵，把客户引向自己的购物服务，并在搜索结果中降低对

手的排名，这属于滥用搜索引擎市场的支配地位。欧盟据此对谷歌开出了24亿欧元的罚单。此外，针对亚马逊可能涉嫌将其付费物流服务与其线上销售平台服务进行捆绑销售，欧盟委员会于2020年11月10日对亚马逊公司正式立案。

之前提到美国众议院的5部法律草案中，《美国选择和创新在线法案》和《终止平台垄断法案》主要就是针对这些平台巨头的自我优待行为而制定的。根据《美国选择和创新在线法案》，平台巨头借助自身平台优势，对自营业务竞争对手进行排挤、打压，或者歧视的行为都可能被视为非法，如禁止竞争对手对主导平台进行访问或互操作，将自营产品放在比竞品更为显著的位置，使用主导平台上产生的数据来为自营业务服务，阻止商业用户使用或迁移其在主导平台上产生的数据，在主导平台上预装相关应用，阻止商业用户在主导平台上分享链接，等等。除非主导平台的运营者可以证明这些行为不会造成竞争损害，或者是出于满足相应政策法规要求、保护用户隐私等正当原因，否则，以上这些行为都会被要求禁止。《美国选择和创新在线法案》和《终止平台垄断法案》一旦获批，这些"自我优待"行为将会面临巨额罚款或者强制拆分等结构化调整。

和自我优待相关的另一个概念是杠杆化行为（leverage conduct），即经营者凭借上下游的市场布局，在

特定市场上占据支配地位的同时，通过杠杆化行为将其影响力传导到其他相关市场，实施自我优待[23]。例如，平台企业通过针对特定竞争对手拒绝开放数据接口来维系自身的市场优势地位。此外，2020年针对Facebook提起的两起反垄断诉讼之一，就是指其采用扼杀性并购（killer acquisitions）的方式策略收购Instagram和WhatsApp。美国国会研究服务报告（*U.S. Congressional Research Service Report*）甚至建议禁止数字垄断巨头进入相关邻近市场（adjacent markets）。

和奇虎与腾讯诉讼案类似，相关市场的界定也是欧美平台反垄断执法中的一个争议点。相关市场的界定，不仅涉及企业作为"市场支配地位"的认定，而且对企业并购（经营者集中）审核具有至关重要的影响。"美国运通案"中，多数派与少数派围绕运通信用卡交易平台的"相关市场"界定发表了不同看法。之后，在美国联邦贸易委员会（FTC）对脸书的诉讼过程中，美国哥伦比亚特区联邦地区法院法官认为FTC没有能够证明Facebook在特定相关市场上中具有市场支配地位。

4 互联网企业反垄断监管的理论思考

对平台经济加强监管的目的不是为了制约其发展，恰恰相反，

是为了让平台经济健康持续地发展。事实上，从政府到社会都充分意识到平台经济的重要性。2021年3月15日由习近平总书记主持的中央财经委员会会议，专门研究了促进平台经济健康发展的问题。会议对于平台经济的作用给出了高度评价："近年来我国平台经济快速发展，在经济社会发展全局中的地位和作用日益突显。平台经济有利于提高全社会资源配置效率，推动技术和产业变革朝着信息化、数字化、智能化方向加速演进，有助于贯通国民经济循环各环节，也有利于提高国家治理的智能化、全域化、个性化、精细化水平。"①

根据互联网平台的特征和对经济发展的作用，我们认为，对我国互联网平台的反垄断监管应该遵循"规模监管从宽，行为监管从严"的原则。

4.1 规模监管从宽

之所以要对"规模监管从宽"，是因为平台的用户规模是其价值的重要体现，是其核心竞争力的主要来源。这个价值不仅是对平台拥有者的价值，更重要的是对所有平台用户以及生态圈里各利益主体的价值。

设想一下，如果有10个打车平台，每个平台上有占总运营车辆1/10的运营车辆。在早晚出行高峰期，乘客打开一个打车平台叫车，等了5分钟叫不到车就再打开一个……这样的效率肯定不是消费者愿意接受的，他们更希望找到一个打车平台，上面拥有大部分运营车辆。即平台上拥有的车辆越多，乘客打到车的可能性越高，等待时间越短，用户体验就越好。同样的道理也适用于电商、餐饮等各类平台。

在欧美国家，对于那些规模经济显著的制造业领域，政府对企业规模包括横向并购的监管就会相对宽松。而互联网平台在许多领域不仅具有相当的规模经济效应，而且还具有显著的网络效应，正是这种巨大的网络效应（包括交叉网络效应和自网络效应），为商业生态中的各类用户创造了巨大价值，使得平台型企业在许多行业中都成为技术进步和行业转型的重要枢纽和关键节点。在这其中，平台的规模扮演着核心角色，因此，在互联网平台的反垄断监管中，其规模扩张需要被格外地宽容。

此外，互联网平台的竞争逐渐趋于全球化，市场范围的界定也根据实际情况向全球拓展。监管政策需要考虑中国企业在全球市场上的竞争力。

自2017年以来，中美头部互联网平台发展势头都很强劲[12]；但是相比之下，中国企业的发展速度还是略逊一筹。全球市值Top10的企业中有7家是平台企业，分别是美国苹果、微软、亚马逊、谷歌和脸书以及中国的腾讯和阿里巴巴。截至2020年12月31日，7家平台总市值达到8.87万亿美元，同比增长49.3%。从市值变化来看，除阿里巴巴被反垄断立案后的市值受到大幅缩水外，其余平台在2020年均实现了快速发展。其中，亚马逊市值增长率高达77.7%，苹果、腾讯、微软都取得了超过40%的市值增长，脸书和谷歌的增长率也保持在30%左右的较高水平。然而，从价值规模来看，中美头部平台差距在不断扩大。从2017年至2020年，中国Top5数字平台市场价值从11 448亿美元增加到20 031亿美元，增长率为75%；而美国Top5数字平台市场价值从25 252亿美元增加到75 354亿美元，增长率达200%；中国Top5平台价值之和占美国Top5平台价值之和的比重从45.3%下降到26.6%，差距越发明显[12]。

4.2 行为监管从严

对于互联网平台，行为监管一定要从严。所谓"行为"主要指的

---

① 新华网.习近平主持召开中央财经委员会第九次会议强调 推动平台经济规范健康持续发展 把碳达峰碳中和纳入生态文明建设整体布局［EB/OL］.（2021-03-15）［2022-02-25］.https://www.ccps.gov.cn/xtt/202103/t20210315_147975.shtml?from=groupmessage.

是"滥用市场支配地位"所造成的遏制市场有序竞争、损害其他市场主体的垄断行为。传统垄断企业也有常见的滥用市场支配地位的行为，如"垄断性定价"等；还会把这种对市场支配地位的滥用，朝相关领域延伸，比如向上下游纵向延伸。我们要充分意识到，除此之外，互联网平台"滥用市场支配地位"的行为还有着更加广泛的空间。

第一，那些拥有市场支配地位的互联网平台可能在自己的市场内滥用支配地位。比如采取"二选一""大数据杀熟"等垄断行为来遏制竞争。"二选一"行为会遏制用户的多平台进入（multi-homing），进一步强化平台的市场支配地位；而"大数据杀熟"利用了平台的数据优势，扩大了平台与其他市场主体之间的不平等。此外，平台还可能采取一些非中立行为实行"自我优待"，即把与自己有密切利益关系的用户放在各类搜索中的醒目位置。对于这些造成不公平竞争的行为，政府需要坚决打击和限制。

2021年，国家市场监督管理总局做出的两例高额行政处罚都是针对企业采用"二选一"等行为来滥用市场支配地位的，包括同年4月10日对阿里巴巴集团做出的高达182.28亿元的罚款（占2020年销售额的4%），以及10月8日对美团做出的34.42亿元的罚款（占2020年销售额的3%）。

第二，巨型互联网平台还擅长将其市场支配地位向其他领域延伸，即所谓的杠杆化行为，而且可延伸的领域非常广泛。如果说传统垄断企业只能将其市场力量在横向（同一市场）和纵向（上下游之间）施展的话，那么互联网平台还能将其市场力量往斜向延伸。

依托原有用户资源向新业务跨界是平台型商业属性的优势。对平台而言，每一边的用户同时也是它的资源，甚至是它的核心竞争力。所以它能够用某些边去吸引新的边，建立新的商业关系，这就是平台的跨界[24]。比如一个做餐饮外卖的巨型平台，可以凭借其用户黏性向商旅、打车等领域跨界延伸；同样一个电商平台也可以向金融领域跨界延伸。这里新业务与传统业务之间既不是横向关系，也不是纵向关系，所以称为"斜向延伸"。对于平台而言，这种斜向延伸依然存在着一定的协同效应；当一些互联网巨头拥有多个业务平台时，它们甚至可以利用多个业务平台同时支持一项新业务，形成"围猎型跨界"，这使得互联网巨头在跨界时具有非常重要的优势，其他企业望尘莫及，从而造成严重的不公平竞争。

第三，巨型互联网平台可能运用强大的数据资源优势实现不公平竞争。利用这种优势，平台既能够为不同用户提供"精准"的优质服务，也可以在与不同用户的利益分配中获得占优的比例。这在基于大数据的"精准营销"中能够充分体现出来，其实"大数据杀熟"只是精准营销中的一种形式。站在平台的视角，这是有效利用数据资源；而站在其他利益主体的立场，则是一种不公平竞争。

事实上，互联网平台的反垄断监管所面临的最大的理论和实践困惑是：一方面，平台的快速发展壮大能够促进创新，促进行业的转型升级，提升用户体验；另一方面，巨型平台也可能阻碍其他企业的公平竞争，甚至遏制行业的健康发展，造成收入和财富分配的不公平。

通俗地讲，平台的"大规模"是一把双刃剑，既是导致其"平台坏行为"的根源，但同时也是创造"用户好体验"的前提。这便给监管带来了挑战，这也是我们提出平台的反垄断监管应该"规模监管从宽，行为监管从严"的主要理论依据。

5 未来互联网平台监管的趋向

如上所述，互联网平台监管的基本思路应该从两方面入手。一是平衡好"大规模"与"坏行为"，即以遏制"坏行为"为主要目标；当监管手段一时难以遏制平台的"坏行为"时，才退而求其次，去限制平台的大规模。二是平衡好"用户好体验"和"平台坏行为"的关系。

根据这个基本思路，可把互联网平台的反垄断监管分为微观层面和宏观层面来分别考虑。前者针对该行业的有效竞争,后者则着眼于该行业的转型发展及其在经济社会发展中的作用。

5.1 微观层面对互联网平台的反垄断监管

1）对平台规模扩张的约束适度从宽

比如对经营者集中的限制适度放松,对违规（如未申报经营者集中审查等）的惩罚不必趋严。曾经有人建议,对于规模违规的惩处应该向行为违规的惩处力度靠拢（占上一年销售额的10%）,这是不妥的。

2）面对平台滥用市场支配地位的"创新型"行为要创新监管手段

比如限制平台自营范围和搜索盈利范围以维护其中立性;再比如规范平台对行为数据的使用权限以保护用户权益;又比如拆分一些关联性平台的股权结构,以维护多平台联合形成的商业生态系统更加公平等。可以借鉴欧美近期出台的一系列平台反垄断法案中的创新手段及其思路。

3）动态平衡对规模和行为的监管力度

如果目前对互联网巨型平台的行为监管一时还缺乏有效手段,则可以对其规模监管略严一些;但是未来目标仍应该是加强和改善对垄断行为的监管,届时应适当减弱对规模的监管。

5.2 宏观层面对互联网平台的反垄断监管

1）行业规模

当互联网平台在该行业中发挥的作用还不大时,应以扶持为主;要依托平台促进数字经济在该行业的快速发展,以及该行业的转型升级。当互联网平台在该行业的作用已经足够大,而且个别平台的规模和行为也严重制约行业竞争时,政府才应该采取严格监管措施。

即在一个给定的行业中,应该鼓励"一马绝尘",还是追求"万马奔腾",是要有所取舍的。说到底,是产业政策优先还是竞争政策优先,取决于该行业处于怎样的发展阶段。

比如在电商和打车等领域,互联网平台的渗透率已经很高,在线服务成为独立的甚至接近主流的市场,这时应该强调公平竞争,打击垄断行为。而在许多制造业领域,工业互联网平台还在新兴阶段,这些平台的快速发展对于这些行业的转型升级起着关键性的作用。因此,即便单个平台规模很大,在发展过程中采取了一些利用市场优势的行为,总体来讲仍应给其支持。

2）行业属性

从整个经济社会发展的视角考察,不仅要考虑互联网平台对所在行业的影响,还要考虑该行业在整个经济社会发展中的作用。我们可以清晰地看到,随着信息技术

和数字经济的发展,有些领域正在演变成为未来社会的"新基建",那些巨型平台将像道路、桥梁和电力等领域一样,成为人类工作生活中的基础性设施。也就是说,对于"新基建"的理解,不仅要看技术的先进性,还要看应用的广泛性和必需性。

面对那些带有公共品性质的服务平台,对其监管需要有新的思路。一方面,平台的规模变得更加重要,因为只有让平台有效连接到绝大多数用户,其公共品价值才能充分发挥,即网络效应很显著。而且这类平台的建设和运营成本很高,规模经济效应也很显著。另一方面,鉴于其具有一定的公共品性质,平台就不宜以利润最大化为主要追求目标,即便长期利润最大化也不合适,而需要充分考虑公共利益的最大化,所以这种类型的平台从社会资源配置到股权结构设置都需要借鉴社会基础设施的建设原则来进行。

总之,互联网平台的反垄断监管要追求一种动态平衡。一是要在创新与规范之间找平衡。平台的创新带来新的用户体验,形成新的商业生态,从而快速成长;但同时也不断创造出新的监管灰色地带,需要监管当局去调整、去改善。二是在效率与安全之间找平衡。新的平台模式往往能提升效率,但是也带来了资金和信息等方面的安全隐患。◆

【参考文献】

［ 1 ］ 江小涓,黄颖轩.数字时代的市场秩序、市场监管与平台治理［J］.经济研究,2021,56（12）：20-41.

［ 2 ］ Lee R S. Vertical integration and exclusivity in platform and two-sided markets［J］. American Economic Review, 2013, 103(7): 2960-3000.

［ 3 ］ 谢富胜,吴越,王生升.平台经济全球化的政治经济学分析［J］.中国社会科学,2019（12）：62-81+200.

［ 4 ］ 孙晋.数字平台的反垄断监管［J］.中国社会科学,2021（5）：101-127+206-207.

［ 5 ］ Katz M, Sallet J. Multisided platforms and antitrust enforcement［J］. Yale Law Journal, 2018, 127: 2142-2175.

［ 6 ］ Parker G G, Van Alstyne M W. Innovation, openness, and platform control［J］. Management Science, 2018, 64(7): 3015-3032.

［ 7 ］ 杨剑侠,陈宏民.自我控制、上瘾与纵向差异化竞争［J］.管理科学学报,2018,21（7）：11-34.

［ 8 ］ 周文,韩文龙.平台经济发展再审视：垄断与数字税新挑战［J］.中国社会科学,2021（3）：103-118+206.

［ 9 ］ 刘小鲁,鲍仁杰.组合排序规则、产品质量与平台生态［J］.经济研究,2020,55（6）：73-88.

［10］ 王勇,刘航,冯骅.平台市场的公共监管、私人监管与协同监管：一个对比研究［J］.经济研究,2020,55（3）：148-162.

［11］ 范如国.平台技术赋能、公共博弈与复杂适应性治理［J］.中国社会科学,2021（12）：131-152+202.

［12］ 中国信通院.平台经济与竞争政策观察（2021）［R］.北京：中国信通院,2021.

［13］ 王春英,陈宏民,杨云鹏.数字经济时代平台经济垄断问题研究及监管建议［J］.电子政务,2021（5）：2-11.

［14］ 谢运博,陈宏民.多归属、互联网平台型企业合并与社会总福利［J］.管理评论,2018,30（8）：115-125.

［15］ 谢运博,陈宏民.互联网平台型企业横向合并的模式研究［J］.软科学,2016,30（9）：104-107.

［16］ 陈宏民.别再说互联网是一个行业［EB/OL］.（2015-12-18）［2022-02-24］.https://opinion.caixin.com/2015-12-18/100889888.html.

［17］ 陈宏民."互联网+"不能成为互联网"母系社会"［EB/OL］.（2016-03-08）［2022-02-24］.http://www.mjshsw.org.cn/n2967/n2971/n3037/u1ai1844655.html.

［18］ 陈宏民.互联网+时代的第一个回合［EB/OL］.（2015-08-23）［2022-02-24］.https://opinion.caixin.com/2015-08-23/100842624.html.

［19］ 陈宏民.传统企业的"互联网+"转型［J］.北大商业评论,2015（9）：104-111.

［20］ Marc J, Ethan G, Kate B, et al. Reviving antitrust: Why our economy needs a progressive competition policy［R/OL］.（2016-06-29）［2022-02-24］.https://americanprogress.org/issues/economy/reports/2016/06/29/140613/reviving-antitrust/.

［21］ 丁晓东.平台反垄断的法律标准：美国"运通案"的反思与互联网市场界定［J］.法律科学（西北政法大学学报）,2021,39（4）：77-92.

［22］ Feng Z, Liu Q. Competing with complementors: an empirical look at Amazon. Com［J］. Strategic management journal, 2018, 39(10), 2618-2642.

［23］ 吴鹏,马成豪,杨朔.自我优待问题初探（一）：以两大科技巨头自我优待案为切入点［EB/OL］.（2022-02-22）［2022-02-24］.http://www.zhonglun.com/Content/2022/02-22/1321143086.html.

［24］ 陈宏民."互联网+"时代：从跨界到颠覆［N］.解放日报,2015-05-24（007）.

"硬科技"产业发展的激励机制、财富示范效应和社会影响

徐 飞 何 伟 胡 铖

摘要

以"硬科技"产业为核心的新一轮产业转型正蓬勃开展,将深刻影响我国社会发展进程。本文基于激励机制和财富示范效应视角,将理论分析与行业研究相结合,并大量使用比较分析与案例分析方法,探究"硬科技"产业将如何影响我国未来社会。分析发现:有效的激励机制能带来财富的增值和广泛分配,并为财富示范效应提供支撑;通过股市增值、"造富"运动、薪酬增长等财富示范效应,能有效引导就业趋势,改善社会风气,增进社会阶层流动。

关键词

"硬科技"产业;激励机制;财富示范效应;就业;社会风气

【作者简介】

徐 飞 上海财经大学常务副校长、二级教授、博士生导师,曾任上海交通大学安泰经济管理学院执行院长、校党委副书记、副校长,西南交通大学校长。研究领域为战略管理、竞争战略与博弈论、高技术创新战略、创新创业与跨文化战略领导力。

何 伟 硕士,中国国际金融股份有限公司家电组组长、执行总经理,研究方向为公司治理。

胡 铖 上海财经大学商学院博士生,研究方向为公司治理、企业社会责任。

简要梳理中国经济的发展历程，不难发现房地产、互联网、（中低端）制造、金融等产业的高速发展，是支撑中国2018年前20年经济快速增长的主要驱动力。其中，1998年住房货币化改革为地产行业带来了长达20年的繁荣；1999年前后中国互联网产业现在的龙头企业先后成立；2001年中国加入世贸组织，此后中国迅速发展成为全球制造业中心；2006年中国基本完成股权分置改革，金融产业进入快速发展期。

当前中国正处于新一轮的产业转型期，新一代信息技术与制造业的深度融合成为此轮产业转型的关键特征，以集成电路、智能制造、新能源、新材料等为代表的"硬科技"产业成为产业转型升级的主体。简言之，"硬科技"产业是指具有高科技含量的实业，有别于诸如金融、服务、互联网及中低端制造等产业。硬科技属于物理世界（而非虚拟世界）范畴，一般具有自主研发、长期积累、高技术门槛、有明确的应用产品和产业基础等特征。

2018年，中美贸易摩擦成为产业转型的重要催化剂。近年来中国出台了一系列政策鼓励"专精特新"类"硬科技"产业发展和社会转型发展。为推进低碳减排，发展绿色经济，中国鼓励新能源产业、新能源汽车产业发展；为突破中等收入陷阱，实现产业升级，中国鼓励智能制造等产业发展；为解决核心技术被"卡脖子"的问题，中国鼓励集成电路等产业加速发展。与此同时，房地产、互联网产业则受到全面调控，金融行业收入过高和"脱实向虚"现象也引发高度关注。

"硬科技"产业何以在短短数年内得到高速发展？将对社会产生哪些重要影响呢？本文力图揭示"硬科技"产业发展的激励机制与财富示范效应，并从这两个视角解读"硬科技"产业发展对未来中国财富创造与分配、社会结构与风气、就业导向与趋势的影响。

1 "硬科技"产业发展的激励机制

产业的健康发展离不开有效的激励机制。通常，有效的激励机制涉及政策、资本和员工等多个维度[1]，能从不同层面调动资本，以及企业家、员工的积极性，并影响财富增值和分配。产业政策、资本市场会极大地影响产业财富的升值，资本市场、员工激励会影响资本家、企业家和员工的财富分配。"硬科技"产业由于具有高智力、高投入、高风险、高回报的"四高"属性，相比于中低端制造业，对人才更为依赖，因此，在财富分配中更加向人才倾斜。

1.1 产业政策激励

本轮"硬科技"产业发展具有明显的产业政策刺激特征。学界对产业政策能否发挥作用有分歧。以林毅夫为代表的经济学家认为，好的产业政策不仅可以发挥引导作用，纠正市场失灵，还能促使行业由供给不足向规模化发展转变，进而使后发国家加速赶超发达国家。因此，"有为政府"和"有效市场"缺一不可。张维迎及其支持者认为，产业政策是低效且不可持续的，会扭曲资源配置。市场能最大化资源配置效率，市场创新则依靠"企业家精神"，政府应该尽可能退出资源配置领域[2-4]。

作者认为，对于发展方向明确、技术路径确定的产业，实施产业政策可加速产业发展，甚至帮助产业突破瓶颈，后来居上。本轮"硬科技"产业所选定的对象，一方面是集成电路等追赶型产业，另一方面是新能源汽车、光伏等产业。在这些产业领域，中国与国际处于同一起跑线，技术路径探索已比较成熟，发展方向也很明确，因此，在本轮"硬科技"产业发展中可以充分发挥产业政策的正向刺激作用。但对于像VR、AR以及生物技术等这些探索性产业，由于没有清晰共识的技术方向，也无明确的发展路径，则需要让市场机制发挥更大的作用，即通过市场优胜劣汰寻找方向和路径，弱化、减少政策干预。

本节不阐述与"硬科技"相关的具体产业政策，因为这并非本文重点，而是明确激励政策的效应，即政策引导投资，一方面能促进产业发展，另一方面能在资本市场上形成明显的财富变化。这种财富变化既表现为行业基本面的变化,又随着资本市场对"硬科技"产业的关注度提升,使人们对产业未来的判断更加乐观,导致一级市场、二级市场企业估值的变化更加显著。2021年A股"硬科技"相关产业涨幅明显,形成结构性牛市。实际上,万得(WIND)指数显示,2021全年新能源指数(884 035.WI)上涨62.8%,新能源汽车指数(884 076.WI)上涨42.7%,半导体产业指数(884 878.WI)上涨35.7%,同期沪深300指数却下跌5.2%。

1.2 资本市场激励

"硬科技"产业的"四高"属性决定了其发展需要大量且持续的资本投入,仅依靠政策扶持和企业家投入无疑是杯水车薪,而且一旦投资失败,对财政、企业家的个人财富都是重大打击,因而"硬科技"产业的发展离不开资本市场的激励[5]。

产业的不同发展阶段所适用的激励机制当有所区别。在不确定性极大的初期和成长期,应发挥风险投资、私募等股权融资激励的主导作用,缓解产业在资金、人脉、信息、公司治理等方面的不足,以促进产业发展[6,7];在成熟期,企业的盈利模式已较为成熟,资产也较为充沛,可将上市和债务融资作为主要手段[8,9]。由此,通过资本市场激励,企业一方面能获得更大的资金量,可以支撑成熟期产业扩张的需

求;另一方面能进一步缓解融资约束、激励人才队伍创新发展和优化企业债务结构。

1.3 人才政策激励——员工持股计划

"硬科技"产业属于技术密集型产业,掌握核心知识技术的员工是企业的核心资产。通过适当的人才激励机制来发挥高素质人才的创造力、自驱力和行动力,对"硬科技"产业的发展具有重要意义。除传统的工资薪金激励外,类似于互联网产业,"硬科技"产业亦广泛实施员工持股计划。企业通过推行员工持股计划,将企业与员工连结为利益共同体,能够有效提高员工的主动性和创造性。实证研究表明,相较于同类公司,那些实施员工持股计划的公司,在绩效水平、净利率、创新产出方面表现得更好[10-12]。

员工持股计划发源于美国。基于资本主义的商业体系,"美式"员工持股计划更多的是服务于资本、市值和高管。以通用汽车为例(见表1),2015年以来通用汽车公司持有大量现金,绝大部分用于股票回购及支付高管的高薪,但对于具有前瞻性的新能源汽车方向却关注或投资得很不够,导致在行业转型过程中被甩开。下文讨论的华为持股计划,将展示"中式"员工持股制度的比较优势。

作为中国首屈一指的民营高科技企业,华为深入学习美国IBM管理体系,特别地,通过创新性发展和创造性转化,发展出不同于美国的员工持股制度,其主要特色是公司创造的财富大部分被华为员工分享。华为的员工持股计划,是中国集体主义精神与现代股权激励制度相结合的产物,为全球科技企业的

表1 通用汽车公司股票回购情况及薪酬前五的高管薪资合计

年份	回购股票数/百万股	回购金额/亿美元	薪酬前五的高管薪资合计/百万美元
2015	102.00	35.18	67.13
2016	77.00	25.00	55.24
2017	120.00	44.91	52.93
2018	3.00	1.00	50.64
2019	0.00	0.00	47.04
2020	3.00	0.90	54.87

数据来源:通用汽车公司2011—2020年公开披露的股东委托书(proxy statement)。

激励机制提供了中国模式[13]。

华为当前股权由"华为投资控股有限公司工会委员会"（简称工委会）持有99.25%，任正非持有0.75%。华为员工通过工委会虚拟持有华为股份。截至2020年底，华为员工总数19.7万人，其中12.1万人参与员工持股计划，占比超过60%，这与其作为高科技企业，研发人员占比高有很大关系。创始人任正非个人持股比例虽不足1个百分点，但具有唯一的独立股东地位，其余员工均通过工委会持股。工委会中履行股东职责、行使股东权利的机构是持股员工代表会（见图1），

由115名持股员工代表组成。任正非通过公司章程享有一票否决权，以保障控制权。

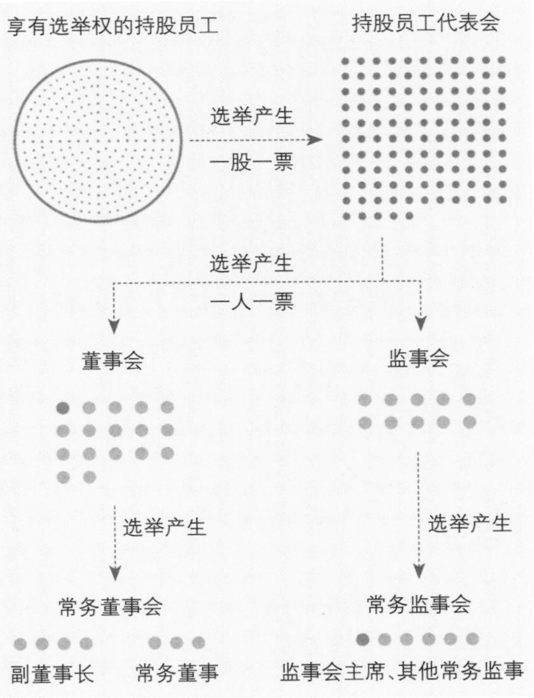

华为自成立以来，股权激励机制发生过5次改变[14]。1990年处于创业期的华为引入员工持股以缓解现金流压力，参股价为每股1元，离职时公司按照每股1元进行回购，员工主要收益来自与公司绩效挂钩的分红。2001年互联网泡沫时期，华为开始推出"虚拟受限股"的期权改革，员工按公司当年的净资产价格购买虚拟股，老员工所持的每股1元的内部股按2001年年末公司净资产转化；员工凭虚拟股享受一定的分红权和股价升值权，但无所有权和表决权。2003年，"非典"导致华为的出口市场受到巨大影响，华为再次给予80%以上的员工股票购买权，并大幅度增加配股额度，向核心骨干倾斜，通过3年锁定期稳定核心员工队伍。2008年金融危机时期，华为实行"饱和配股制"，根据员工的职级设置可认购股权的上限，所有期权分4年行权，给新员工留下激励空间。2013年起，华为向外籍员工推出TUP（时间单位计划），使外籍员工也可以分享利润，2014年

起，对国内员工同样推出该计划。TUP计划每年根据员工岗位及级别、绩效，分配一定数量的5年期权和分红权，员工不需花钱购买，5年期满即可享有相应的增值收益。TUP在5年后清零，避免老员工在拥有大量股票后坐享受益。

华为股权激励经历了由原始股到虚拟受限股再到虚拟股（如TUP）的过程。随着改革的推进，员工已无须再出资认购企业股权，而是由公司根据贡献分配股权，因此，其激励计划的股权和资本收益的属性越来越淡，而劳动收入和激励的属性体现得越来越强[13]。实际上，华为的员工持股计划已和传统的美式员工持股内涵相去甚远，充满了"集体经济"和"合伙人制度"意味，与"共同富裕"精神高度契合，充分体现了社会主义经济实践中的中国特色。

2 "硬科技"产业发展的财富示范效应

经济学上的财富示范效应，本用于描述消费者在消费时会受到他人消费支出和收入的影响，后逐渐应用到其他领域。本文所述的财富示范效应，是指"硬科技"产业发展通过激励机制带来财富增长和财富合理分配，并在股市估值、财富榜单与行业薪酬方面起到良好示范作用，进而对舆论导向、群体行为产生正面影响和正向辐射。

图1 华为持股员工代表会

数据来源：华为2020年年报。

2.1 股市估值、财富榜单与行业薪酬

新一轮产业转型最直观的表征，是行业财富的明显变化。当前，"硬科技"企业享受高估值，正在深刻改变中国财富榜排名。近10年来在《胡润中国百富榜》前十位排名中，房地产、互联网行业占据半壁江山（见图2）。随着产业转型的推进，2021年科技硬件、新能源与新能源汽车行业呈现牛市走势，制造业产业强势崛起，在富豪榜前十位中占据4席，房地产行业的富豪却首次掉出前十名。此外，互联网产业的富豪虽然仍然不少，但考虑到2021年互联网企业市值大幅下跌，截至2022年3月15日的13个月内，腾讯市值蒸发5 300亿美元，阿里蒸发5 200亿美元，使马化腾、马云自2015年以来首次在《胡润全球富豪榜》中跌出中国前三（见图3）。

注：部分年度前十排名中最后一名出现并列，一并纳入统计；2022年数据出自《2022胡润全球富豪榜》。

图2 2012—2022年胡润中国百富榜前十位富豪行业分布

数据来源：2012—2021年胡润中国百富榜，2022胡润全球富豪榜，Wind数据库。

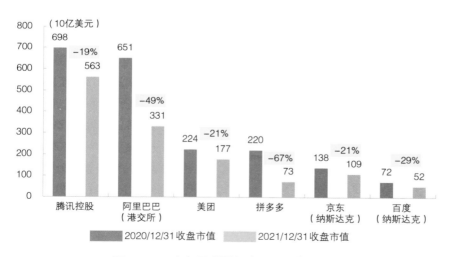

图3 2021全年互联网龙头公司市值涨跌幅

数据来源：Wind数据库。

产业转型必然带来新的就业需求。"硬科技"企业因享受高估值融资待遇，在商业模式产生的现金流尚不足的情况下，仍有能力以高薪招募最优质的人才，为就业市场带来了大量高薪、高前景岗位。实际上，2021年智能硬件、集成电路/芯片、5G、人工智能、大数据等"硬科技"产业，招聘规模同比均增长50%以上；在员工薪酬方面，2021年国内科技产业中高端人才薪酬持续提升（见图4），IT互联网技术岗平均年薪超过40万元，同比涨幅达到49.56%；通信/其他汽车[①]/信托/银行等岗位以超过30%的涨幅领先于其他职位。与之形成对照的是，金融行业虽仍属于高薪职业，其基金/证券/期货/投资等金融服务业平均年薪达25万元，但增速仅同比增长2%。

---

① 其他汽车岗指汽车部件开发、技术研究、测试工程师、车联网大数据架构师等工程师岗位，区别于汽车销售、综合管理等岗位。

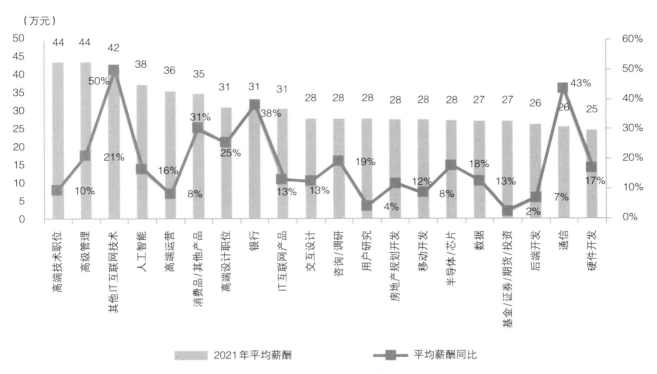

图4　2021年平均年薪TOP20职位的年薪及增幅

数据来源：《猎聘2021中国中高端人才趋势报告》，中高端人才指工龄3年以上或者年薪10万元以上的人才。

2.2　有效的激励体系是财富示范效应的关键支撑

产业政策、资本市场、人才激励三个层次的激励机制，一方面能加速“硬科技”产业的财富增值速度，创造大量可供分配的增量财富；另一方面能让更多的中国居民、企业员工通过多种方式参与财富分配。“硬科技”产业发展中实施的大量股权激励和薪酬激励，使从业人员的个体财富迅速增加，从而在个体层面发挥财富示范效应，引导高校毕业生的就业价值取向，鼓励高校毕业生从事高技术含量、高产业附加值、高社会价值的工作，纠正（扭转）他们以流量明星、网红、主播等为追求的职业导向。

2.3　成熟的资本市场是财富示范效应的重要前提

本文强调“硬科技”产业的财富示范效应，并不否认其他产业不能带来财富示范效应。特别地，互联网等产业的发展带来技术创新和模式创新，带来产业财富增加和从业人员财富增长，同样能起到财富示范效应。但是，彼时中国资本市场远不成熟，互联网产业的财富示范效应在国内的作用十分有限。

互联网产业发展初期需要大量资金投入，主要来源为VC（风险投资）和PE（私募股权投资）。然而，当时国内一级市场的VC/PE以境外机构为主，阿里的早期融资就来自新加坡科技发展基金（TDF）、瑞典银瑞达集团（Investor AB）、日本软银集团（Softbank）以及美国雅虎等。这导致部分互联网公司的大股东为外资，如阿里的大股东为日本软银集团，腾讯的大股东为南非报业集团（见表2）。

表2　主要互联网公司上市地点和大股东

公司	成立时间	上市时间	上市地点	收盘市值		涨幅	大　股　东
				上市首日	2021年12月17日		
网易	1997年6月	2000年6月30日	纳斯达克	US$243.0M	US$62.9B	25 782%	Shining Globe International Limited（丁磊为唯一受益人）43.20%
腾讯控股	1998年11月	2004年6月16日	港交所	HK$7.0B	HK$4.2T	60 208%	MIH TC Holdings Limited（母公司南非报业集团）28.86%
百度	2000年1月	2005年8月5日	纳斯达克	US$4.0B	US$49.5B	1 149%	李彦宏17.00%
京东	1998年6月	2014年5月22日	纳斯达克	US$28.6B	US$110.8B	288%	Huang River Investment Limited（腾讯旗下）16.90%
拼多多	2015年9月	2018年7月26日	纳斯达克	US$29.6B	US$72.8B	146%	黄铮28.10%
美团	2010年3月	2018年9月20日	港交所	HK$398.9B	HK$1.4T	247%	Huai River Investment Limited（腾讯旗下）10.20%
阿里巴巴	1999年9月	2019年11月26日	港交所	HK$4.0T	HK$2.5T	−37%	SoftBank（日本软银集团）24.85%

注：表中，B是十亿，M是百万，T是万亿。

合资的互联网企业多采取VIE（可变利益实体）架构，该类企业限于政策，无法在中国内地上市。中国内地IPO审核制设置的盈利门槛，也使得前期无盈利的互联网企业只好选择在境外上市。此外，由于互联网产业发展过程中大量进入的资本稀释了创始人股权，为保障控制权，国内主要互联网公司均引入了"同股不同权"机制（见表3）。该机制能有效保障核心团队的控制力，激励员工和资本投入，然而，同样受限于中国内地的政策，2019年以前采取"同股不同权"的公司无法在中国内地的交易所上市。因此，国内互联网企业大多选择在美国和中国香港等地上市。

由于外资在VC、PE阶段的大规模投入，以及互联网龙头普遍在海外上市，导致互联网产业的财富增值大部分为外资、境外投资者获得，而境内居民较少享受到企业高速发展带来的增值红利。现在，随着中国一级市场、二级市场的日益成熟，"硬科技"产业发展带来的财富增值能更多地由境内居民分享。

时至今日，中国已经拥有仅次于美国的全球第二大资本市场，VC/PE、IPO等各层级的资本市场已经发展起来。Wind数据显示，截至2021年12月底，A股上市公司已增至4 667家，总市值为99万亿元人民币，仅次于美股市值。2021年全年VC/PE投资额达8 082亿元人民币，投资案例3 999例。在政策方面，2018年9月，国务院出台了《关于推动创新创业高质量发展打造"双创"升级版的意见》，明确允许

表3　主要互联网公司保障创始团队控制权的实现路径

公司	实现路径	具 体 内 容
阿里	合伙人制度	阿里巴巴28位合伙人有权提名简单多数董事,而非根据股份的多少分配董事席位
拼多多	合伙人制度	黄峥、陈磊、孙沁、范洁真等为合伙人,有直接任命执行董事和提名推荐CEO等权力
拼多多	AB股	每股A类股票有1票投票权;每股B类股票有10票投票权,全部由黄铮持有。黄铮卸任后,拼多多恢复同股同权
京东	AB股	每股B类股票有20票投票权,刘强东持B类股票,有77%投票权;其他投资人持A类股票,每股拥有1票投票权
美团	AB股	每股A类股票有10票投票权,王兴有46%投票权;每股B类股票有1票投票权
百度	AB股	创始人股份为B类股票,其投票权为每1股可投10票,李彦宏投票权超过50%;其他投资人持A类股票,每股拥有1票投票权
快手	AB股	A类股份股东每股可投10票,B类股份股东每股可投1票。宿华拥有55.79%的A类股份,程一笑拥有剩余44.21%
腾讯	一致行动人协议	以同股同权架构在港交所上市,但是和南非MIH集团签订了"一致行动人协议",双方任命等额董事,并且在上市公司主体中双方任命的董事人数总和构成董事会的多数

科技企业实施"同股不同权"的治理结构;同年11月,国家主席习近平在首届中国国际进口博览会开幕式演讲中宣布将在上海证券交易所设立科创板并试点注册制①。2019年1月,《上海证券交易所科创板股票上市规则(征求意见稿)》出台,明确了同股不同权企业可在科创板上市;同年7月,首批科创板公司上市交易。2020年1月,A股"同股不同权"第一股"优刻得-W"在科创板挂牌上市。

伴随着国内资本市场的逐步成熟,其丰富的金融工具和宽松的市场环境,使中国拥有继美国之后最有利于创业的资本市场,使产业发展的财富红利保留在国内,这为财富示范效应发挥作用提供了重要支持。

3　"硬科技"产业发展的社会影响

产业的每一轮转型升级都将推动社会的转型。过去20年,房地产、互联网、金融等产业的繁荣改变了经济的发展模式,催生了新的文化形态,拓展了交流的时空边界,也深刻变革了社会结构和社会风气。但是,随着产业发展遇到瓶颈,既得利益群体形成,以及产业由增量增长向存量厮杀转变等,一系列社会问题不断出现。互联网平台垄断后的大数据杀熟,推荐算法下的信息茧房,文娱、新消费产业野蛮生长带来的"饭圈"乱象和消费主义盛行,都对社会秩序和公序良俗产生了巨大冲击。新一轮的产业变革和"硬科技"产业发展,将为社会发展注

---

① 推动设立科创板并试点注册制[EB/OL].(2019-02-28)[2022-02-24].http://www.gov.cn/xinwen/2019-02/28/content_5369226.htm.

入新动能,提升社会生产力,开拓增量财富,从而缓解社会压力,净化社会风气,优化阶层结构。

3.1 "硬科技"产业发展引导就业走向

"硬科技"产业将显著改变中国未来的就业导向,通过产业内富有竞争力的薪酬和人才激励机制,吸引大量高学历毕业生用其所学,充分发挥他们的专业优势和聪明才智。

由于人口成长周期的时间差,我国正面临人口红利下降与人才红利上升的历史交汇期。第七次全国人口普查数据显示,我国劳动年龄人口为8.9亿人,占全国总人口的63.35%,比2010年下降了6.79个百分点。2017年以来,我国出生人口快速下降,2021年新生人口1 062万人,相比2016年的1 883万人减

少43.7%。与此同时,2021年我国高校毕业生规模达909万人,预计2022年将增长到1 076万,届时将超过新生人口规模。

一方面是不断增长的毕业生人数,另一方面却是不断下滑的出生率,问题背后的根源是现有产业无法提供足够多待遇优渥的就业机会以消化人才红利,就业难、高房价等正逐步打击年轻人奋斗的信心,导致年轻人生育意愿严重下滑。与此同时,"公务员"热、"躺平""内卷"等现象突出,据统计,2022年"国考"报名人数超过202.6万人,约有183.8万人通过审核,较去年同期增长43.5万人,平均竞争比达59 : 1(见图5)。2021年"躺平"一词入选《咬文嚼字》"2021年度十大流行语"。

发展高附加值产业,创造更多高收入岗位,是缓解就业压力、缓和

社会危机的重要方式。以5G、半导体、人工智能为代表的"硬科技"产业发展迅猛,必然产生巨大的人才需求量,创造出大量优质岗位,而高估值融资和充裕的现金流,使高薪招募成为可能。当下,"硬科技"产业高薪、高前景的特点已使之成为应届毕业生重要的期望行业,受重视程度逐年提升。从近3年毕业生期望行业分布来看,IT/通信/电子/互联网等产业占据首位,达到25%,传统的金融、文娱、房地产行业较高峰期均有所回落(见图6)。

3.2 "硬科技"产业发展改善社会风气

近年来随着文娱产业的发展,"娱乐圈""饭圈"乱象丛生,社会上"泛娱乐化"与"消费主义"盛行,拜金攀比、享乐奢靡风气蔓延,低俗、庸俗、媚俗的社会风气对年轻

图5　我国出生人数、普通高校毕业生人数和公务员报考情况统计

数据来源:国家统计局。

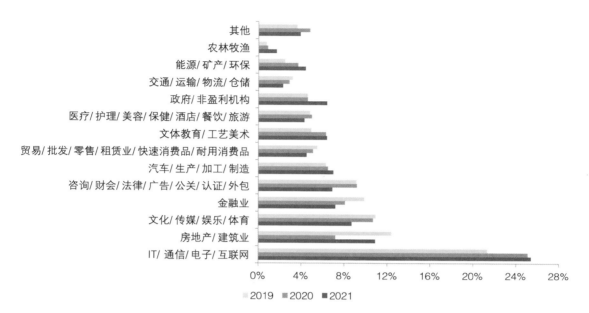

图6　2019—2021年应届毕业生期望行业分布

数据来源：2019—2021年智联招聘《大学生就业力调研报告》。

人价值观的影响不容小觑。相当数量的年轻人被流量明星光鲜的外表和暴富所吸引，而陷入对偶像的偏执和狂热，是非不分、美丑不辨，眼中只有非此即彼的偏颇价值观，极易形成自私与自恋人格。同时，这些人幻想着通过投机取巧"走捷径"，不劳而获或少劳多获地一夜成名或一夜暴富。此外，有些流量明星缺乏自律和起码的职业操守，不断挑战社会道德法律底线，以及流量至上的偶像养成类综艺，也对年轻人在"三观"形成重要时期的价值扭曲负有不可推卸的责任[15]。

"饭圈"文化不可不察。事实上，围绕"饭圈"已形成一个包含资本、平台、明星、粉丝与营销的完整

产业链。"饭圈"畸形文化的背后是产业和资本的无序扩张。为追求利润，各利益集团将粉丝的"情感"属性进行物化与量化，"打榜""应援"等各种鼓动粉丝进行"氪金"的手段层出不穷。流量明星被捧高的商业价值又进一步刺激资本的大量涌入，加剧了"饭圈"乱象[16]。

而"硬科技"产业的高速发展，将有效纠正社会不良风气，涵养社会公序良俗。首先，"硬科技"产业的高增长与高估值，将吸引资本从投资文娱产业转向投资"硬科技"产业，给文娱产业"降温"，从而缓解"饭圈"乱象。其次，"硬科技"产业的发展将实质性提升国家硬实力，提升国民特别是青少年的民族自豪感，从而增强实现中华民

族伟大复兴的使命感和责任感。由此，应引导崇尚科技、崇尚奋斗和弘扬科学家精神、企业家精神的社会风气，引导年轻人树立正确的价值观，提升他们奋发向上的精神。此外，"硬科技"产业有望贡献足够多的高收入岗位，创造大量中产阶级，从而激发年轻人通过知识、技能和创造性劳动改变命运的热情。

3.3 "硬科技"产业发展有助于优化社会阶层结构，推动共同富裕

中产阶层是社会的"稳定器"，逐步壮大中产阶层是实现共同富裕的必经之路[17]。与发达国家相比，我国中等收入人群比重仍偏低，扩大中产收入群体规模任重道远。若

将欧盟 28 个国家2018年收入中位数的60%～200%(155～516元/天)作为界定中等收入群体的上下限,则我国中等收入群体比重仅为24.7%。大体上,西欧的英德法、北欧的挪威、北美的加拿大的中等收入者比重都在70%左右[18]。

扩大中产阶层规模最迫切的是解决收入分配的不平衡问题,稳步提高初次分配中劳动和技术在国民收入中的占比,激发人才、科研人员、创业者等群体活力,带动居民增收,缩小收入差距,实现共同富裕。

"硬科技"产业的"四高"属性,决定了其在财富分配中劳动报酬部分的比例较高。产业的发展将有望贡献足够多的高收入岗位,从而创造大量的中产阶级,维持健康的社会阶层流动。人社部与阿里钉钉在2020年发布的《新职业在线学习平台发展》报告中预测,到2025年,人工智能、物联网、云计算、大数据等产业的人才需求缺口总量将达5 000万左右,这将极大地改善我国的阶层结构。

4 重要提示与个案分析

对"硬科技"产业发展中的产业政策激励、资本激励、人才政策激励,以及产生的财富示范效应要有客观全面的认知,力求趋利避害。同时,从他国(硬科技)产业发展走过的弯路中吸取教训,避免重蹈覆辙,以更好地发展中国的"硬科技"产业,进而建设更健康、更和谐、更美好的社会。

4.1 警惕政策与资本激励的负面作用

有限理性假设表明,人的决策无法达到理论上的"最优",产业政策也有失误之时。不恰当的产业政策会浪费财政资源,影响产业发展[19]。以半导体产业为例,我国先后出台了大量政策并加大投入以鼓励半导体产业发展,2014年工信部公布了《国家集成电路产业发展推进纲要》,据不完全统计,2014年以来国家层面总计投资了超过1 500亿美元给半导体产业,从中可以看到国家支持半导体产业发展的决心之坚定。但是,半导体行业的跟风炒作、骗补欺诈行为时有发生,仅2020年国内就注册了50 000家与半导体相关的公司。2015—2018年,南京德科码半导体、贵州华芯半导体、成都格芯半导体晶圆厂、武汉弘芯半导体、陕西坤同柔性半导体、江苏德淮半导体公司相继成立,总投资超过2 800亿元。到2020年,上述公司全部停工、停产乃至倒闭,这些号称要做中国的英特尔、大陆的台积电的项目风风火火上马,却最终落得一地鸡毛。

对于资本市场对"硬科"技企业的高估值,也需有敏锐的风险意识。资本市场经常犯错,大规模投资失败不乏其例。例如,成立于2010年的爱奇艺曾被视为中国的奈飞(Netflix),作为国内长视频领域的龙头,拥有在上一轮资本大潮中被认为最具前景的在线视频模式,公司长期受到资本追捧,享受高估值[20]。但是,长期的资本投入并未带来预期的高回报,由于爱奇艺需要投入大量的资金购买版权或自制内容,其长视频的重资产属性凸显,连续烧钱导致公司现金流紧张进而亏损,其在线视频商业模式被逐渐证伪,资本市场所预期的丰厚回报自然也无从谈起。截至2020年底,爱奇艺已累计亏损357亿元人民币,毛利率和净利率长期为负(见图7)。

4.2 警惕"韩国式"阶层固化

1953—1996年,韩国通过一系列产业政策实现了经济腾飞,在钢铁有色、船舶制造、电子半导体等领域涌现出一大批具有国际竞争力的世界一流企业,人均GDP由1961年的80美元增加到1988年的4 500美元。韩国在东亚算较早跨入中等发达国家行列的国家。然而,由于产业发展高度依赖产业政策和财阀集团,韩国"财阀经济""大企业中心主义",地产投机热、实业投资冷等问题凸显[21]。

经济问题必然引发社会问题。亚洲金融危机后,韩国基尼系数持续上升,贫富分化严重、失业率高、竞争压力大、阶层流动性弱等社会问题突出[22]。20世纪初,韩国高

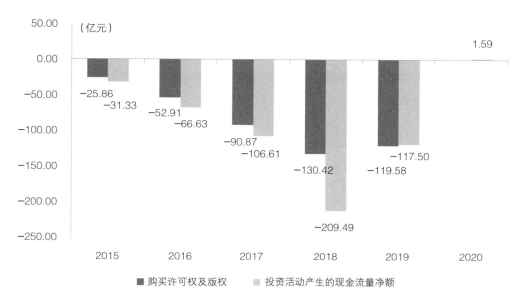

图7　2015—2020年爱奇艺投资活动现金流、购买许可权及版权支出

数据来源：爱奇艺2015—2020年年报。

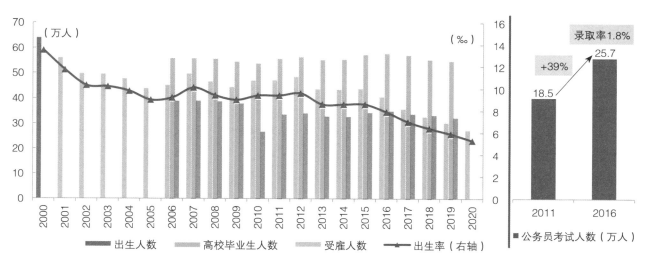

图8　韩国出生人数、高校毕业生人数、公务员考试人数

数据来源：韩国国家统计局，2017年现代经济研究院发布的《公务员考试产生的经济影响的分析与启示》。

校毕业生人数超过了出生人数,社会就业形势愈发严峻(见图8)。据统计,2017年年末,韩国就业人数为337 899人,就业率仅为66.2%[①],也就是说,每3名大学或硕士毕业生中,就有1人无法就业。由于社会阶层固化,"考公"成为韩国年轻人实现阶层跨越的重要手段,在韩国"考公"堪比进哈佛,2018年韩国105万待业人口中有41万人在准备公务员考试[②]。此外,强大的生存压力让选择以"投机"手段实现阶层跨越的人员比例大幅增长。据韩国调查机构Koreanclick统计,2018年有509万韩国人使用过数字货币服务,去掉孩子和老人,约3个韩国青壮年中就有1个在炒币。

中国需要以韩国为鉴,警惕社会阶层的固化,探索新的产业发展道路,让广大年轻人通过努力能够参与到产业发展带来的财富分配中,以保持全社会足够的阶层流动活力。中国"硬科技"产业的兴起,凭借共享企业价值和财富的激励机制的大规模使用,能够推动更广泛的就业群体实现社会阶层的向上流动,有效应对阶层固化。

4.3 从华为与联想的人才激励机制看企业发展与财富分配

比较联想、华为,可以清晰地看出普通制造业和高科技产业对于人才激励的差异(见表4和表5)。创始之初,联想走"贸—工—技"路线,华为走"技—工—贸"路线。不同的路线为两家公司带来了不同的经营理念、治理结构、激励机制和发展结果:联想高开低走,华为则低开高走。2013年两家公司的收入规模相当,但是到2020年,华为收入达8 914亿元,是联想收入的2.2倍;净利润达646亿元,是联想的7.5倍。研发方面,近10年华为累计投入的研发费用超过7 200亿元,而联想仅为734亿元,整整差一个数量级。对应的研发费用率,华为在15%上下,联想仅为2%～3%[③]。

华为作为高科技企业,需要大量高素质人才。2020年底,华为约有员工19.7万人,其中10.5万人为研发人员,占比53.4%。反观联想,截至2021年3月底,集团总员工为7.15万人,其中正式员工5.2万人,长期工厂合同工达1.95万人(占比约27%)[④],一般制造业(而非高端装备制造业)特征显著。华为在结合国外公司员工持股实践经验和中国国情的基础上,推行了有中国特色的员工持股计划,员工得以分享企业的发展成果和改革红利。联想的治理和激励模式是美国化的,即激励主要针对企业家和高管。2020年联想年薪超过341万美元的高管共12位,共分享约6.2亿元的薪酬,平均每位高管获得约5 166万元,高管收入和通用汽车公司处于同一水平;但从员工收入来看,2020年联想人均薪酬47.3万元,华为则高达84.3万元,过半的研发人员的高收入拉高了华为的人均薪酬(见表5)。

5 结语

从以上分析可知,"硬科技"产业发展的激励机制支撑了财富示范效应发挥作用。产业政策与资本市场激励会极大地加速产业财富的创造,资本市场与员工激励会影响资本、企业家、员工的财富分配。激励机制从不同层面影响了财富增值与分配,调动了资本、企业家、员工的积极性,促进社会公平,对社会经济起到良好的示范作用。

① 千军万马争过桥 韩国"国考"白热化[EB/OL].(2019-08-22)[2022-4-23].http://xmwb.xinmin.cn/html/2019-08/22/content_20_1.htm?spm=C73544894212.P59792594134.0.0.
② 为"公"痴狂 愈演愈烈的韩国公考热[EB/OL].(2018-10-31)[2022-4-23].http://korea.people.com.cn/n1/2018/1031/c407864-30373621.html.
③ 华为公司年报,https://www.huawei.com/cn/annual-report;联想公司年报,https://investor.lenovo.com/sc/publications/reports.php?year=2021.
④ 同脚注1。

表4　华为和联想财务指标对比

财务指标	公司	2020	2019	2018	2017	2016	2015	2014	2013
营收/亿元	华为	8 914	8 588	7 212	6 036	5 216	3 950	2 882	2 390
	联想	3 992	3 593	3 437	2 852	2 969	2 902	2 844	2 381
净利润/亿元	华为	646	627	593	475	371	369	279	210
	联想	86	57	44	−8	37	−9	51	50
毛利率	华为	36.7%	37.6%	38.6%	39.5%	40.3%	41.7%	44.2%	41.0%
	联想	16.1%	16.5%	14.4%	13.8%	14.2%	14.7%	14.4%	13.1%
净利率	华为	7.3%	7.3%	8.2%	7.9%	7.1%	9.3%	9.7%	8.8%
	联想	2.2%	1.6%	1.3%	−0.3%	1.2%	−0.3%	1.8%	2.1%

数据来源：华为和联想集团各自的2013—2020年年报。

表5　华为和联想研发投入、人均薪酬对比

指标	公司	2020	2019	2018	2017	2016	2015	2014	2013
研发费用/亿元	华为	1 419	1 317	1 015	897	764	596	408	316
	联想	96	95	85	80	94	96	75	45
研发费用率	华为	15.9%	15.3%	14.1%	14.9%	14.6%	15.1%	14.2%	13.2%
	联想	2.4%	2.6%	2.5%	2.8%	3.2%	3.3%	2.6%	1.9%
研发人员占比*	华为	53.4%	49.0%	45.0%	45.0%	45.0%	45.0%	45.0%	NA
人均薪酬/万元	华为	84.3	86.8	78.0	77.9	67.7	57.4	42.5	NA
	联想	47.3	50.0	47.3	42.7	47.0	40.4	36.1	31.3

注：*联想集团在其年度报告和企业ESG报告中均未披露研发人员占比数据,故此项缺失。
数据来源：华为和联想集团各自的2013—2020年年报。

　　财富示范效应会进一步产生社会影响。股市的繁荣、富豪榜的变化以及人才待遇的提升,能够引领新的投资风向,引导新的社会风气,引发新的就业风口。未来中国的产业资本将进一步加强与科技的融合,发挥资本在支持创新中的关键作用。社会风气将进一步向尊重知识、崇尚创新、尊重人才转变,社会对知识型、技术型等高素质人才的需求进一步扩大,正确的择业观将进一步树立。

　　良好的激励机制也会直接影响社会发展。合适的财富分配机制能引导社会形成正确的财富观念;

有效抵制仇富、炫富、盲目崇富的错误观念；激发年轻人奋发向上，通过知识、技能创造财富的热情。社会的发展亦能有效推动激励机制革新。随着"硬科技"产业对社会发展的影响不断深入，产业将进一步强化人才激励，吸引高素质人才的加入，弱化对资本和高管的过度激励。同时，产业还将探索更加公平的财富分配实现形式，使我国产业激励机制走上优于西方（过分强调资本激励）的道路。

当前，人工智能、量子信息、集成电路、"四深"（深地、深海、深空、深蓝）等前沿领域已成为国家鼓励和发展的重点领域，"硬科技"产业将在"十四五"期间迎来变革发展，也必将对社会变革产生深远影响。科技兴则国家兴，产业强则国家强，没有"硬科技"产业发展的社会没有未来。中国当充分利用好"硬科技"产业转型的黄金机遇，推进我国国民收入的更大跃升，推动中产阶层群体的进一步壮大，促进社会结构的进一步优化，助力中国社会在更高水平上实现共同富裕。◆

【参考文献】

[1] 马喜芳，芮正云.激励前沿评述与激励协同研究展望：多学科/学派、多层次、多维度视角[J].科学学与科学技术管理，2020，41（6）：143-158.
[2] 周亚虹，蒲余路，陈诗一，等.政府扶持与新型产业发展：以新能源为例[J].经济研究，2015，50（6）：147-161.
[3] 林毅夫，蔡昉，李周.比较优势与发展战略：对"东亚奇迹"的再解释[J].中国社会科学，1999（5）：4-20+204.
[4] 张维迎.走出经济发展和转型的理论误区[N].社会科学报，2015-03-26（02）.
[5] 陈创练，庄泽海，林玉婷.金融发展对工业行业资本配置效率的影响[J].中国工业经济，2016（11）：22-38.
[6] 段勇倩，陈劲.风险投资如何影响企业创新？：研究述评与展望[J].外国经济与管理，2021，43（1）：136-152.
[7] 陈思，何文龙，张然.风险投资与企业创新：影响和潜在机制[J].管理世界，2017（1）：158-169.
[8] 江轩宇，贾婧，刘琪.债务结构优化与企业创新：基于企业债券融资视角的研究[J].金融研究，2021（4）：131-149.
[9] 张劲帆，李汉涯，何晖.企业上市与企业创新：基于中国企业专利申请的研究[J].金融研究，2017（5）：160-175.
[10] 李韵，丁林峰.员工持股计划、集体激励与企业创新[J].财经研究，2020，46（7）：35-48.
[11] 孟庆斌，李昕宇，张鹏.员工持股计划能够促进企业创新吗？：基于企业员工视角的经验证据[J].管理世界，2019，35（11）：209-228.
[12] 郭蕾，肖淑芳，李雪婧，等.非高管员工股权激励与创新产出：基于中国上市高科技企业的经验证据[J].会计研究，2019（7）：59-67.
[13] 李韵，贾亚杰.华为员工持股制度的中国特色及其对企业创新的作用机理[J].教学与研究，2020（4）：25-38.
[14] 刘昕.华为的发展历程及其薪酬战略[J].中国人力资源开发，2014（10）：76-83.
[15] 匡文波.警惕舆论裹挟下的消费主义盛行[J].人民论坛，2021（3）：32-34.
[16] 中央纪委国家监委网.新视野 | 治理"饭圈"乱象须多管齐下[EB/OL].（2021-09-14）[2022-01-14].https://www.ccdi.gov.cn/yaowen/202109/t20210914_250024.html.
[17] 文雁兵.扩大中等收入群体 为实现共同富裕奠定社会基础[EB/OL].（2021-11-10）[2022-01-14].https://share.gmw.cn/theory/2021-11/10/content_35300325.htm.
[18] 李实，杨修娜.中等收入群体与共同富裕[EB/OL].（2021-07-04）[2022-01-14].http://ciid.bnu.edu.cn/uploads/20210704/387f4f1b3fcd9b66ffcb9df737692e4c.pdf.
[19] 林毅夫，巫和懋，邢亦青."潮涌现象"与产能过剩的形成机制[J].经济研究，2010，45（10）：4-19.
[20] 王兰侠.中国分账网络电影和网络剧的发展[J].电影评介，2021（3）：11-15.
[21] 冯立果.韩国的产业政策：形成、转型及启示[J].经济研究参考，2019（5）：27-47.
[22] 王晓玲.韩国的"人口危机"与年轻人的"脱轨人生"[J].世界知识，2021（7）：32-34.

数字技术如何赋能价值增值：
企业微信场景生态系统的运作启示*

陈春花　梅　亮

摘要

自Adner提出创新生态系统作为一种价值协调机制以来，围绕创新生态系统主体间的价值交互与提升的讨论长期受到研究者与实践人员的关注。然而，已有研究鲜有关注有关数字技术情境方面的讨论。本研究聚焦数字技术如何影响企业创新生态系统的价值增值问题，以中国数字办公与管理解决方案输出的典型组织"企业微信"及其合作的客户企业所构成的创新生态系统为对象，深度聚焦沟通场景生态系统、管理场景生态系统以及商业运作场景生态系统三个场域的嵌入式多案例分析。研究显示：第一，数字技术对企业创新生态系统的价值赋能，本质上嵌入特定数字技术赋能的场景生态系统情境中；第二，数字技术对企业创新生态系统的价值赋能机制，可以解构为"数字增强型赋能""数字扩展型赋能""数字变革型赋能"三个方面。研究为创新生态系统理论的数字技术情境延伸提供知识增量，为中国企业数字化转型贡献实践启示。

关键词

数字技术；创新生态系统；赋能；价值共生；场景生态系统；企业微信

【作者简介】

陈春花　新华都商学院理事长。专注于中国领先企业成长模式研究、数字化时代组织管理创新研究。出版《价值共生》《协同共生论》等著作近三十部，发表核心期刊论文近百篇。

梅　亮　北京大学国家发展研究院副研究员。研究方向为创新与战略管理、科技创新政策。

* 基金项目：教育部人文社会科学研究青年基金项目（20YJC630102），国家自然科学基金面上项目（72174005）。

自熊彼特提出创新是经济增长的根本动力以来[1],创新研究重点从早期以企业为中心的主导范式研究(如以小企业与创业公司为焦点的"熊彼特Ⅰ型"范式与由大企业主导创新过程的"熊彼特Ⅱ型"范式),转向企业组织管理活动及所嵌入的更广泛而复杂的社会系统运行环境[2],涌现了以部门创新系统(sectoral innovation system)[3]、区域创新系统(regional innovation system)[4]、国家创新系统(national innovation system)[5-6]、技术创新系统(technological innovation system)[7]等为核心的研究讨论。近年来,创新系统研究进一步转向创新生态系统(innovation ecosystem)[8],并发展成为创新与战略领域成长最快的研究议题之一[9]。本质上,创新生态系统是指一组相互依赖与互补的创新主体实现用户价值主张的安排机制[10],其在继承创新系统范式所关注的创新主体间依赖、创新组织与环境共同演化的本质特征外,进一步强调异质性创新主体通过共事交互与紧密协作来形成互利关系,以实现单一创新组织无法实现的价值创造与增值[11-13]。

在实践层面,企业创新生态系统对于产业与经济发展的重要意义得以显现。德勤公司于2019年9月发布的《中国创新崛起——中国创新生态发展报告2019》指出:全球主要国家的企业创新生态系统特征显示,美国注重以企业集群为主导的创新生态系统,以色列则突出政府主导下风险投资体系驱动的企业创新生态系统,德国则关注稳定与可持续创新基础支撑的企业生态系统。而中国创新生态系统则表现出国家战略定位、开放市场、持续加强人才与技术投入等特征,旨在实现国家竞争力的稳步提升[1];在组织层面,家电行业领军企业海尔集团于2019年12月26日宣布启动"生态品牌战略"发展阶段,推进集团物联网生态全面发展;平安好医生打造的生态平台实现了3亿中国用户对个人医疗健康的管理[14]。

然而,在研究与实践逐步重视创新生态系统议题的同时,一个现象不容忽视:数字技术正在深刻改变企业创新生态系统强调的组织内外利益攸关的不同主体间,以及组织与环境的价值交互,扩展甚至颠覆创新管理理论的基本假设[15],引导组织管理创新的数字化转型[16,17]。举例而言:2020年全球数字经济规模达到32.6万亿美元,其中,中国规模为5.4万亿美元,占比16.6%,排名全球第二[2]。以腾讯、阿里巴巴、华为、京东等为代表的数字平台企业,正引发我国企业创新生态系统的管理创新与价值涌现。例如企业微信2022年1月公布的数据显示,其数字化工具为超过1 000万个真实企业组织所注册使用,个体活跃用户超过1.8亿,连接微信生态的活跃用户规模超过5亿[3];《2019—2020微信就业影响力报告》显示,2019年微信带来的信息消费总规模达3 238亿元(同比增长34.8%),拉动传统消费规模达5 966亿元[4]。随着数字技术对组织间价值交互关系的改变,"数字赋能的生态系统"(digitally enabled designed ecosystems)研究受到关注,其主张生态系统的未来研究与实践需要关注"数字技术如何赋能企业创新生态系统以实现价值增值"[18]。

由此,研究将围绕"数字技术如何赋能企业创新生态系统以实现价值增值"的问题,以服务中国企

① 德勤.中国创新崛起——中国创新生态发展报告2019[R/OL].(2020-05-14)[2022-01-11].https://www2.deloitte.com/cn/zh/pages/innovation/articles/china-innovation-ecosystem-development-report-2019.html.
② 数据来源:中国信息通信研究院《全球数字经济白皮书——疫情冲击下的复苏新曙光》,于2021年8月2日发布。
③ 郝庆谦.企业微信再进化,企业入微正当时[EB/OL].(2022-01-14)[2022-01-14].https://mp.weixin.qq.com/s/tICEQO3PdEJfjfX_LKoHOA.
④ 中国信通院.2019—2020微信就业影响力报告[R/OL].(2020-05-14)[2022-01-11].http://www.caict.ac.cn/xwdt/ynxw/202005/t20200514_281775.htm.

业办公管理领域的典型组织"企业微信"为案例展开讨论。研究弥补了创新生态系统文献的相关缺口，贡献了理论知识增量与管理实践启示。首先，自 Adner 提出"价值协调机制"是创新生态系统的本质以来[10]，基于创新生态系统主体紧密协作的价值创造被视为解析生态系统主体交互依赖的重要基础[19]。目前已有很多以市场交易关系与传统工业组织产业链为基础的研究（如电动汽车与智能手机企业创新生态系统的价值创造研究[13]、电视与视频录像企业创新生态系统的价值创造与演化[20]等），但缺少与数字技术情境相关的讨论[18]。其次，已有创新生态系统组织间价值共生与创造等方面的研究，潜在假设了创新生态系统成员共创的产品与服务价值的衡量，主要基于顾客/用户价值收益的目标[11]，而忽视其面向创新生态系统成员间如何实现价值协调的目标导向。鉴于数字化能引导消费互联向产业互联延伸，数字技术赋能下的焦点企业创新生态系统主体间的价值创造/增值议题尚待讨论。最后，考虑到数字技术深度重构创新生态系统主体的连接与共生方式（如数字技术 API 接口实现生态系统各功能模块的适配与协同、企业数字平台底座实现组织内与组织生态成员通信与管理的一体化集成等），研究亟待解析数字技术赋能企业创新生态系统价值增值的作用机制。

1 研究回顾

Adner 指出，创新生态系统反映一种价值协调机制，其本质上是焦点组织及其关联主体交互协作、构建紧密互利关系以实现生态系统的价值增值[10]。Autio 和 Thomas[19]进一步指出了创新生态系统主体协作背后的价值创造与增值，回应并发展了 Porter 提出的价值链理论[21]，将价值创造的线性与连续过程，延伸至非线性、不连续的范畴，并强调创新生态系统协同拥有独特能力的参与者实现价值增值的重要意义[19]。Jacobides 等[22]认为创新生态系统的价值是理论研究的重点，并指出针对传统组织经济交互关系的研究主要基于价值链与价值网的逻辑展开，它们长期关注科层式价值系统（hierarchy-based value system）与市场化价值系统（market-based value system），而基于创新生态的价值系统（ecosystem-based value system）是创新生态系统价值理论研究的重要发展，其关注系统成员互补性（complementarity）对生态价值增值的重要影响[22]。

已有的有关创新生态系统的研究在关注主体间交互协作形成价值共生与创造的同时，越来越关注数字技术赋能的创新生态系统建构与价值机制解析。Nambisan 等指出，数字创新本质上是利用数字技术实现市场输出（如产品与服务）与商业流程和模式等的创造，而数字技术主要用于改善组织生态系统的创新流程与产品创新[15]；Candi 和 Beltagui 指出，随着数字技术的兴起与普及，创新越来越多地将数字信息处理与物理及机械部件进行组合，通过产品/服务同硬件/软件的连接，实现复杂、新颖的产品/服务功能的价值创造与增值[23]；Hu 等及 Tiwana、Um 等人认为，数字技术深度影响组织的产品与服务创新，其本质是对企业生态系统现有资源的重新配置或重新组合的过程[24-26]；Senyo 等认为，数字赋能的企业创新生态系统主要涉及数字技术与个体、组织等交互建构形成的"社会—技术"环境，并基于共享数字平台与竞合交互关系实现价值增值[23]。进一步，Senyo 等指出，对于数字赋能的企业创新生态系统的研究，需要承认数字技术基础设施与数字技术网络实体对生态主体价值提升的深度影响[27]，数字技术赋能本质强调基于数字技术对创新生态系统的成员交互、流程改造以及产品与服务创新等的优化升级[28]，以实现企业创新生态主体与系统整体的价值增值[29]。

然而，在企业创新生态系统多主体紧密协作以实现价值创造/增值的背景下，数字技术是理论研究的重要情境，研究者们强调通过数字技术部件实现硬件/软件与产品/服务的组合，建构数字技术设施平台，实现传统企业创新生态系统的资源重组与价值依赖关系的重构等[24-27]。但这些有关"数字技术赋能的企业创新生态系统价值增值"的研究，并未深入解析具体的作用机制（也即how的问题：数字技术如何赋能企业创新生态系统以实现价值增值），所以亟待有研究对此展开相关讨论。

2 研究方法

2.1 方法选择

围绕研究聚焦的"数字技术如何赋能企业创新生态系统以实现价值增值"的问题，案例研究方法对于理解以往理论分析不充分的现象有明显优势[30,31]，并能够较好地挖掘现象背后的理论规律以提供有说服力的解释[32]。尤其是当研究涉及多个分析层次的管理问题时，嵌入式多案例研究方法能够做到有效适配[33]。案例对象涉及企业微信基于数字技术工具连接传统企业而构建的创新生态系统，企业创新生态系统通过数字技术的支撑，实现多元场景下以多异质主体交互协作与构建紧密互利关系为基础的价值增值，故采用嵌入式多案例研究，以展开更为精致的研究设计[34]。

一般而言，案例研究以建构

理论为目标[30,33]，且需具备研究对象选择的典型性、启发性等准则[35]。研究根据Eisenhardt[30]提出的"理论抽样"三大原则选取企业微信组织为研究对象：① 案例典型性[30,33]。企业微信组织于2016年4月18日上线，是腾讯微信团队为企业级客户打造的数字化高效通信与办公平台，定位于成为企业专属的内外部数字化连接器，助力企业数字化转型。企业微信目前已成为国内主要的数字化办公平台之一。② 案例新颖性。在推进数字赋能组织管理与创新的过程中，企业微信现已实现了超过1 000万名真实企业用户的注册，为50多个行业企业的数字化转型与管理创新提供服务①。截至2022年1月，国家重点产业排名前50的头部企业中，企业微信的使用覆盖率超过70%②。自2019年底疫情发生以来，企业微信更是免费输出企业远程办公功能服务，同步开发员工健康报备、远程会议与办公协作、个人健康管理、生活餐饮预订等功能，为我国企业基于数字化的内外部管理提供数字化解决方案。与此同时，针对合作企业的内部人员、外部生态伙伴、客户等利益攸关主体的管理，企业微信始终坚持"信息传递是企业生产效率的变量""一切技术最终服务于人""与客户企业共生价值"等理

念，通过构建底层通信技术架构，开放API接口与互通微信用户生态，为企业及其生态系统提供数字化赋能。③ 数据可获得性。研究团队与企业微信自2019年9月启动合作研究，对企业微信内部人员与外部合作伙伴等主要利益攸关者开展30余人次的深度访谈，同时获取企业微信服务我国典型行业企业的大量二手案例资料。这为嵌入式案例研究的展开提供了便利条件。

2.2 研究情境与分析单元设定

研究情境与研究问题适配是展开案例分析的重要基础[31,36]。嵌入式多案例研究存在分析层次差异，其主要基于主分析单元提出研究问题，并基于次级分析单元进行深入讨论，最终回归主分析单元以建构研究结论[33,34]。研究对象定位为由企业微信数字技术平台所面向的客户企业内部的利益攸关者（如员工），以及客户企业外部的利益攸关者（主要包括生态伙伴、供应链、用户等）等多元异质主体建构的创新生态系统，并将其作为主分析单元。企业微信与客户企业合作形成的数字赋能的创新生态系统架构如图1所示。从企业内部看，焦点客户企业通过以企业微信为基础的数字技术平台，实现内部人员

---

① 数据来源：企业微信内部统计资料。
② 刘学辉.企业微信的新角色[EB/OL].（2022-01-13）[2022-01-14]. https://mp.weixin.qq.com/s/oP9vL3SsptKuu57QVrZHeQ.

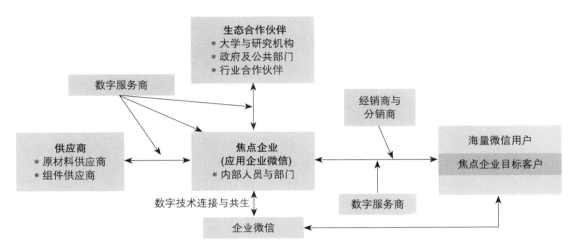

图1　企业微信数字技术赋能的创新生态系统架构

与部门等的即时沟通与数字化管理。而从企业外部看,焦点企业、上下游供应商及经销商、生态合作伙伴、微信端用户等实现企业微信数字技术赋能的认证沟通、焦点企业创新生态系统管理集成,以及面向微信端用户的商业模式创新等。此外,鉴于企业微信主要定位为帮助客户企业及其生态系统主体实现通用型数字技术功能(如通信、基础管理功能等),所以特定创新生态系统成员的定制化数字解决方案的开发工作由服务商完成,而企业微信通过API接口实现定制化数字解决方案的集成与耦合。

在主分析单元的基础上,"数字技术如何赋能企业创新生态系统以实现价值增值"这一问题的具体情境依赖特定场景下焦点企业创新生态系统主体的参与、互动、协同等。研究在设定主分析单元的背景下,基于数据提出了三类特定场景的生态系统单元,以建立嵌入式多案例分析单元,如表1所示。

表1　企业微信场景生态系统的嵌入式多案例分析单元[①]

嵌入式多案例分析单元	细分场景描述
沟通场景生态系统	组织内沟通场景:焦点企业通过建立基于企业微信的数字化办公平台,打破组织内部跨部门人员横向沟通的部门墙,以及内部人员纵向上下层级间的沟通壁垒
	组织外沟通场景:企业微信赋能焦点企业成员面向生态系统主体的实名认证式沟通(如供应商、合作伙伴、经销商、用户),弥合传统沟通模式的地理距离壁垒,将焦点企业的外部主体联结与触达范围扩展至移动端个体。焦点企业通过企业微信建立与微信海量用户的沟通

① 沟通场景、管理场景、商业运作场景三大类场景生态系统的提炼源自对调研访谈数据的归纳。

续　表

嵌入式多案例分析单元	细分场景描述
管理场景生态系统	办公管理场景：企业微信定位于为客户企业建立多功能的办公管理一体化移动平台，已形成"企业通讯录""音视频通话""工作名片""文件盘""企业支付""轻OA应用"（包括打卡、考勤、审批等）等系统化功能
	生态伙伴管理场景：企业微信将管理功能延伸至焦点企业创新生态系统，通过实名制、管理功能集成及微信用户连通等，实现焦点企业创新生态系统所有主体的数字化管理，如供应链管理和客户关系管理等
	产品管理场景：企业微信App的使用，开放API接口以实现管理功能集成，企业微信App与微信实现产品功能互通等
	数据管理场景：关于企业微信客户组织内部数据的存储、处理、利用与管理等，客户企业通过企业微信实现对供应链与合作伙伴等的生产运作数据的管理，以及焦点企业管理面向用户交互的客户关系数据等以形成客户企业私域流量数据
商业运作场景生态系统	商业模式创新场景：企业微信与微信用户实现数字化底座"互通"，为微信海量用户数据背景下焦点企业的目标客户开发和商业模式创新创造各类场景，如疫情线上零售等

2.3　数据采集与分析

本研究以企业微信半结构化访谈的一手数据为基础，辅助企业微信内部档案与案例资料、网站与公众号等二手数据资料，通过"三角验证法"对多渠道数据资料进行分析与交叉检验[33,37]，以保证分析的信度与效度。

研究团队对企业微信高管团队成员、组织架构关键业务负责人、各行业商务运营主管、企业微信外部生态关键合作伙伴主管与服务商主管等展开31次半结构化访谈。被采访人的遴选标准如下：① 在企业微信有2年以上的工作经验①，在数字化办公与管理业务上具备好的从业经验；② 包含企业微信高管，关键业务体系、行业商务活动、生态伙伴企业与服务商等方面的负责人，亲自参与或领导团队促成企业微信与客户企业的合作及完成数字化转型，以确保拥有丰富的知识与实践认知；③ 职位与负责业务模块具有多样性，以尽可能系统洞悉企业数字化转型全貌。

所有的半结构化访谈采用录音记录，并在48小时内由参与访谈的研究团队负责人和企业微信团队协调人共同完成转录并同步校对。

同时，考虑到被访者受回溯性偏差（retrospective bias）的影响[31]，研究团队在阶段性访谈之后，采集被访者的媒体采访记录、企业微信内部公开课演讲记录、有关企业微信与合作伙伴数字化转型实践的内部二手资料文档等，进行交叉验证，以确保研究的信度与效度。附件A总结了数据采集过程。

针对研究问题，两位作者采用Nvivo11对表1数据资料进行独立分析，采用Miles和Huberman[37]所提出的"主题分析技术"，同时基于Gioia等的建议，根据语义接近性对条目进行集合，提炼概念或术

---

① 企业微信成立至今仅5年时间，故选择2年及以上作为被访者从业经验的时间基础。

语[36]。参照Mei和Zhang的分析步骤[38]，两位作者在完成背对背编码形成概念之后再进行概念的对比、修正、校准，直至达成一致性解释。

2.4　研究边界条件的讨论

数字技术可将复杂多变的信息转化为数据，并通过通信、计算、沟通和连接等技术或技能的组合实现创新与价值创造[17]。企业微信通过打造以移动端为基础的数字技术架构产品App，赋能客户企业创新生态系统的价值增值。

已有研究聚焦数字技术赋能组织创新，围绕数字技术对产品的改进、对工艺流程的革新、对组织结构与治理模式的变革，以及对商业模式的重构四个维度展开讨论[17]，提出从现有业务模式的渐进性增强、新业务流程对原模式的扩展，以及基于数字技术实现新业务模式对旧模式的重构与替代（变革）[39]等

方面，实现企业创新生态系统的价值增值。

3　研究发现

3.1　数字技术赋能的沟通场景生态系统

企业微信基于以"消息"为基础的通信单元，依托手机与计算机等移动化通信平台，默认终端节点"人"的"实时在线"假设，针对"即时沟通"的目标，帮助B端客户组织面向内部全员、组织供应链与生态合作伙伴、目标用户等实现沟通的终端触达，通过为企业建立基础性通信网络的连接底座，实现焦点企业创新生态系统成员间以沟通与消息交互传递效率等为基础的价值共生。具体而言，企业微信沟通场景生态系统主要涉及以企业内部人员、部门、上下级等为

基础的"组织沟通"，以及以组织外部供应链成员、合作伙伴、用户等为基础的"生态沟通"两部分，实现了沟通效率提升、沟通工具优化、沟通模式变革等方面的价值赋能，表2总结了相应的典型条目与概念。

3.2　数字技术赋能的管理场景生态系统

企业微信致力于建立客户企业一体化的集成管理平台，通过免费的基础行政管理功能输出、开放API接口的集成定制化管理功能开发，帮助客户提升企业管理效率，实现降本增收。同时，企业微信协同焦点企业生态系统主体，基于数字技术连接与管理功能集成，在组织办公、数据管理、生态伙伴运营管理、产品管理等方面，实现管理场景生态系统的价值赋能，表3总结了相应的典型条目与概念等。

表2　沟通场景生态系统的价值作用机制

细分场景	一阶类目：典型条目引用语举例	二阶主题	聚合维度
组织沟通	*腾讯微信每天可能会有几十万个会话，高频地通过管理者和员工之间的沟通、同事之间的交谈去协同和处理工作，会话量、信息量非常大　　（被访者：X3）	实时通信效率	数字增强型价值
	* XX银行也在用企业微信。XX银行有30多万人，他们的沟通存在问题，内部即时通信和邮件系统都是割裂的，总行信息向省分行、支行的传播，省内部的沟通都做得不好。我们从2017年底开始做XX银行项目，到现在XX银行每日活跃人数接近10万，用户日活跃度（DAU）数据是不会骗人的，企业微信能真正帮助这个老牌金融企业提高沟通效率　　（被访者：X2）	数字沟通模式	数字变革型价值

续　表

细分场景	一阶类目：典型条目引用语举例	二阶主题	聚合维度
组织沟通	*像百果园、太古可乐之类的企业，用了企业微信之后，改善了企业内部的沟通，可见企业微信是一款很好的内部沟通工具，符合他们的沟通习惯　　　　　　　　　　　　　　（被访者：X10）	数字沟通工具	数字扩展型价值
生态沟通	*教育行业需要两方面的沟通能力：一方面是"家—校"沟通能力，"家—校"沟通能力比较特殊，主要是老师、学校和教育局与家长的沟通；另一方面是"局—校"互联能力，更多的是解决教育局与下级学校之间的一些沟通和协同，以及教育局通过学校与家长的沟通和协同　　　　　　　　　　（被访者：X7）	跨组织沟通能力	数字扩展型价值
	*大企业要跟各种各样的上游供应商沟通，有的企业自己有工厂，就要与很多原材料供应商进行密集沟通，不仅是聊天，里面还涉及单据、财款的流动。大企业还需要与下游沟通，因为很多品牌在中国做分销，或者渠道、代理，需要很频繁地跟下游终端联系，包括订货、调货、结款等，因此不光有事务性沟通，还有结构化沟通。但是使用了企业微信后，就可以实现企业与企业之间的沟通，包括母公司和子公司之间既分离又融合的沟通　　　　　　　　　　　　　　　　　（被访者：X24）	生态沟通模式	数字变革型价值

表3　管理场景生态系统的价值作用机制

细分场景	一阶类目：典型条目引用语举例	二阶主题	聚合维度
组织管理	*很多公司跟员工间的联系都是靠企业微信在连接，包括企业文化的宣讲，公司政策和其他内部信息的传递，当然还有很多和员工信息相关的内部系统，如工资单、请假、休假、报销系统都是靠企业微信平台支持的　　　　　　　　　　（被访者：X16）	移动办公	数字扩展型价值
	*如果是个人微信，员工离职我们没办法识别，也不能判断员工离职后跟顾客说的话，这些都是不可控的，顾客也不知道员工离职身份状态的确切信息，而企业微信可以解决这个问题（被访者：X15）	精准人资管理	数字变革型价值
	*中国交通建设集团用企业微信对车辆进行管理，一年能省上千万元　　　　　　　　　　　　　　　　　　（被访者：X23）	成本管控	数字增强型价值
	*会议功能可以帮助企业做到明显的降本增效。2020年之前，公司会议室的利用率很高，每个会议室的运维成本也很高，包括水电费、投屏设备费用、音视频设备费用都很高。到2020年，企业微信的会议功能加上去之后，帮这些企业解决了对大量线下会议的需求，会议成本下降了40%～50%　　　（被访者：X29）	在线运营	数字扩展型价值

细分场景	一阶类目：典型条目引用语举例	二阶主题	聚合维度
组织管理	*百威的相关负责人曾经来腾讯参观，他们的HR指出，其公司所有系统（PC端、App端）都是分散的，又涉及权限管理、身份管理等，所以很难协调。而企业微信可以帮助他们建立数字化的底座，对接各种系统以做一个承载，然后再以企业微信的能力做许多新的应用开发。这个项目还帮助百威亚太区总部拿到了Global百威数字化转型大奖，引导他们将亚太区其他国家的员工也纳入企业微信中来。企业微信助力企业数字化转型中的人力资源管理，实现了部门之间的协作　　　　（被访者：X2）	组织系统集成	数字变革型价值
生态管理	*企业微信为企业提供标准化的功能模块，企业微信上各个模块的厂家都是经过软件认证的　　　　（被访者：X20）	生态集成平台	数字变革型价值
	*过去各个业务部门也帮经销商做很多App，一个奥迪经销商的手机上基本有几十个App，一半是厂家的，一半是内部的。企业微信基础的数字平台底座可以让各个App在上面使用。不仅如此，企业微信还能满足真正好的经销商管理，比如你想知道奥迪车卖给了什么样的人，如何更好地触达奥迪品牌的粉丝客户等，企业微信都可以通过微信触达消费者，实现经销商与消费者的直接联结，可以使品牌的各种宣传直接通过经销商到达消费者　　　　（被访者：X11）	供应链集成	数字变革型价值
	*企业微信可以跟CRM（客户关系管理）打通，服装行业现在比较流行的是SCRM（社会化客户关系管理），即带社交性质的CRM。系统打印的或导购前端打印的代表客户特征的标签全部会收入SCRM系统里面，如果导购用企业微信加客户微信之后，这些标签可以自动匹配到企业微信上　　　　（被访者：X24）	用户互通	数字扩展型价值
	*传统保险公司产品是最复杂的，有多种营销渠道，比如车险要跟车商合作，财产险要跟代理人渠道和银行等合作。这些销售渠道影响了保险公司的利润，和车险、财产险相关的企业的盈利情况极差，70%以上的企业不盈利，这就导致他们希望去中介化。而企业微信直接依靠品牌的服务人员触达C端客户，能降低中间渠道成本，改善客户服务体验　　　　（被访者：X26）	生态连接	数字扩展型价值
	*很多企业没有通信和信息管理平台，所以我们正好可以介入去帮助他们搭建互通架构。对于已经有系统的企业，这些企业在更换通信和信息管理系统时就会考虑排他性，企业微信可以兼容，在体验上实现客户企业与供应商、合作伙伴等的外界联动　　　　（被访者：X25）	互通架构	数字变革型价值

续　表

细分场景	一阶类目：典型条目引用语举例	二阶主题	聚合维度
生态管理	*天弘只做一件事，就是把企业微信的互通功能彻底发挥好，因为在微信端，面对服务和营销行业时，包括保险顾问、理财经理、导购、4S店销售等在内的客户数据是不能被沉淀的。天弘希望通过企业微信打通库存、营销这些系统，且沉淀数据。企业微信能帮助天弘实现消费优惠券的"千人千面"，从而提升了营收 （被访者：X2）	用户数字交互	数字变革型价值
产品管理	*大部分人有使用微信的习惯，因此对于企业来讲，其员工所需要的学习和教育成本是零，我们只要把我们味全的功能安装到这个平台上就行了 （被访者：X18）	数字产品体验	数字扩展型价值
	*我们开发企业微信上的功能时，也考虑过是使用一种全新的交互方法，还是采用跟微信很相像的交互方法。我们觉得微信有那么多人使用，已经成为移动手机上的对话工具了。如果我们再做一个新的，那就增加了所有员工的学习成本 （被访者：X1）	用户界面	数字扩展型价值
数据管理	*现在我们对于数字化转型的认知是希望能够通过与企业微信关联，产生以前得不到的相关数据。然后对数据进行分析来改善我们上下游的效益，即能够让所产生的数据为企业赋能 （被访者：X18）	数据效用	数字扩展型价值
	*客户和企业微信合作，数据在客户自己手上，客户通过企业微信把会员变成自己的会员。如果不通过企业微信，导购是不会帮助企业把客户群体收拢的。所以企业微信帮助客户企业管理自己的客户，而这背后体现的就是私域流量和运营能力 （被访者：X10）	私域流量	数字变革型价值

3.3　数字技术赋能的商业运作场景生态系统

企业微信赋能客户企业创新生态系统主体，通过企业微信与微信海量用户的数字互通，引导数字技术赋能的商业模式创新，具体表现为连通微信、精细化运作、品质服务、人性化交互、线上体验、数字运作模式等方面的价值赋能。表4总结了相应的典型条目与概念等。

3.4　案例讨论

研究围绕企业微信，探讨数字技术赋能场景生态系统的价值增值，主要包括：数字技术赋能的沟通场景生态系统（涌现组织沟通与生态沟通两类细分场景）、数字技术赋能的管理场景生态系统（形成组织管理、生态管理、产品管理，以及数据管理四类细分场景），以及数字技术赋能的商业运作场景生态系统（建构商业模式创新细分场景）三大类。

表4　商业运作场景生态系统的价值作用机制

细分场景	一阶类目：典型条目引用语举例	二阶主题	聚合维度
商业模式创新	*企业微信是连接企业与客户的纽带，这个纽带非常重要。终端导购加了消费者微信后，企业可以自动获取客户并在数字平台后端做CRM匹配，后端能知道这个客户是由终端哪一个导购人员在维护，也可以告诉终端导购这个消费者在小程序或公众号的购买行为，由此帮助导购更好地与消费者沟通，做好用户管理和精细化运作　　　　　　　　　　　　　　　　（被访者：X14）	精细化运作	数字扩展型价值
	*我们认为未来企业为客户提供服务的方式会越来越多地朝着有温度的方向转变，未来更多的不是由客户自己挑选产品，而更多的是服务员通过关心、了解客户来为其设计或者推荐相应的产品　　　　　　　　　　　　　　　　　　　　（被访者：X23）	品质服务	数字扩展型价值
	*张小龙对企业微信的定位是"人即服务"，我们要把平台打造成企业或者员工对外服务的窗口。我们不是机器人，企业微信从来不会做服务客户的机器人，企业微信的背后始终是一个真实的人　　　　　　　　　　　　　　　　　　　　（被访者：X25）	人性化交互	数字增强型价值
	*用户不能作为流量，用户想要的是服务，这跟我们企业微信"人即服务"的理念是非常契合的。企业微信的定位是"人即服务"，企业的每个员工都是企业的服务窗口。对于这个窗口而言，更希望做好个性化和人性化互动　　　　　　　　　（被访者：X25）		
	*企业微信最重要的竞争优势是与C端（微信最大生态）的连接，能让企业触达超过10亿名微信用户，因此，没有任何一个网络软件能够替代它。就像很多企业管理者跟我说，他们为什么选择企业微信，因为他们的用户都在微信上，就是这么直白（被访者：X6）	连通微信	数字变革型价值
	*疫情期间，大家都不愿意逛商场，虽然门店陆陆续续恢复运营，但是门可罗雀。消费者也想买衣服，但对疫情的恐惧导致不愿意进行线下体验，于是，线上体验就变得非常重要。而企业微信就能帮助很多导购让消费者在家中、办公场合也能获得跟线下一样的消费体验　　　　　　　　　　　　　　　　　　（被访者：X24）	线上体验	数字扩展型价值
	*企业数字化，到最后一定是产品和服务的数字化。没有产品创新、服务模式创新，只是把线下流量搬到线上，那就算不上是数字化。没有新的商业模式出来，很难谈得上有了改进和创新。现在很多企业都在用互通（企业微信互通微信），从零售业到汽车行业，再到夫妻老婆店，再到银行业、保险业、金融业，这些行业企业都在用互通。我相信到下一阶段会有很多新的玩法、新的商业模式出来　　　　　　　　　　　　　　　　（被访者：X26）	数字运作模式	数字扩展型价值

基于三大基础场景生态系统场域的多案例分析与讨论，研究在企业微信数字技术驱动的焦点企业创新生态系统这一主分析单元层次，归纳了数字技术赋能创新生态系统价值增值的三大作用机制，包括：数字增强型价值赋能、数字扩展型价值赋能，以及数字变革型价值赋能，以围绕企业微信及其客户企业、客户企业创新生态系统成员（如供应商、合作伙伴、经销与分销商、用户）等主体的案例实践，解释了"数字技术如何赋能企业创新生态系统以实现价值增值"这一基础性研究问题。

数字技术对创新生态系统的价值赋能机制如图2所示。具体而言有以下几点：一是数字增强型价值赋能机制，即利用数字技术改善并优化现有场景运作模式以实现价值增长。企业微信数字技术驱动的三大类七个细分场景生态系统运作实践显示，数字增强型价值赋能机制主要反映在以组织沟通为基础的实时通信效率提升、组织管理的成本管控效应，以及商业模式创新中的"人性化交互"等方面。二是数字扩展型价值赋能机制，即应用数字技术以延伸和发展组织原有的运作流程，用新的运作流程对原有模式进行价值延伸与补充。七个细分场景生态运作实践显示，数字扩展型价值赋能机制主要反映在数字沟通工具的研发与扩展、基于数字技术的跨组织沟通能力提升等沟通场景的价值赋能上，移动办公、在线

运营、用户互通、生态连接、数字产品体验、用户界面、数据效用等管理场景的价值扩展上，以及数字运作模式、线上体验、精细化运作、品质服务等商业模式创新场景的价值扩展上。三是数字变革型价值赋能机制，即数字技术驱动组织业务模式创新并替代重构了原有的业务运作模式。七个细分场景生态运作实践显示，数字变革型价值赋能机制主要反映在组织内成员间与组织生态系统成员间的数字沟通模式变革，基于精准人资管理、组织系统/组织生态/组织供应链的集成管理、微信生态的互通架构与用户交互、企业私域数据流量等管理场景的价值赋能，以及以互通微信为基础的商业模式创新等方面。

对比企业微信数字技术对三个场景生态系统的价值赋能，沟通场景生态系统的价值赋能表现主要集中在数字技术驱动下的组织内与跨组织的沟通效率、沟通能力、沟通模式等方面；管理场景生态系统的价值赋能表现最为多元，涉及组织内部办公管理、组织生态管理、产品及数据管理等；商业运作场景的价值赋能较为集中，主要嵌入以企业微信与微信生态连接互通为基础的商业模式创新中。在赋能机制方面，数字增强型赋能机制主要表现为对客户企业创新生态系统特定场景的降本增效（包括生态成员沟通效率、组织管理成本，以及商业运作过程中的用户交互成效），数字扩展

型价值赋能机制主要表现为对客户企业创新生态系统成员管理能力的延伸（包括跨组织沟通能力、数字办公与运营管理能力、生态主体与用户的连接能力，以及数据应用与产品客户导向的能力等），数字变革型价值更多涌现于客户企业创新生态系统整体中（包括基于移动端实名认证的沟通模式变革，精准化与集成式的组织内外部管理能力，以及连通微信海量用户数据所裂变的商业模式创新等）。

4 结论与贡献

本研究聚焦"数字技术如何赋能企业创新生态系统以实现价值增值"，以基于企业微信的焦点企业创新生态系统为案例，深度分析数字技术赋能的沟通场景生态系统、管理场景生态系统以及商业运作场景生态系统三大嵌入式案例研究单元，形成如下研究结论。

首先，数字化背景下，企业创新生态系统的价值增值，本质上将在特定数字技术驱动的场景生态系统情境中予以实现。企业微信凭借以通信、办公管理、连通微信为基础的数字化解决方案输出，在其赋能的沟通场景、管理场景以及商业运作场景三个场景生态系统场域内，实现了客户企业内成员及其创新生态系统成员的价值赋能。

其次，数字技术对企业创新生态系统的价值赋能可以解构为"数

字增强""数字扩展""数字变革"三大赋能机制。基于企业微信的客户企业生态系统嵌入式多案例研究显示：数字增强型赋能机制主要反映在通信效率提升、管理成本降低以及微信用户人性化交互等方面，体现数字技术对已有运作模式的降本增效；数字扩展型赋能机制主要表现为沟通工具与能力拓展，办公、运营、用户、生态运作、数据、产品等管理流程与模式的改进，以及用户互通、生态连接、用户界面和数据效用等方面，体现了数字技术对原有流程与运作模式进行革新、补充与优化，以实现企业创新生态系统内外部的价值增值；数字变革型赋能机制主要体现在沟通模式、管理模式和商业模式的重大转型变革中，其基于数字技术实现企业创新生态系统的价值重构与数字场景的价值涌现。

理论层面，本研究面向创新生态系统文献输出如下几个方面的贡献：

第一，基于数字技术情境尝试建构"场景生态系统"研究视角，并基于企业微信数字技术驱动的客户企业创新生态系统解决方案输出，从沟通场景生态系统、管理场景生态系统以及商业运作场景生态系统三大嵌入式案例研究单元出发，回答数字技术如何赋能企业创新生态系统这一问题。通过"场景生态系统"研究视角的引入与分析，延伸并拓展了已有创新生态系统文献聚焦的"基于主体的创新生态系统"

和"基于结构的创新生态系统"两类理论研究的讨论[9]，并融合数字技术情境的离散、分布、动态、实时等属性[15]，实现创新生态系统理论与数字技术情境的有效适配。

第二，研究引导传统生态系统价值赋能机制的讨论由C端用户导向转向B端焦点企业导向。自Adner等[9-11]将创新生态系统界定为面向客户的价值协调机制的安排[9,10]以来，基于市场需求导向的创新生态系统价值共生被视为系统运行的关键机制而被广泛讨论[11]，典型的如：创新生态系统价值系统区别于"市场与科层"两分类价值系统的属性讨论[22]。然而，已有关于创新生态系统价值议题的讨论，不仅忽视了以创新生态系统焦点企业为主导的供给侧价值赋能，还忽视了创新生态系统价值增值与创造的原因，以及价值赋能的机制解析。本研究认为，数字技术作为一种新的情境因素，其深度嵌入传统企业创新生态系统，将全面打通由原材料供应端到终端用户消费端的创新生态系统价值网络各环节的连接，并实现数字技术赋能焦点企业创新生态系统的价值增值；本研究还提出数字技术赋能创新生态系统价值的关键机制，包括"数字增强""数字扩展""数字变革"三大核心机制，并进一步结合数字技术赋能的沟通场景生态系统、管理场景生态系统、商业运作场景生态系统展开案例讨论，对数字技术如何有效赋

能企业创新生态系统展开深度解析；最后，研究结合数字技术情境的讨论也回应了"数字技术作为创新生态系统理论前沿趋势"的判断[15-17]。已有创新生态系统运作机制的价值议题研究[11,13,19,23]尚未引入数字技术情境因素的讨论。因此，本研究定位于数字技术解决方案组织——企业微信的实践，基于"企业微信"沟通、管理、商业运作三个场景生态系统的嵌入式案例研究，建构"数字增强型""数字扩展型""数字变革型"三大方面的赋能机制，为创新生态系统理论拓展了数字技术情境的研究边界。

实践层面，研究为中国企业数字化转型提供了管理实践启示。人工智能、大数据、区块链、云计算等数字技术的快速发展与普及，深度驱动传统组织、产业以及社会的数字化转型，重构各行各业的企业创新生态系统的主体连接方式、交互场景空间、生产运作行为、价值创造模式，催生组织管理与创新研究范式的重审与转型。打破组织内外部的信息孤岛，建立基于数字技术的通信架构、管理集成平台，实现产业互联网与消费互联网的深度融合，将有效赋能我国企业面向组织与生态系统主体间的沟通场景、管理场景以及企业与海量用户互通互连的商业运作场景等的价值增值。由此，传统企业数字化转型应首先建立企业底层的数字技术基础设施，定向实现组织内外部创新生态系统

异质性主体单元的广泛触达与深度连接，以数字信息的高效传递赋能企业创新生态系统运作的价值增值；进一步，以通信网络连通为基础，企业数字化转型需建立顶层设计框架，通过打造集成化的数字管理平台，赋能企业管理行动实现"统一一盘棋"；最后，企业创新生态系统的本质最终将回归面向用户的产品与服务价值创造，而互通微信等海量用户平台将为数字技术赋能的商业模式创新提供潜在的价值创造空间，引导企业实现数字化转型的商业价值。◈

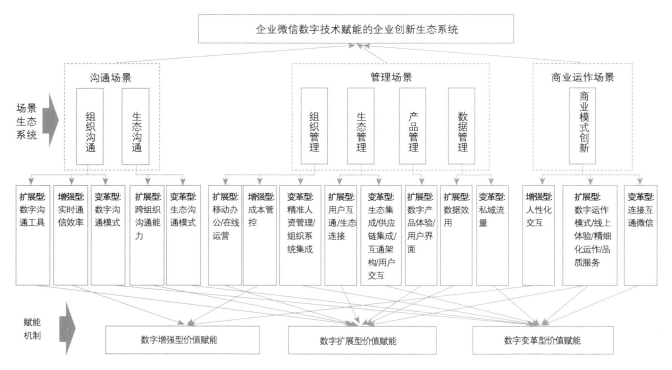

图2　数字技术对创新生态系统的价值赋能机制

【参考文献】

［ 1 ］Schumpeter J A.The theory of economic development［M］. Leipzig: Duncker and Humblot, 1912.
［ 2 ］盛昭瀚.管理：从系统性到复杂性［J］.管理科学学报,2019,22（3）: 2-14.
［ 3 ］Malerba F. Sectoral systems of innovation and production［J］. Research Policy, 2002, 31(2): 247-264.
［ 4 ］Cooke P, Morgan K. The regional innovation system in Baden-Wurttemberg［J］. International Journal of Technology Management, 1994, 9(3-4): 394-429.
［ 5 ］Lundvall B Å. User-producer relationships, national systems of innovation and internationalisation［C］// National systems of innovation: towards a theory of innovation and interactive learning. London: Pinter Publishers, 1992: 45-67.
［ 6 ］Nelson R R. National innovation systems: a comparative analysis［M］. Oxford: Oxford University Press, 1993.
［ 7 ］Carlsson B, Stankiewicz R.On the nature, function and composition of technological systems［J］. Journal of Evolutionary Economics, 1991, 1(2): 93-118.
［ 8 ］曾国屏,苟尤钊,刘磊.从"创新系统"到"创新生态系统"［J］.科学学研究,2013,31（1）: 4-12.

［ 9 ］ Adner R. Ecosystem as structure: an actionable construct for strategy［ J ］.Journal of Management, 2017, 43(1): 39−58.

［ 10 ］ Adner R. Match your innovation strategy to your innovation ecosystem［ J ］. Harvard Business Review, 2006, 84(4): 98−107.

［ 11 ］ Adner R, Kapoor R.Value creation in innovation ecosystems: how the structure of technological interdependence affects firm performance in new technology generations［ J ］. Strategic Management Journal, 2010, 31(3): 306−333.

［ 12 ］ 梅亮,陈劲,刘洋.创新生态系统：源起、知识演进和理论框架［ J ］.科学学研究,2014,32（12）: 1771−1780.

［ 13 ］ Kapoor R. Ecosystems: broadening the locus of value creation［ J ］. Journal of Organization Design, 2018, 7(1): 1−16.

［ 14 ］ Jacobides M G. The delicate balance of making an ecosystem strategy work［ J/OL ］.(2019−11−19)［ 2022−04−18 ］. https://hbr.org/2019/11/the-delicate-balance-of-making-an-ecosystem-strategy-work.

［ 15 ］ Nambisan S, Lyytinen K, Majchrzak A, et al. Digital innovation management: reinventing innovation management research in a digital world［ J ］. MIS Quarterly, 2017, 41(1): 223−238.

［ 16 ］ Nambisan S, Wright M, Feldman M. The digital transformation of innovation and entrepreneurship: progress, challenges and key themes［ J ］. Research Policy, 2019, 48(8): 103773.

［ 17 ］ 刘洋,董久钰,魏江.数字创新管理：理论框架与未来研究［ J ］.管理世界,2020,36（7）: 198−217+219.

［ 18 ］ Jacobides M G.In the ecosystem economy, what's your strategy?［ J ］. Harvard Business Review, 2019, 97(5): 128−137.

［ 19 ］ Autio E, Thomas L. Innovation ecosystems: Implications for Innovation Management［ C ］// Dodgson M, Gann D M, Phillips N.Innovation ecosystems: the Oxford handbook of innovation management. Oxford: Oxford University Press, 2014: 204−288.

［ 20 ］ Ansari S, Garud R, Kumaraswamy A. The disruptor's dilemma: TiVo and the US television ecosystem［ J ］. Strategic Management Journal, 2016, 37(9): 1829−1853.

［ 21 ］ Porter M E. Competitive advantage of nations: creating and sustaining superior performance［ M ］.New York: Simon & Schuster, 2011.

［ 22 ］ Jacobides M G, Cennamo, Gawer A. Towards a theory of ecosystems［ J ］. Strategic Management Journal, 2018, 39(8): 2255−2276.

［ 23 ］ Candi M, Beltagui A. Effective use of 3D printing in the innovation process［ J ］. Technovation, 2019, 80: 63−73.

［ 24 ］ Hu H, Huang T, Zeng Q, et al. The role of institutional entrepreneurship in building digital ecosystem: a case study of Red Collar Group (RCG)［ J ］. International Journal of Information Management, 2016, 36(3): 496−499.

［ 25 ］ Tiwana A. Evolutionary competition in platform ecosystems［ J ］. Information Systems Research, 2015, 26(2): 266−281.

［ 26 ］ Um S, Yoo Y, Wattal S. The evolution of digital ecosystems: a case of WordPress from 2004 to 2014［ C ］. International Conference on Information Systems, 2015.

［ 27 ］ Senyo P K, Liu K, Effah J. Digital business ecosystem: literature review and a framework for future research［ J ］. International Journal of Information Management, 2019, 47: 52−64.

［ 28 ］ Senyo P K, Liu K, Effah J. A framework for assessing the social impact of interdependencies in digital business ecosystems［ C ］//Liu K, Nakata K, Wei Z L, et al. Digitalisation, innovation and transformation.Berlin: Springer, 2018: 132−143.

［ 29 ］ Senyo P K, Liu K, Effah J. Towards a methodology for modelling interdependencies between partners in digital business ecosystems［ C ］. IEEE international conference on logistics, informatics and service sciences, 2017: 1165−1170.

［ 30 ］ Eisenhardt K M. Building theories from case study research［ J ］. Academy of Management Review, 1989, 14(4): 532−550.

［ 31 ］ Eisenhardt K M, Graebner M E. Theory building from cases: opportunities and challenges［ J ］. Academy of Management Journal, 2007, 50(1): 25−32.

［ 32 ］ Siggelkow N. Persuasion with case studies［ J ］. Academy of Management Journal, 2007, 50(1): 20−24.

［ 33 ］ Yin R K. Case study research: design and methods［ M ］. Thousand Oaks: Sage Publications, 2009.

［ 34 ］ 韦影,王昀.很复杂,但更精致：嵌入式案例研究综述［ J ］.科研管理,2017,38（11）: 95−102.

［ 35 ］ 王凤彬,王骁鹏,张驰.超模块平台组织结构与客制化创业支持：基于海尔向平台组织转型的嵌入式案例研究［ J ］.管理世界, 2019,35（2）: 121−150+199−200.

［ 36 ］ Gioia D A, Corley K G, Hamilton A L. Seeking qualitative rigor in inductive research: notes on the Gioia methodology［ J ］. Organizational Research Methods, 2013, 16(1): 15−31.

［ 37 ］ Miles M B, Huberman A M. Qualitative data analysis: a sourcebook of new methods［ M ］. London: Sage Publications, 1984.

［ 38 ］ Mei L, Zhang N. Transformer in navigation: diverse government roles for open innovation in China's high-speed rail［ J ］. Long Range Planning, 2020, 55(1): 102069.

［ 39 ］ Li F. The digital transformation of business models in the creative industries: a holistic framework and emerging trends［ J ］. Technovation, 2020, 92: 102012.

附件A　数据来源与数据采集过程

	访谈时间与形式	时长（分钟）	关键被访者	访谈主要内容	数据量（万字）	二手资料 事后补充
			一　手　资　料			
阶段一 2019年	9月4日线下	150	X1企业微信总裁及核心高管	全面了解企业微信定位、战略、产品、组织等	2.2	*企业微信基础产品功能介绍手册 *企业微信基础资料文档手册 *企业微信组织架构 *企业微信共计33个跨行业典型案例
	11月7日线下	90	X2行业负责人A	企业微信数字化服务与行业拓展	0.6	
		60	X3产品设计负责人	企业微信产品设计	0.7	
		90	X4行业负责人B	企业微信数字化服务与品牌	0.8	
		90	X5企业微信副总	企业微信生态伙伴管理	0.8	
		90	X6企业微信副总	企业微信市场及用户管理	0.7	
		90	X7行业产品负责人C	企业微信金融、教育行业数字化	0.6	
	11月8日线下	60	X8行业拓展负责人	企业微信家居行业数字化	0.6	
		60	X9私有化负责人	企业微信私有化服务与解决方案	0.4	
	11月8日线上	60	X10零售行业负责人	企业微信零售行业数字化	0.7	
	11月8日线下	60	X11制造行业负责人	企业微信制造行业数字化	1.2	
	11月8日线上	60	X12教育行业负责人	企业微信教育行业数字化	0.6	
		60	X13政务行业负责人	企业微信政务行业数字化	0.5	
	11月8日线下	60	X14金融行业负责人	企业微信金融行业数字化	0.5	
	11月11日线上	60	X15奈瑞儿负责人	奈瑞儿公司基于企业微信的数字化	0.9	
	11月12日线上	60	X16可口可乐负责人	可口可乐公司基于企业微信的数字化	0.8	
		60	X17桐乡医院负责人	桐乡医院基于企业微信的数字化	0.8	
	11月14日线上	60	X18味全负责人	味全公司基于企业微信的数字化	0.7	
	11月14日线上	60	X19上美负责人	上美集团基于企业微信的数字化	0.7	
		60	X20北京地铁负责人	北京地铁基于企业微信的数字化	0.7	
	11月15日线上	60	X21平安人寿负责人	平安人寿基于企业微信的数字化	0.7	
		60	X22德邦物流负责人	德邦物流基于企业微信的数字化	0.7	
	12月4日线下	150	X23企业微信总裁及核心高管	企业微信数字化、客户管理、价值主张、生态发展	2.3	

续　表

	一　手　资　料					二手资料
	访谈时间 与形式	时长 （分钟）	关键被访者	访谈主要内容	数据量 （万字）	事后补充
阶段二 2020年	5月7日线上	90	X24服装行业负责人	企业微信服装行业数字化	1.2	*企业微信 16个疫情期 间客户使用 案例汇总 *企业微信6 个跨行业补 充案例 *企业微信 基础产品功 能更新版手 册
		60	X25制造行业负责人	企业微信制造/汽车行业数字化	1.1	
	5月8日线上	60	X26金融行业负责人	企业微信金融行业数字化	1.1	
		60	X27教育/零售行业 负责人	企业微信教育/零售行业数字化	1.4	
	5月29日线上	60	X28快销行业负责人	企业微信快销行业数字化	0.8	
		60	X29轨道交通行业 负责人	企业微信轨道交通行业数字化	0.9	
		60	X30医疗行业负责人	企业微信医疗行业数字化	0.7	
	6月9日线上	60	X31生态服务商：企 业管家负责人	企业微信创新生态系统及其服 务商作用	0.9	

基于区块链技术的数据——算法——场景价值链研究展望

蒋　炜　王鸿鹭　郑志强　沈　浙

摘要

当前数字经济发展风起云涌,大数据、云计算、人工智能和5G技术等数字技术与传统产业的融合加快。数据和算法作为数字经济的基石,未来竞争的着力点会更加侧重于如何优化使用数据和如何优化商业逻辑及相应代码化的进程,并通过数据和算法在不同商业应用场景中的互联互通体现其应用价值。本文基于数据——算法交易机制的基础理论研究成果,就数据——算法的确权、追踪、安全、定价、交易、结算、交付、数字资产管理等一系列研究问题进行了梳理和研究展望,相关研究方向也为学界和业界未来的理论研究和实践落地提供了参考。

关键词

数据;算法;场景;数据交易;区块链

【作者简介】

蒋　炜　上海交通大学安泰经济与管理学院教授教授、博士生导师,研究方向包括大数据与商务智能分析、数据质量与风险管理、物流与供应链管理等。在国际、国内重要学术期刊上发表论文70余篇。

王鸿鹭　上海交通大学安泰经济与管理学院博士后,主要研究方向为区块链商业创新、数字经济商业模式创新。

郑志强　美国德州大学达拉斯分校教授,主要研究方向为金融科技大数据分析、区块链商业创新。

沈　浙　上海交通大学安泰经济与管理学院博士,主要研究方向为隐私计算、联邦学习。

当今世界正在进入以信息科技产业为主导的经济发展时期，数字信息已成为基础性的生产要素，数字经济日益成为经济发展的新模式、新趋势。面对数字经济领域激烈的国际竞争，党的十九大对建设网络强国、数字中国、智慧社会等作出了战略部署。数字经济是数字化转型背景下的崭新经济形态，对人类社会正在产生深远的影响。基于此，为加快发展数字经济，建设数字中国，培育经济发展新动能，中央及地方政府不断完善顶层设计，强化制度保障，从而激活数据要素潜能，释放数据要素价值。

数字经济的基石是经济活动的数字化和代码化：所有商业行为都可以被数字化[①]，从而产生数据；一切商业运行的规则都可以用逻辑来表示，也就是代码化（亦即图灵完备性的本义）[②]。数据如何使用、产生价值并变现是数字经济的核心；商业逻辑的代码化则以算法形式实现，其金字塔顶端是人工智能。

数据是未来数字经济发展的基础生产资料。随着各种信息技术与人类生产生活日益交汇融合，全球数据、知识的爆发式增长和海量集聚，经济社会发展产生了重大转变，数据信息已成为信息社会最基本的原材料。数据具有可复制、可共享、非排他等特性，能够无限增长和供给，可以通过市场交易被使用后创造社会财富。数据信息流引领着技术流、物质流、资金流和人才流，能为经济可持续发展提供新的动能。在我国经济发展新时代，数据信息是推动我国产业优化升级、实现跨越式发展的基础性战略资源。用好数据资源，积极推动数字经济的发展，是新时代推动经济高质量发展的现实路径。

算法是驱动数字经济的引擎。数据潜能的释放需要通过算法来激发，如果说数据是数字经济时代的石油，那么算法则是把石油转化为动能的引擎。当数据渐渐成为生产生活的内在要素时，算法的优劣就直接影响着制造效率、产品质量、生活服务等，也影响着经济发展的潜能。读懂未来的新时代，需要从读懂程序语言开始，而算法将是数字经济时代的通行语言。

场景是数字经济发展的载体。数据和算法需要在实际应用场景中才能体现出价值。应用场景是数字经济的实际载体，脱离了应用场景的数据和算法开发就好比闭门造车。而在应用场景不断变革升级的过程中又产生了网络经济、平台经济、共享经济、智能经济、区块链通证经济等数字经济新模式。

综上，数字经济的本质如图1所示。

图1　数字经济的本质

1　解决数字经济发展的核心问题——"第一公里问题"

就目前而言，数字经济在国内还有诸多亟待解决的难题，其中核心问题就是我们所说的数字经济的"第一公里问题"，即在数据源头上如何解放数据，促进数据共享，突破数据孤岛的禁锢，通过数据流转交易来实现数据价值。大数据时代的美好愿景都要建立在数据公开共享的基础上，如果数据源不能开放，数据共享者无法从中获得应得的利益，那么后续的诸多关于大数据的应用根本没法获得实践验证。国内数据孤岛情况严重，市场有巨大的数据需求，但技术上如何保证共享数据的安全，机制上如何实现数据

① Gartner survey reveals digital twins are entering mainstream use［EB/OL］. (2019-02-20)［2022-01-10］. https://www.gartner.com/en/newsroom/press-releases/2019-02-20-gartner-survey-reveals-digital-twins-are-entering-mai.

② GitHub, Inc. White Paper［EB/OL］. (2020-06-03)［2022-01-10］. https://github.com/ethereum/wiki/wiki/White-Paper#computation-and-turing-completeness.

价值并在共享各方之间实现合理分配，以及从监管层面、法律层面如何防范非法行为，保障数据共享者的利益等问题都还在探索阶段，这也导致企业和个人都不愿意将自己的数据共享出来。鉴于此，数据流通公开市场模式得以出现，不同的企业机构乃至个人之间可以互相交换自己所拥有的数据，但这种模式也依然存在许多问题。

除此之外，如何为数据找到合适的算法，充分挖掘数据的价值？如何为算法找到合适的数据，实现算法的持续优化迭代升级？如何让不同的算法实现优势互补，促成算法与算法的耦合？这些都是发展数字经济亟待解决的迫切问题（见图2）。鉴于此，我们从广度、深度和精度三个维度，将问题归纳为三大部分：① 数据/算法的确权及隐私保护；② 数据/算法的搜索和匹配；③ 数据/算法在使用场景中的价值确定及分配机制。

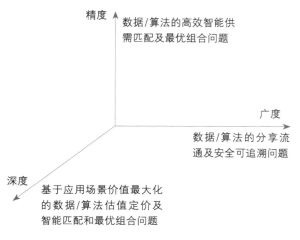

图2 数字经济发展需解决的主要问题

2 国内外学术研究现状

关于数据交易方面，有学者就基于区块链的数据交易展开了研究。区块链（blockchain）作为一种分布式记账模式，通过分布于全世界的成千上万个计算机节点来提供算力，协助验证网络交易，以达到不需要一个权威中心也能让使用者信任的目的。目前全球区块链走向商业化，首先要解决交易效率问题。最早的比特币区块链和以太坊区块链，历经多年发展仍性能低下。由于通信、节点性能及共识机制等因素的制约，比特币每秒钟处理的交易平均是7笔，以太坊约20笔，这样的交易效率无法承载像"双11"电商交易，12306平台节假日火车订票那些需要每秒几十万笔交易的实际需求。

DAG（有向无环图）是使用拓扑排序的有向图形数据结构。DAG应用领域局限于物联网，发展出IOTA项目。IOTA项目的分布式账本结构是基于数据结构DAG设计的网状结构Tangle（中文译名为"缠结"）。该项目用Tangle取代了传统区块链中由矿工处理交易、建立共识的机制，因此不再需要"挖矿"，从而以

零费用实现了高吞吐量（TPS），满足了物联网中M2M（machine-to-machine）小额大量交易的需求，解决了矿工权力集中的隐患，但其也有协调员带来的中心化嫌疑和三进制编码问题。

区块链第一代技术在速度、公平性、成本和安全性上具有非常严重的限制性，最新一代的技术哈希图（Hashgraph）从某种程度上解决了以上问题。哈希图是一种数据结构和共识算法，通过非链式结构，无须竞争即可同步出块，实现大规模低成本共识，大大提高了工作效率。它利用八卦协议和虚拟投票，实现银行级别的安全保障（完全异步的拜占庭容错）。该功能使得它能够抵御DDoS攻击、僵尸网络和防火墙。哈希图可以每秒实现超过25万笔的交易，是更好的低交易费、去中心化、无须"挖矿"的互联网底层信任网络。因此，它在金融服务和供应链管理等领域逐步得到推广和应用。关于区块链、有向无环图和哈希图的比较如表1所示。

在关于运用区块链技术进行数据隐私保护和溯源等领域，近年来国内外学者也就相关方面开展了大量研究。区块链的安全可信机制使区块链技术与隐私保护问题存在着很好的结合点，还能让数据拥有者切实管理数据的透明性与访问权限。Heilman等学者提出了一种电子货币激励技术，用来保障在交易过程中的匿

表1　区块链、有向无环图和哈希图的比较

	区块链	有向无环图	哈希图
结构	链状	拓扑排序的有向图形数据结构	非链式结构
性质	公有或私有	公有或私有	私有
开源性	开源	开源	专利
记账单位	区块	交易单元	事件
共识机制	PoW等	PoW等	八卦协议+虚拟投票
区别	先共识再出块	先出块再共识	
同步/异步	同步,要等一个区块的交易完成后再共识确认	异步,交易一发生就可以直接写入	
代表项目	Bitcoin	IOTA(物联网)	Swirlds
TPS	—		>250 000 TPS
优缺点	速度、公平性、成本和安全性都有严重限制	零费用,吞吐量大,但是有协调员带来的中心化嫌疑和三进制编码问题	性能较高的同时,安全性达到银行级别(完全异步的拜占庭容错)

名性,提供安全、公平的交易,而且这种技术抗DoS攻击和Sybil攻击[1]。Zyskind等则结合链上(on-chain)和链外(off-chain)来构建关注隐私的个人数据管理平台;利用分布式哈希表技术来加密数据,保证高可用性;通过合理的合约设计来保护隐私。他们还讨论了如何让区块链在可信计算中成为一个重要角色,这样做的优势是解决了区块链的公共性,并且让用户在不影响安全性或者受限制的情况下控制个人数据以及敏感数据,而不需要信任第三方。在可信计算中,通过同态加密算法和安全多方计算可以不让服务方观察到原始数据,只让其运行计算,在网络上获取结果[2]。

数据溯源是指对于数据处理流程的管理,用于解决和回答数据为什么是该状态(why)、数据从哪儿来(where)以及如何获得(how)的问题。数据溯源的研究在科学数据管理、数据仓库、数据资产管理的背景下进行。数据溯源方法可分成两大类,即基于批注(annotation-based)的方法和基于非批注(non-annotation-based)的方法。基于批注的方法将每个数据项变换为(s,d,i)三元组标签,其中,s表示数据项源,d表示目标数据(当前数据),而i则表示中间数据结果。该方法通过在数据处理过程中进行标签传播,实现数据的勾连,以支持数据溯源。基于批注的数据溯源系统包括DBNotes[3]和Mondrian[4]。对于非批注的方法,在处理数据的过程中,不需要对源数据和目标数据(处理的结果)附加额外的信息。但是,此时需要了解对于存储、维护数据做了何种处理。当处理是可逆的时候,通过目标数据,就能反推得到源数据。需要注意的是,虽然如SPJ(select-project-join)这样的查询,数据处理是可逆的,但是仍有很多数据库的常用查询是不可逆的。例如，很多聚集函数是不可逆的。非标注的数据溯源可用于数据变换、数据集成过程的调试。当源数据与目标数据之间的数据模式改变时，这类方法尤为有用。

Dunphy等诸多学者提出了将区块链技术应用于各行各业的模型机制中[5]。通过时间戳以及散列算法对物品确认权属，证明一段文字、视频、音频以及学历等有价值的东西的存在性、真实性以及唯一性，并提供不可篡改的数字化证明。一旦权属被确认，其交易记录或变更记录都会被记录在区块链上，配合诸如生物识别等技术，从根本上保障数据的完整性、一致性，从而保护权属的唯一性。另外，运用区块链技术对现存方案的不足之处进行优化，能够有效地简化流程，提高效率，还能及时避免信息不透明和容易被篡改的问题。由于区块链技术的可追溯特性，一旦出现问题，可以及时追溯并解决问题。Hallikas、Kim等诸多学者专家，都提出了基于区块链技术的权限管控、防伪、追溯以及相应的智能合约管理，并分别进行了流程化的建模叙述[6-7]。曹建农等人结合离线储存以及在线认证同时满足隐私保护与数据的权威性，还提出把分布式共识机制用于保护医疗行业中的个人医疗数据[8]。

3　当前数据/算法交易现状

数据交易的内容通常可以分为4种。① 数据本身。买家拥有对数据的永久或指定期限访问权，并可以在数据上执行任意计算以尽可能多地挖掘有价值的信息。② 数据的直接功能API（应用程序编程接口）。有时买家只对数据的某项简单功能感兴趣，例如搜索结果、统计信息或使用机器学习模型进行训练等。这种情况下，数据平台可以通过提供API来为买家提供相应功能，并限制其对数据的操作。③ 数据分析结果。它是指从数据中挖掘出来的更高层次的有用信息。例如一个商家希望基于分析得到什么样的用户最可能是其潜在客户，而对原始数据并不感兴趣。④ 数据衍生物。与数据内容无关，而是数据的各种权利许可，例如订阅该数据的相关更新，或持续订阅不断产生的数据流，买断数据的所有权或排他的使用权，甚至一些基于区块链的证书（如基于可信飞行记录的飞行员证书）也可以进行交易。

近年来，海外也开始有公司开发算法交易技术。目前出现了一些算法服务平台，算法科学家可以把算法代码托管到平台上，使用者按照某种模式（如调用次数）付费。比如谷歌投资的Algorithmia算法交易平台，着眼于提供一个开放式算法市场。在谷歌看来，算法能够解决问题，如果拥有很多算法，就能解决很多问题。然而在大多数情况下，算法被学术界写在论文中发表，但在工业界无人知晓；另外，

大量的互联网企业拥有数据，却没有算法或不懂得如何利用算法，因此，数据于这些企业而言处于"无意义"的状态。在Algorithmia中出售的算法，如同PlayStore中的App一样，可以被用户打分、评价，并显示被使用的次数。在Algorithmia中，算法开发者（包括学院、科研机构等）将其发明的算法共享并定价，算法买家通过浏览和查询，找到自己想要的算法，并完成支付。Numerai是一家对冲基金公司，它将加密的市场数据发送给任何希望参与股市建模竞争的算法科学家。Numerai将最好的模型提交到一个"元模型"中，然后交易该元模型，并向所提供模型性能良好的算法科学家支付报酬。

国内近年来也在数据交易的落地实操方面开展了许多卓有成效的探索和尝试。目前国内比较知名的数据交易所有贵阳大数据交易所，上海及浙江的数据交易所。关于新型数据交易中心，北京也已率先进行了探索。2021年3月31日，北京国际大数据交易所（下称"北数所"）正式成立。这是国内首家基于"数据可用不可见，用途可控可计量"新型交易范式的数据交易所，定位于打造国内领先的数据交易基础设施和国际重要的数据跨境流通枢纽。但这些已经在运行或正在设想中的交易平台，都是一个收集、存储数据的平台型数据中心，其机制设计仍有不少需要继续优化和

完善的地方。

　　基于未来的发展方向,数据要素市场会演变出一些"数据中介机构""数据商城",让数据更好地从最初的提供者流向最终的需求者。数据交易中心在其中提供附加衍生服务(如数据全生命周期追踪溯源的技术服务、智能匹配及价值分配服务等),甚至在不需要存储数据的前提下实现这些服务。具体的机制设计不一定需要采取中心化这一形式,而是可以采用分布式的,但会有一些"数据中介机构"作为核心节点。

4 未来研究展望

　　基于上述分析,本文将区块链视为底层技术,围绕数据/算法交易全生命周期这一研究对象,提出研究的逻辑框架及未来研究方向,如图3所示。数据/算法交易的流程可按交易时间次序分为交易前、交易中、交易后3个阶段,每个阶段包含不同的操作和问题。

4.1　研究方向一: 数据/算法采集、隐私保护与确权

1) 数据/算法采集

　　数据与算法的采集、隐私保护与确权是硬币的两面,交易中心中所容纳的数据商品类型越广,数量越多,准确度越高,侵犯隐私或者侵权的可能性就越大。因此,本方向需要探索数据采集策略,综合考虑

质量、价值与隐私及数据交易的社会效用。交易中心同样拥有基础数据处理服务,因此,本方向需要研究采集哪些算法,并且如何对这些算法的开发者进行经济补偿。

2) 隐私保护与确权

　　来源不明的数据可能在数据/算法买家不知情的情况下产生侵权或者侵犯隐私的情况。为了减轻与避免数据的隐私泄露、侵权的问题,交易平台需要在交易前的采集过程与交易后的价值再分配过程中设计有针对性的机制。鉴于此,本方向需要探索算法如何能够在"黑箱"之中运行,以及当数据的卖家同意出售含有其隐私的数据时,采用何种关于数据隐私的事后补偿机制。

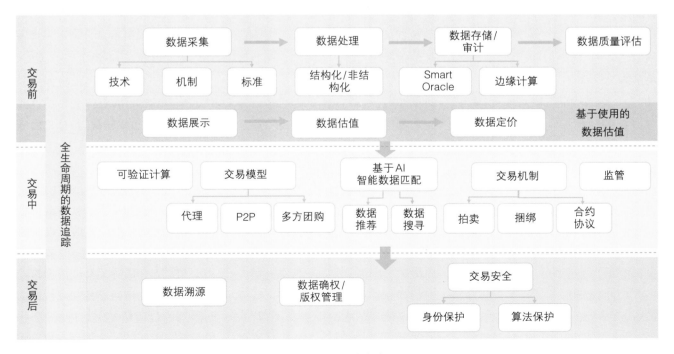

图3　研究的逻辑框架图

例如病患出售其医疗病例来换取医疗技术的进步等情况。根据数据隐私泄露的程度，结合市场情况与数据所有者的情况，本研究方向还需要设计出数据隐私补偿算法来补偿数据所有者的隐私。这些补偿机制需要有一个透明公开的渠道来保证数据的买卖双方都能够认可，因此，隐私补偿机制与区块链技术结合将是本方向未来研究的重点之一。

4.2　研究方向二:"数据/算法"质量评估及估值定价

1) 数据质量与价值评估

交易平台需要对平台中在售的数据进行质量评估。数据质量是衡量其价值的重要标准之一。高质量的数据本质上应该具有清晰的表现形式，能被精确访问，并且适合买家的实际使用场景。数据质量包含但不限于以下方面:① 内在质量是指数据本身的数量、准确性、完整性、及时性、一致性、清洁度、安全性等方面的质量;② 表达质量侧重于与数据格式(简洁、一致的表示形式)和意义(易于解释)相关的方面;③ 可访问性质量强调买家对数据易于获取或检索的程度，例如访问通信延时等;④ 上下文质量强调数据与应用场景的相关性。前三个指标应作为数据的一般信息，由数据代理商评测并向所有用户公开，最后一个指标取决于买家，此情形下需要买家提供自己的目标场景和相应评估函数。以前的研究工作提

出了一系列从不同的方面和视角定义的数据质量指标。然而面对丰富的数据模态和复杂的数据语义，可定量的数据质量评估还有大量尚未解决的难题，例如对不同数据形态的各项质量指标的高效准确量化。

2) 算法质量与价值评估

算法的质量包括:① 算法的时间复杂度;② 不同的问题规模所要执行的指令数目;③ 算法所占用资源的数量，除了传统资源，如内存等以外，我们还要考虑算法在智能合约上的效率问题(冗长的算法在智能合约上会浪费大量手续费，并降低交易效率);④ 算法的复杂度。与数据类似，算法的价值也存在难以评估的特点，例如某些算法在特定的数据类型下效果极佳，但在某些数据类型或者使用场景中表现不佳，优秀的算法有好的鲁棒性，能够适用于多种数据类型与数据场景，然而这种鲁棒性难以量化。无论是质量还是价值评估，都会面临隐私保护这一难点:交易中心以及数据/算法的买家在评估数据的同时要保护各个主体的隐私，例如应该限制在卖家数据上执行的评估函数的内容和次数，以及保护买家的上下文质量评估函数。本方向将进一步研究并拓展现有的同态加密算法与零知识证明方法来探讨数据价值评估中的隐私保护问题，上述问题都是本方向的重要研究内容。

4.3　研究方向三:"数据/算法"交易及智能匹配

1) 数据/算法的多方交易

数据交易过程中可能会牵涉到多个交易主体，例如供应链中的各个企业或者部门之间需要同步传输物料数据。但是现有供应链中每个企业可能都会有自己的企业资源计划(ERP)或者物料资源计划(MRP)，这阻碍了数据的可追溯性并限制了自动化多方交易的可能，由此产生了数据孤岛。未来需要研究如何通过区块链中的智能合约技术来实现多个可信主体间的自动化微交易、微支付(micropayment)，研发新型的适用于微末价值(如毫厘级)的数字支付模式。除了数据的多方交易外，还需研究多方数据治理的问题。多方数据治理指的是多个交易主体在数据的相互比对、交接、校验等场景下遇到的数据不一致的问题，例如供应链上下游之间的数据传送、数据对比、数据检验等场景。

2) 数据/算法的智能匹配

传统的商品(包括现有的数据平台)通常采用价格主导的撮合机制，即选择卖方中价格最低者与买方中价格最高者进行撮合，这样的撮合机制虽然简单，但将造成数据的寡头垄断与资源浪费问题。数据与算法的价值是相辅相成的，同样的数据在不同的算法中会产生不同的价值，同样的，同一个算法使用不

同的数据能带来的收益也将会不同。未来需要结合数据和算法的估值方法，研究在不同的交易模式下，对数据与算法进行匹配，提高数据买卖双方的整体数据使用效用，简化交易过程，减少交易中间环节。为需要算法的数据拥有者匹配算法时，只需要匹配价值最大的那个即可；而为算法拥有者匹配数据时，面对大量的数据，交易中心需要同时考虑买家的购买预算、备选数据的价值以及算法自身的鲁棒性。

4.4 研究方向四："数据/算法"使用追溯及价值补偿

1）数据的全生命追踪

数据的全生命追踪是数据使用后价值再分配以及隐私补偿的基础条件。数据的全生命追踪可以分为三个阶段：交易前的数据采集，交易中的数据使用，以及交易后的价值实现及分配。根据这三个阶段，交易中心需要研究如何应用并拓展现有的数据水印、数字指纹和数字版权管理技术来追踪数据从产生到交易后的状态。

事实上，在某些特定的数据类型下，例如图像数据，已能做到监控并记录数据从产生到后期修改的整个过程，但是大部分传统的数据格式与类型难以实现全生命追踪。因此，交易中心需要设计全新的带有追踪功能的数据格式，并指定数据格式的追踪标准，例如哪些属性必须要被追踪并记录，哪些属性可以

根据需求选择性追踪，等等。

2）算法的使用追踪

针对算法的使用追踪，研究将分成两条路线：第一条路线是将算法数据化（如把算法的具体参数值当成一种数据），并为其添加水印与指纹。某些算法的价值体现在其中的部分重要参数上，这些参数可能会耗费算法拥有者大量的时间与金钱进行模型优化后才能得到。因此，未来需要研究如何挑选参数以及如何加密使得算法能够被顺利监控。第二条路线是使用算法加密技术，即需要开发新的加密技术使得算法能够在不被揭露的条件下完成计算，从而实现算法的零知识证明。如此，算法的买家每次调用算法都必须通过交易中心，算法的使用就可以被有效地监控，同时第二条路线还能有效提高数据与算法拥有者双方的信任度，防范因双方自身技术能力不足带来的泄露问题。除此之外，未来的研究还需考虑为数据算法交易中心设计数据与算法接口并制定相关标准。统一的数据与算法接口一方面能够提升交易效率，另一方面能够让交易中心追踪与记录买家对数据或者算法调用的情况。

3）数据价值补偿机制

当前的数据算法估值主要基于概率统计上的机器学习，无论精度如何，其结果都带有不确定性。也就是说，无论是数据还是算法，估值的结果可能会偏离其真实价

值。如何降低不确定性给交易参与方带来的损失并加以弥补是我们需要考虑的问题。在数据交易场景下，数据代理商需要衡量每次提供的数据服务对于每个数据贡献者的隐私泄露程度，并对他们进行合理的隐私补偿，以达到在长期时间维度上的价值均衡分配。从这个角度来看，隐私补偿机制可以看作传统的激励机制在个人数据采集场景下的变种。研究要将隐私补偿机制放入整个数据市场的定价框架中，并采用自下而上的设计思路，即底层的隐私补偿总和决定上层的数据服务价格。因此，隐私补偿机制的研究是数据市场定价机制的核心与基石。

5 结语

在数字经济时代，数据是内在核心生产要素已逐渐成为共识，那么算法的优劣则将直接影响生产效率、产品质量、生活服务等，也影响着经济发展的潜力。算法就是数字经济时代的通行"语言"和生产力体现。推动数字经济的发展，不仅需要数据中心，更重要的是，要为各行各业的海量数据匹配最合适的算法，充分挖掘数据的内在价值；要为人工智能、机器学习算法匹配高质量的训练数据，促进算法的优化迭代和升级流转，并落地于合适的应用场景中。

因此，本文从理论、方法和商

业应用等多个角度出发，对基于人工智能的数据/算法交易、匹配、价值补偿等机制和算法进行了梳理和展望。围绕基于数据/算法交易机制的基础理论研究成果，指出了构建面向未来经济的基于数据/算法使用价值的数据/算法交易平台的研究方向，并就数据/算法的确权、追踪、安全、定价、交易、结算、交付、数字资产管理等综合配套服务等一系列研究问题进行了梳理。基于理论发展和实践需要，我们提出的研究方向具备三大特色：① 覆盖了从数据/算法产生、流通到使用场景的数据/算法全生命周期追踪；② 提出了基于数据在算法中的使用价值的估值、定价及相应的利益分配机制；③ 提出了基于人工智能的数据/算法智能匹配算法模型。我们希望通过未来的研究和自主研发技术，能不断完善相应的经营模式与交易产品体系，健全数据/算法交易产业链服务，重构公平高效的数据/算法价值链。◈

【 参考文献 】

[1] Heilman E, Baldimtsi F, Goldberg S. Blindly signed contracts: anonymous on-blockchain and off-blockchain bitcoin transactions[C]//International conference on financial cryptography and data security. Berlin Heidelberg: Springer, 2016: 43−60.

[2] Zyskind G, Nathan O. Decentralizing privacy: using blockchain to protect personal data[C]// IEEE Security & Privacy Workshops. IEEE, 2015: 180−184.

[3] Choi Y, Zhao J L. Decomposition-based verification of cyclic workflows[J]. Lecture Notes in Computer Science, 2005, 3707(10): 84− 98.

[4] Geerts F, Kementsietsidis A, Milano D. Mondrian: annotating and querying databases through colors and blocks[C]// International Conference on Data Engineering. IEEE, 2006: 82−82.

[5] Dunphy P, Petitcolas F. A first look at identity management schemes on the blockchain[J]. IEEE Security and Privacy, 2018, 16(4): 20−29.

[6] Korpela K, Hallikas J, Dahlberg T. Digital supply chain transformation toward blockchain integration[C]// Hawaii International Conference on System Sciences (HICSS), 2017.

[7] Kim H, Laskowski M. Toward an ontology-driven blockchain design for supply-chain provenance[J]. Intelligent Systems in Accounting, Finance and Management, 2018, 25(1): 18−27.

[8] Jiang S, Cao J, Wu H. Blochie: a blockchain-based platform for healthcare information exchange[C]// 2018 IEEE International Conference on Smart Computing (SMARTCOMP), 2018: 49−56.

勇立潮头：中国工业互联网发展的实践探索 *

吴晓波　余　璐

摘要

作为新一代信息技术与制造业深度融合的产物，工业互联网已成为新发展格局下推动制造业高质量发展的核心引擎。目前，工业互联网的发展正处于"混沌期"向"秩序期"转变的关键节点，亟待总结现状和优势模式以推动下一阶段的健康发展。本文从工业互联网的内涵和战略意义出发，总结并比较了世界主要发达国家和我国工业互联网的发展态势，并基于长期的跟踪调研总结出当前中国工业互联网平台赋能大中型企业和小微企业的不同路径，最后对中国工业互联网发展提出意见和建议。本文是对中国工业互联网实践的深入思考与探索，为数字经济时代制造业创新发展提供了重要启示。

关键词

工业互联网；创新发展；制造业；赋能路径

【作者简介】

吴晓波　浙江大学管理学院教授。研究方向为创新管理、战略管理。先后主持国家自然科学基金面上项目及重点项目、重大国际合作项目、国家社会科学基金重点项目、重大横向科研项目、欧盟第七框架项目、IDRC国际合作项目等30余项。

余　璐　浙江大学管理学院博士研究生。研究方向为创新管理、战略管理。

* 基金项目：国家自然科学基金重点项目（71832013）。

新一轮科技革命为制造业带来了崭新的机会与挑战，发展数字经济已成为把握新一轮科技革命和产业变革新机遇的战略选择[1]。工业互联网作为新一代信息技术与制造业深度融合的产物，已成为新发展格局下推动制造业质量变革、效率变革、动力变革的核心引擎，推动工业互联网创新发展也成为我国制造业高质量发展的重中之重。特别是在全球工业互联网加速发展、竞争日趋激烈的态势下，全力抢占第四次工业革命带来的重要"机会窗口"，在建设全球先进制造业基地中发挥更为积极的作用，是我国在"十四五"时期开启全面建设社会主义现代化国家新征程的必然选择。如同美国有福特流水线和纽约率先实现全电气化一样，我国应以工业互联网为抓手，着力推动现代化经济体系建设，构筑国家竞争新优势，致力于率先实现全供应链数字化、全产业链数字化、全域数字化，站上引领全球的全面数字经济新范式平台。

自2017年我国大力推动工业互联网发展以来，工业互联网已经历了起初的"混沌期"，目前正处于向"秩序期"过渡的重要节点。在这一情形下，我国亟待对工业互联网发展的阶段性进展进行总结，归纳出优势路径，通过"定标比超"不断优化完善并加速推广。基于此，本文从工业互联网的内涵和重要战略意义出发，总结并比较了世界主要发达国家和我国工业互联网的发展态势，而后基于长期的跟踪调研总结并比较了当前中国工业互联网平台赋能大中型制造业企业和小微制造业企业的优势路径，最后基于现有实践对中国工业互联网下一阶段的高质量发展提出了意见和建议。

1 工业互联网的内涵与战略意义

1.1 工业互联网的本质与特征

发展工业互联网是历史的必然。当前全球经济社会发展正面临全新的挑战与机遇：一方面，上一轮科技革命的传统动能规律性减弱趋势明显，导致经济增长的内生动力不足；另一方面，以互联网、大数据、人工智能为代表的新一代信息技术创新发展日新月异，加速向实体经济领域渗透融合，深刻改变着各行业的发展理念、生产工具与生产方式。以"ABCDIM"①为代表的新技术正在从根本上改变生产、消费和整个社会，推动着第四次产业革命。工业互联网应运而生，为经济社会带来了新机遇，注入了新动能，开辟了新蓝海。

一般而言，工业互联网是指互联网和新一代信息技术与工业系统全方位深度融合所形成的产业和应用生态，是工业智能化发展的关键信息基础设施。其本质是以机器、原材料、控制系统、信息系统、产品和人之间的网络互联为基础，通过工业数据的全面深度感知、实时传输交换、快速计算处理和高级建模分析，实现智能控制、运营优化和生产组织方式变革的未来范式[2]。同时，我们应该注意到工业互联网具有如下特点[3]。第一，它姓"工"不姓"互"。工业互联网是指特定工业系统所构建的一张"网"，而并不属于因特网这类信息基础设施。第二，它是一张按需构建、按需服务的"网"。工业互联网旨在实现制造系统中人、机、物等的互联互通，并在此基础上能够支持智能化设计、生产、服务等，但并没有规定哪些人、什么机器以及何种物必须上"网"，这取决于利益相关方的构建目标和运作方式。第三，它是一张实体"网"，更是一张数据"网"。表面上，工业互联网将人、机、物等连接起来形成一张覆盖全系统、全价值链的实体网络，但真正发挥作用的是其中无形的数据流，是通过不断采集、分析和反馈关于人、机、物等的大量数据才得以实现智能化的生产经营活动。

---

① ABCDIM 是人工智能（A）、区块链（B）、云计算（C）、大数据（D）、物联网（I）、包括5G和量子通信在内的移动通信（M）的缩写。

1.2 发展工业互联网的战略意义

工业互联网作为新工业革命的关键支撑和驱动引擎，已被主要国家视为抢占全球产业制高点的共同选择。在上一轮全球化发展热潮中，以美国、德国、日本为首的发达国家纷纷实施"去工业化"战略，将价值链中附加值较低的加工、组装等环节转移到低成本国家和地区，在本国主要聚焦研发、关键零部件生产及品牌营销等高附加值环节，通过全球资源的整合分工实现收益最大化。但随着全球竞争和分工的形势变化，尤其是国际金融危机的发生，发达国家重新意识到制造业的重要性，急需在新兴国家不断成长和数字化转型需求高涨的趋势下寻找新出路，建立新优势。通用电气报告显示，工业互联网通过加快生产力的增长，可以在未来20年内使全球GDP增长10～15万亿美元[4]。

对于我国而言，工业互联网是补齐制造业短板的重要"机会窗口"。近年来，尽管我国制造业发展迅猛，但由于几乎缺席了前三次工业革命，制造业大而不强、全而不优的局面未得到根本改变。数据显示，我国中高技术制造业增加值率始终在40%左右徘徊，与德国、日本等发达国家60%左右的高水平差距较大①。而工业互联网能够通过制造资源的泛在连接、弹性互补和高效配置，突破传统产业分散发展、质量低下的困境，是我国与世界强国站上同一起跑线的重要"机会窗口"。具体而言，有以下几点原因：第一，工业互联网能加速落后产能淘汰，推动产业结构进一步优化。工业互联在加速了一批愿意转、转得好的企业提质增效后，能通过"优胜劣汰"的市场机制淘汰产能落后的企业，整体推动生产方式由粗放低效走向精益集约。第二，工业互联网能促进产业链融通发展，推进制造业创新生态构建。通过资源开放合作和协同共享，工业互联网能强化产业链的连接，促进区域内产能重组；同时，工业互联网通过构建开放价值生态，能促进产业内、区域内数据与知识的深度融合，为创新提供强大动能。第三，工业互联网能加快新兴产业培育，提升供给侧高级化发展并实现供给与需求侧的互动创新。工业互联网催生了智能化生产、服务化制造、个性化定制的诸多新产业，有效助推了产业高级化发展。与此同时，基于高效的物联和互联，能够增强供给侧结构对需求侧变化的适应性及两侧互动创新的可能性。

2 全球工业互联网发展现状

2.1 全球工业互联网发展态势和主要发达国家的发展路径

自通用电器集团（GE）于2013年提出"工业互联网"的概念以来，全球工业互联网已逐步从混沌期向秩序期迈进，全球工业互联网市场近年来也呈现持续高速增长的态势。知名研究机构MarketsandMarkets的统计数据显示，2021年全球工业互联网平台的市场规模约为76.7亿美元，相较于2017年25.7亿美元的规模，年复合增长率高达131%。预计至2026年，全球工业互联网市场规模将达到106.1亿美元[5]。

2013年前后，美国、德国、日本等发达国家逐步开始实施制造业回流与加强计划，相继出台并实施工业互联网发展规划。截至目前，各国已结合其产业发展实际，形成了各具特色的工业互联网发展路径和态势，作者汇总了各国的代表性做法，如表1所示。

总体而言，我们可以发现各发达国家发展工业互联网主要是以战略为先导和引领，并极力推进政产研三螺旋模式。但在发展过程中也

---

① 数据来源：世界银行DataBank数据库，https://databank.worldbank.org/。

表1   主要发达国家的工业互联网发展路径

国家	代表性做法	具 体 形 式
美国	战略布局	2011年,提出"先进制造业伙伴计划" 2013年,提出"国家制造业创新网络"
	龙头企业推动标准化发展	2013年,通用电气(GE)提出了"工业互联网"概念
		2014年,GE、AT&T、Cisco和IBM等龙头企业成立工业互联网联盟(Industrial Internet Consortium,IIC),旨在推动工业互联网技术标准化和试点应用 2015年6月,工业互联网联盟发布了全球第一个针对工业互联网的具有跨行业适用性的参考架构——工业互联网参考架构(Industrial Internet Reference Architecture,IIRA)。截至本书出版前,该框架更新至1.9版
	政产联动	2019年,美国国防部牵头,与产业界1∶1出资成立了数字化制造中心,通过数字技术赋能美国制造业
德国	战略布局	2013年,德国政府于汉诺威工业博览会上正式推出"工业4.0战略"
	政产研三螺旋	2014年,欧盟在"地平线2020"计划的资助下启动了"欧洲物联网平台先行"项目,汇集了SPA、西门子等企业,奥尔堡大学、波兰科学院等研究机构,瓦伦西亚港口商业基金会等产业机构,以期带动欧盟产业数字化转型
	支持中小企业改革	2017年,启动"进入数字化(Go Digital)"资助项目,资助通过认证的制造业企业进行数字化转型,企业最多可获得约1.65万欧元的支持 2017年,启动"中小企业数字化(Mittelstand-Digital)"项目,数字化专家在遍布全国的26个"卓越中心"中帮助中小微企业评估、制定和选择合适的数字化方案
		2019年,推出工业4.0学徒培训计划,为中小企业工人提供工业与信息技术的跨学科培训
日本	战略布局	2015年,发布"工业价值链计划" 2017年,发布"互联工业计划"
	政产研三螺旋	2015年,日本成立IoT促进联盟,目前已经有企业会员4 000余家,包括三井、住友、三菱等大的财团企业和GE、AT&T、三星等国际企业,有地方公共团体60家,中央政府部门12家 2018年,遴选了126个样本项目,通过"产学研"合作的方式支持相关技术人才的商业化研究及市场推广
	完善数据保障环境	2017年,发布了《企业数据流通合同导则》,鼓励企业间通过订立合同的方式获得跨部门产业数据的使用权

根据其制造业发展基础、人口特征、文化特征等，形成了独具特色的发展路径。

2.2　我国工业互联网发展态势

为维持或获得新一轮工业革命下的竞争优势，党中央、国务院高度重视工业互联网发展，自2015年起逐年出台工业互联网相关政策，并自2018年起连续4年将其写入政府工作报告。我国工业互联网相关政策汇总如表2所示，我国政府工作报告中工业互联网相关内容汇总如表3所示。

在政策的引领下，我国工业互联网产业不断扩张，带动着产业结构化、就业结构升级。《中国工业互联网产业经济发展白皮书（2021）》[6]显示，2020年我国工业互联网产业增加值规模达到3.57万亿元，名义增速达到11.66%，经测算，2021年

表2　我国工业互联网相关政策汇总

发布时间	发布单位	政策名称
2016年	国务院	《关于深化制造业与互联网融合发展的指导意见》
2017年	国务院	《关于深化"互联网＋先进制造业"发展工业互联网的指导意见》
2018年	工业和信息化部	《工业互联网App培育工程实施方案（2018—2020年）》
2018年	工业和信息化部	《工业互联网发展行动计划（2018—2020年）》
2019年	工业和信息化部等十部门	《关于加强工业互联网安全工作的指导意见》
2020年	工业和信息化部	《关于推动工业互联网加快发展的通知》
2021年	工业和信息化部	《工业互联网创新发展行动计划（2021—2023年）》

表3　政府工作报告中工业互联网相关内容汇总

报告时间	具体内容
2018年	加快制造强国建设。推动集成电路、第五代移动通信、飞机发动机、新能源汽车、新材料等产业发展，实施重大短板装备专项工程，推进智能制造，发展**工业互联网平台**
2019年	推动传统产业改造提升。围绕推动制造业高质量发展，强化工业基础和技术创新能力，促进先进制造业和现代服务业融合发展，加快建设制造强国。打造**工业互联网平台**，拓展"智能＋"，为制造业转型升级赋能
2020年	推动制造业升级和新兴产业发展。支持制造业高质量发展。大幅增加制造业中长期贷款。发展**工业互联网**，推进智能制造，培育新兴产业集群。发展研发设计、现代物流、检验检测认证等生产性服务业
2021年	优化和稳定产业链供应链。增强产业链供应链自主可控能力，实施好产业基础再造工程，发挥大企业引领支撑和中小微企业协作配套作用。发展**工业互联网**，促进产业链和创新链融合，搭建更多共性技术研发平台，提升中小微企业创新能力和专业化水平
2022年	加快发展**工业互联网**，培育壮大集成电路、人工智能等数字产业，提升关键软硬件技术创新和供给能力。完善数字经济治理，培育数据要素市场，释放数据要素潜力，提高应用能力，更好赋能经济发展、丰富人民生活

我国工业互联网产业增加值规模达到4.13万亿元,且占GDP比重呈现稳步增长趋势,达到3.67%。与此同时,我国工业互联网正在加速同各行业深度融合,以产业升级带动我国就业升级。2020年我国工业互联网直接产业增加值规模为0.95万亿元,带动就业603.86万人,新增就业38.79万人。

总的来看,工业互联网对我国经济发展具有重要影响和重大价值,且在近几年来发展迅猛。尽管如此,由于"范式转变期"混沌的特征,我国工业互联网发展路径仍不清晰,工业互联网平台企业层出不穷。因此,应及时对实践进行深入剖析并归纳总结,提炼出优势模式以高效推广。

3 工业互联网平台赋能制造业企业的主要模式与路径

要想释放工业互联网赋能制造业的潜力,就需要工业互联网平台契合用户企业发展规律,解决其生产与管理过程中的痛点。然而,对于工业互联网平台特征如何赋能不同规模企业的已有研究较少,企业规模与工业互联网赋能路径的关系尚未明确。因此,本节将从工业互联网平台的架构以及其赋能制造业企业的制约因素出发,探究工业互联网平台如何高效赋能不同规模的制造业企业从而实现平台价值的真正落地。

3.1 工业互联网平台架构及其与制造业企业的互动机制

在工业互联网落地的进程中,平台是制造业实现价值落地、快速转型的主要形式。这是由于工业互联网平台是工业全要素链接的枢纽,是工业资源配置的核心,是构建工业互联网生态的关键载体。一般而言,制造业企业根据企业发展需要,自主选择工业互联网平台;而工业互联网平台通过基础设施层(infrastructure as a Service, IaaS)、平台层(platform as a service, PaaS)与应用层(software as a service, SaaS)三层架构与制造业企业互动并赋能。工业互联网平台的一般架构及其与制造业企业的互动机制如图1所示。

IaaS层主要解决数据采集和集成问题,提供云计算基础架构以及物联网基础架构,包括服务器、网络、设备接入、协议解析等。这类设施是工业互联网平台提供服务的基础。该类服务一般由ICT(信息与通信技术)企业为工业互联网平台企业提供,其中侧重于物联网设备连接管理的有华为的OceanConnect等,侧重于云服务的有阿里云、腾讯云等;同时,部分工业互联网平台企业也拥有具备自主知识产权的物联套件和云产品,且能根据服务企业的需求提供本地部署服务,如蓝卓云。PaaS层主要解决工业数据处理和知识积累沉淀问题,并形成开发环境。具体而言,平台层通过

数据管理和模型管理实现工业知识的封装和复用,进而通过具有高扩展性与可用性的中间件为工业应用的开发提供支撑。平台层的服务能力是各工业互联网平台的核心竞争力,目前国内代表性的平台有根云(ROOTCLOUD)平台、蓝卓supOS平台、蒲惠云平台等。SaaS层主要解决工业实践及创新问题,是工业互联网平台在制造业企业真正落地的关键。具体而言,制造业企业通过工业SaaS层和App的部署,借助软件进行研发设计、质量管理、运营管理等,进而实现成本降低与价值提升。该类产品一般由工业互联网平台企业自主开发,如蒲惠云MES;同时部分工业互联网企业实现了与用户或其他生态参与者的协同开发,如蓝卓与其用户京博石化共同打造的仪表管理App等。

总的来看,目前我国工业互联网优势平台主要有以下两个特征。第一,工业互联网平台企业主要是具有制造业基因、稳扎稳打、明确用户定位的"独立第三方",如分别脱胎于三一重工与中控集团的根云平台与蓝卓supOS平台。这是由于工业互联网非常复杂,需要经历长期的沉淀打磨,若非独立企业,则难以进行良好的企业内跨业务边界管理。工业互联网的先驱——通用电气已将其工业互联网业务出售,很大程度上源于其不清晰的边界管理。第二,各优势平台在架构与服务对象上有明显的侧重,且差异显著。例如,蓝卓

注：SaaS——软件即服务；IOT——物联网；MES——制造执行系统；CRM——客户关系管理系统；OA——办公系统；PM——项目管理。

图1　工业互联网平台的一般架构及其与制造业企业的互动机制

supOS平台可在IaaS、PaaS与SaaS层提供服务，服务对象主要为大中型企业；而蒲惠云平台主要侧重于PaaS的开发并提供标准化的SaaS服务，服务对象主要为小微企业。由此可见，规模不同、发展阶段不同的制造业企业对工业互联网平台的需求与选择具有显著差异。

3.2　工业互联网平台赋能制造业企业的制约因素

为了探索工业互联网平台赋能不同规模的制造业企业的高效路径，应首先明确各类企业在应用工业互联网平台实现数字化转型过程中的痛点和难点。

3.2.1　大中型企业应用工业互联网平台实现数字化转型中的制约因素

第一，大中型企业出于安全性担忧而不敢转。由于大中型企业在现阶段具有领先的技术、知识等稀缺性资源要素，在行业与区域内具有负向的溢出效应。为了保证不必要的信息溢出和泄漏以保持竞争优势，这类企业普遍对生产数据、知识的安全性具有很高的关注度。第二，大中型企业出于需求不明确而不会转。尽管相较于小微企业，大中型企业的领导者普遍具有转型的意识，但是由于工业互联网本身仍处于发展的动荡期，绝大多数大中型企业也难以清楚地知道该如何"转"起、该"转"向何处。第三，大中型企业由于组织僵化而不能转。不同于小微企业普遍缺乏数字化经验，大中型企业普遍已经在"数字经济1.0""2.0"的阶段进行了升级改造。尽管这为企业在"3.0"阶段的发展提供了宝贵的经验，但发展现有的工业互联网仍需要企业实现"忘却学习"。而这种"熵增"的打破惯例的路径对于组织层级高、组织僵化的大中型企业而言尤为困难[7]。

3.2.2 小微企业应用工业互联网平台实现数字化转型中的制约因素

第一，小微企业转型意识不足导致不愿转。由于知识结构单一、年龄层次分布不均等，小微企业管理者对最新的数字化技术不甚了解，同时缺乏对数字化转型必要性和紧迫性的认识；并且，部分曾经使用过ERP等传统软件的企业，由于软件运维服务不到位、使用成效不明显等，对数字化转型产生了一定排斥。第二，小微企业转型能力欠缺导致不会转。小微企业普遍面临资源不足、抗风险能力偏弱等问题，且小微企业很难招到高精尖的数字化人才[8]。因此，即使布局了信息化系统，企业也无法依靠自己的力量进行日常运维。第三，小微企业配备的软件及服务较少导致不能转。小微企业最主要的关注点是企业存续问题，特别是在新冠肺炎疫情成为常态的情形下，该类企业最为关注的是转型的投入产出比。尽管近年来数字化转型服务商不断涌现，市面上成熟的工业互联网产品及解决方案也逐渐增多，但由于

传统工业软件本地化部署，早期投入及维护成本高，周期长，维护升级难，人力成本高等，很难在小微企业中大面积应用推广。

3.3 工业互联网平台赋能制造业企业的主要模式

通过上述讨论可以发现，规模不同、发展阶段不同的制造业企业对数字化转型的需求和潜在的盲点与侧重点有显著的差异。因此，通过典型案例归纳出工业互联网平台如何针对性地"破题"，如何高效赋能大中型以及小微企业具有重要意义。

3.3.1 案例选择

针对研究问题，本文选取浙江蓝卓工业互联网信息技术有限公司（以下简称"蓝卓"）开发的supOS平台，以及蒲惠智造科技有限公司（以下简称"蒲惠"）开发的蒲惠离散制造工业互联网平台（以下简称"蒲惠云平台"）作为案例。案例的选取主要遵循如下标准。① 聚焦原则[9]。两个案例企业均在2018年于浙江成立，且均具有制造业基因，其中蓝卓创始人褚健也是中国领先的自动化企业——中控集团的创始人，蒲惠创始人王克飞同时兼任西子联合控股CIO（首席信息官）。② 极化类型原则[9]。两个案例企业的主要客户有显著的差异，其中蓝卓supOS平台主要赋能大中型企业，而蒲惠云平台主要赋能小微企业。③ 典型性原则[10]。两个

案例企业均在中国工业互联网兴起时成立且业绩突出。2021年，蓝卓入选福布斯中国十大工业互联网企业榜，蒲惠云平台被评为工信部特色专业型工业互联网平台。④ 数据充足原则[11]。作者与案例企业长期保持着良好的合作关系以方便获取调研信息，且公开信息充足。

3.3.2 赋能模式

案例研究发现，我国工业互联网平台主要有两种赋能模式：一是专业型平台，深度推动大中型企业智能化转型；二是轻量型平台，全面带动集群内小微企业转型升级。两种模式的具体特征和路径总结如下。

1）专业型平台——深度推动大中型企业智能化转型

本文以蓝卓开发的supOS作为赋能大中型制造业企业的平台代表。目前该平台已经助力石油、水泥等产业内的龙头企业，如红狮水泥、京博石化等高效转型升级。

（1）企业背景和平台概述。蓝卓于2018年5月4日在浙江宁波成立，其supOS工业互联网平台以工厂全信息集成为突破口，提供对象模型建模、大数据分析DIY、智能App组态开发、智慧决策和分析等产品和服务。

（2）特色赋能路径。

第一，技术创新。supOS平台是国内首个以自动化技术为起点，从下至上推进的、开放的、以企业为核心的工业互联网平台，其产品

有如下特征。① 采用泛云化技术，保证安全性问题。supOS平台可根据企业需求提供公有云部署、私有云部署或本地化部署等模式。同时，蓝卓基于中控多年在控制系统安全性方面的探索，使其平台具有高安全性优势。②"通用平台+工业Apps"，兼具集成性和灵活性。supOS通用平台提供平台内置组件、微服务、行业模型库、工业组件库，支持用户企业直接启用或根据需求进行快速App开发与迭代。此外，蓝卓将中控20多年的工业积累下沉至App中，使平台在具有专业性的同时具备更广泛的应用场景。多样化的、可定制化的工业软件满足了企业选择性试用的需求，降低了大中型企业用户在转型中对不确定性的恐惧，从而为其分阶段转型提供了可能。③ 产业知识与信息技术深度融合，驱动先进制造。蓝卓充分发挥在石化、水泥等行业的深厚积淀，将产业知识与先进的信息技术相融合，以提升生产制造环节的价值。例如，蓝卓打造了5G+MEC+supOS系统，将机器视觉分析应用融入生产过程中，来确保水泥投料口堵塞情况的快速上报和及时预警，大幅提高了生产效率和可靠性。这一创新举措已在桐庐红狮水泥成功落地。

第二，商业模式创新。蓝卓通过打造样板工程、以强带弱、构建生态等商业模式创新的方式，赋能大中型企业高效转型升级。① 以龙头企业为牵引，打造可复制的样板工程。相较于小微企业，大中型企业的智能化转型更追求稳定性和长期性，因此，在落地过程中普遍需要花费较高的成本。而通过与龙头企业合作打造样板工程，能使服务商与大型企业的知识与资源优势形成合力；同时，由于龙头企业样本工程的成功能向市场发出其具备强劲实力、丰富经验的信号，有助于模式的推广。目前，蓝卓已在水泥、石化等行业分别与行业内龙头企业打造了典型案例。② 以强带弱，整体推动工业软件应用。在发展工业App的过程中，蓝卓以"二八"模式为发展初期的战略，即以20%的领先软件获取总软件收入的80%。这是由于蓝卓深谙其"中控基因"的优势所在，也深知互联网用户扩张的基本规律，因此，将先进控制软件、远程控制软件等标杆软件作为主要发展对象（已实现了市场占有率前三），而其他新开发的、非传统优势的软件通过给安装工业操作系统的企业和中控的老用户进行试用以实现推广。通过以强带弱、以老带新的模式，使supOS平台的影响力和

App应用量有了显著提升。③ 构建创新生态，实现价值共创。通过与生态伙伴的联合创新以及开源的软件开发平台，蓝卓获取了第六种竞争力量①——"互补力"。例如，蓝卓与其用户——京博石化各自发挥信息技术优势和行业技术积累，为企业构建了适配企业发展的完整的平台系统。该合作项目"京博石化智能工厂操作系统创新应用"入选工信部"2021年工业互联网平台创新领航应用案例"。除了与用户合作创新之外，蓝卓还吸纳了百家合作伙伴进入其开发系统进行共同开发，同时还与地方管委会合作，调动制造业企业进行App自主开发。

2）轻量型平台——全面带动集群内小微企业转型升级

本文以蒲惠开发的蒲惠云平台为代表，对轻量型平台赋能小微企业转型升级的路径进行分析。目前该平台已经助力浙江绍兴新昌县、温州永嘉县内的轴承、泵阀等产业集群高效转型升级。

（1）企业背景和平台概述。蒲惠于2018年7月在浙江杭州成立，其主要产品为蒲惠离散制造工业互联网平台，包括体系化的工业SaaS产品矩阵（如云MES、云OA等），为离散制造行业企业提供全栈式解决方案。

---

① 迈克尔·波特（Michael Porter）于20世纪80年代初提出了五力模型，他认为有5种竞争力量会综合影响着产业的吸引力以及现有企业的竞争战略决策。这五种竞争力量分别是：同行业内现有竞争者的竞争能力、潜在竞争者进入的能力、替代品的替代能力、供应商的讨价还价能力与购买者的议价能力。而随着价值链向价值网络的扩展，互补者对企业价值创造和价值获取的影响日益显著。这种来源于互补者的力量被认为是第六种竞争力，即互补力。

（2）特色赋能路径。

第一，产品创新。鉴于云技术的先进性，蒲惠致力于工业SaaS产品创新，实现了传统工业软件全栈式云化改造，其产品主要有如下特征。① 轻量化，即开即用。蒲惠的成套工业SaaS产品的所有软硬件设施均由云端服务器提供，实现一套产品多租户使用的功能，用户企业可按需订阅，服务部署快，即开即用。同时，云端系统高并发，服务器承载能力强，能满足跨企业、跨行业用户的同时使用与递进式需求。② 模块化，普适通用。蒲惠基于西子40年的制造管理经验，系统性地开发了具备众多制造行业共性需求的功能模块，可根据企业所属行业进行灵活配置，而针对单一企业的少量个性化需求，无代码平台可在前端敏捷开发功能。③ 低成本，简单易用。蒲惠支持订阅与买断模式，企业投入成本在6万至30万元之间，仅为传统软件的1/10。除软件产品采购费用外，后续升级、维护再无任何项目费用。同时，蒲惠配备专业顾问团队，企业无须配备技术人员，制造业企业普通员工经过实施人员1～2次现场实操指导后即可上手。④ 持续性，免费运维。蒲惠通过免费售后、代替维护、终身服务等方式，保证了用户企业数字化转型的有效性和长期性，能真正将数字化软件和科学管理方式长期地"用起来"，激发并维持了中小企业用户转型的内生动力。

第二，商业模式创新。蒲惠在剖析传统工业软件技术弊端导致的商业困境与小微企业的需求和目标市场特征后，通过商业模式创新助力中小企业集群低门槛协同升级。其商业模式主要有如下特征。① 聚焦下沉市场，以产业集群为突破口。产业集群内企业转型具有共性需求且数量庞大。因此，蒲惠以产业集群为突破口有效提高了产品的质量，同时降低了渠道成本。② 小规模免费体验，消除小微企业顾虑。小微企业可以短期试用工业互联网平台所开发的部分功能，如果其能够看到效果，尝到甜头，则可以继续付费使用，否则可以选择不使用。这使得小微企业消除顾虑，实现从"要我改"向"我要改"转变。③ 形成"小微企业—服务企业—地方政府"的"三螺旋"有机生态。蒲惠与地方政府展开密切的合作，借助生态的力量助推小微企业转型升级。例如，蒲惠入选了新昌县的重点行业平台引进计划，不仅提升了地方内企业对其的信任度，还与地方政府携手推进了"平台降一点、政府补一点、企业出一点"的模式。政府出资设立专项扶持基金，蒲惠降低服务价格，由此通过成本分摊机制使小微企业应用平台的成本大幅降低。

通过案例分析可知，目前我国工业互联网平台针对赋能对象的特征与数字化转型中的痛点，已形成了具有不同的产品特征、部署模式和推广模式的两种主要赋能路径，即通过专业型平台深入推进大中型企业转型升级以及通过轻量化平台批量化推进小微企业转型升级。当前我国工业互联网平台赋能制造业企业的主要模式如表4所示。

4 加速推进我国工业互联网发展的建议

工业互联网目前发展潜力巨大，是"十四五"时期建设制造强国的关键支撑，但形势逼人，挑战逼人，使命逼人。未来应总结、推广阶段性发展成果，同时凝聚共识并以开放协同的态度推进工业互联网建设。为此，本文提出以下建议。

4.1 持续创新，优化现有平台

工业互联网平台能否被企业广泛采纳并持续应用本质上取决于其产品的部署成本和实施后效率的提升，如图2所示。目前工业互联网平台形成了不同的赋能路径，这主要也是由于企业在资源能力上的区别而使它们对收益和成本的偏好度和适用性有所差异。可以认为第3节中归纳的两种赋能平台正处于第二和第三象限向第一象限发展的过程中，最终工业互联网平台应能够实现低部署成本和高效率提升。工业互联网平台企业要持续迭代、不断创新，通过深挖制造业企业痛点、模块化等方式促进平台向第一

表4　我国工业互联网平台赋能制造业企业的主要模式

	模式1：专业型平台—— 深入推进大中型企业转型升级	模式2：轻量化平台—— 批量化推进小微企业转型升级
被赋能企业	大中型制造业企业	小微制造业企业
赋能企业	具有制造基础的头部制造业企业	具有制造基因的天生数字化企业
产品特征	IaaS层：应用企业自建云或泛云化技术，提供物联套件 PaaS层：工业操作系统，生产制造与工艺数据集成与分析 SaaS层：通用App及各类专业App	IaaS层：采用第三方分布式公有云，基本不涉及提供物联产品 PaaS层：轻量化平台，资产、物料数据及部分生产管理数据集成与分析 SaaS层：标准化、通用工业云SaaS产品
部署特点	深入制造环节，聚焦质量监控等	聚焦资产管理、物料管理等环节
推广模式	以行业内头部企业为样板精品工程，以强带弱、以老带新推广工业App	产业集群内整体改造的低价、批量化服务，采取免费体验、终身售后模式推广工业SaaS
生态特点	吸引生态参与者进行工业软件开发	与地方政府建立密切合作进行平台推广，参与工业互联网标准的制定
赋能目标	助力大中型企业向数据驱动的先进制造及服务型制造转型	助力集群内小微企业的运营效率提升，向科学管理模式发展

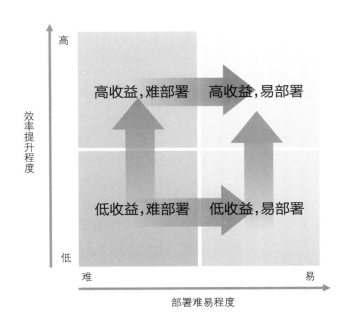

图2　工业互联网平台的发展路径

象限发展，以最终实现工业互联网的平台价值，提升制造业企业核心竞争力。与此同时，制造业企业也应根据自身特征，识别部署工业互联网的优先级。

4.2　聚焦重点，推广优势路径

从工业互联网发展的混沌期过渡到有序发展的阶段急需通过对主导模式进行深入总结，并加速形成且推广主导路径与模式。对于平台企业而言，其在"样本用例"实施的过程中不仅需要关注技术实施与标准体系的建设，更要针对主要用户的特征对产品和商业模式进行优化。而对于地方政府而言，可以采取按行业引进模式，进而增强工业互联网领域的集中度。具体而言，一方面，可通过"自由组合，自主申报"的模式加速培育工业互联网发展的示范区；另一方面，需要加速淘汰发展同质和滞后的平台，加快推广带动能力强的平台及发展模式，从而解决各区域独立发展且带动效果不够强、影响力不够大的问题。

4.3 完善法律，规范价值分配机制

工业互联网发展的过程往往涉及多方主体，同时会涉及企业重要的生产要素——数据，因此，建立完善的保障环境、规范价值分配机制是调动各方积极性、推进工业互联网市场健康有序发展的必要路径。各级政府可参考借鉴欧洲的《数据保护条例》、日本的《企业数据流通合同导则》等规定，并根据我国和地方特色建立健全工业互联网发展的保障体系，规范价值分配机制，通过工业互联网充分发挥海量数据和丰富应用场景的优势，不断做强、做优、做大我国数字经济。

4.4 凝聚共识，构建六位一体新型"螺旋体"

工业互联网建设必须凝聚共识，汇聚资源，调动各方力量，形成"政产学研用金"六位一体的发展架构。政府要全局谋划，勇于担当并压实责任，在规划引领下制定政策措施，做好宣传引导工作；产业界需加强对工业互联网的认识，胆大心细地开展实践；高校、科研院所要加速关键技术的攻关，并加强人才培养与服务意识；平台建设要以用户企业为中心，深入一线发掘，总结工业互联网发展中的痛点、难点；金融市场要扩充金融支持体系，充分释放金融与先进制造业、资本与信息技术融合发展的叠加效应。

4.5 开放协同，构建利益、命运共同体

世界百年未有之大变局加速变化，我国发展逆风逆水的外部环境日益增多。在工业互联网建设中，我国需以构筑人类命运共同体为使命，以利益共同体为手段，突破政策、资源、技术等方面的封锁，实现共赢共享。具体而言，一方面应支撑推动国内工业互联网领军企业"走出去"，在"一带一路"等国家建立一批合作示范基地；另一方面要积极研判全球工业互联网领军企业"引进来"的途径和模式，开展符合我国"双循环"新发展需要的国际共创共建。◀

【参考文献】

［1］习近平.不断做强做优做大我国数字经济［EB/OL］.（2022-01-18）［2022-01-12］.http://www.qstheory.cn/zhuanqu/2022-01/18/c_1128269909.htm.

［2］Manesh M F, Pellegrini M M, Marzi G, et al. Knowledge management in the fourth industrial revolution: mapping the literature and scoping future avenues［J］. IEEE Transactions on Engineering Management, 2020, 68(1): 289-300.

［3］吴晓波,张武杰,余璐.工业互联网推动我国中小企业实现跨越式发展［J］.清华管理评论,2020（11）: 63-70.

［4］William R G. Why GE digital is positioned to lead the industrial internet of things［EB/OL］. (2017-08-25)［2022-01-12］. https://www.ge.com/news/reports/ge-digital-positioned-lead-industrial-internet-things-2.

［5］IIoT Platform Market［EB/OL］. (2021-03-03)［2022-01-20］. https://www.marketsandmarkets.com/Market-Reports/industrial-iot-platform-market-11186318.html.

［6］中国工业互联网研究院.中国工业互联网产业经济发展白皮书（2021）［R］.北京：中国工业互联网研究院,2021.

［7］吴晓波,郭雯,苗文斌.技术系统演化中的忘却学习研究［J］.科学学研究,2004（3）: 307-311.

［8］Moeuf A, Pellerin R, Lamouri S, et al. The industrial management of SMEs in the era of Industry 4.0［J］. International Journal of Production Research, 2018, 56(3): 1118-1136.

［9］Eisenhardt K M. Building theories from case study research［J］. Academy of Management Review, 1989, 14(4): 532-550.

［10］Pettigrew A. Longitudinal field research on change: theory and practice［J］. Organization Science, 1990, 1(3): 267-292.

［11］吴晓波,付亚男,吴东,等.后发企业如何从追赶到超越?：基于机会窗口视角的双案例纵向对比分析［J］.管理世界,2019,35（2）: 151-167.

新时期我国电商物流发展特征、挑战及对策建议[*]

刘　祺　冯耕中^①　朱佳雯　周　旭

摘要

　　近年来，电子商务带动传统产业和新兴产业发展，成为数字经济领域的重要业态之一。随着电子商务的日趋繁荣和国家相关政策的大力支持，我国电商物流迎来了前所未有的发展机遇，成为现代物流业的重要组成部分和推动国民经济发展的新动力。然而，与此同时，新冠肺炎疫情在全球蔓延，国际航空运力、海运运力急剧减少，物流拥堵、通道中断的事件频频发生，加之电商物流自身标准化、信息化、绿色化程度不高，综合服务能力不强等短板，使我国电子商务快速发展面临重大挑战。"十四五"时期，是我国着力构建以国内大循环为主体、国内国际双循环相互促进的新发展格局的关键时期，这对我国电商物流体系提出了更高的要求。可以说，新时期我国电商物流发展的机遇与挑战并存。本文建议应统筹国际国内市场，加强对快递、即时配送、同城配送等物流活动和电商物流平台的监督监管，加快电商物流配送和仓储模式与技术创新，持续推进电商物流标准化、数字化、多元化、绿色化、规范化发展，为"双循环"经济打下坚实基础。

关键词

物流；电商物流；电子商务；新发展格局；展望

【作者简介】

刘　祺　西安交通大学管理学院副研究员、硕士生导师，研究方向为数字经济、供应链管理。

冯耕中　西安交通大学管理学院教授、博士生导师，研究方向为物流与供应链管理、信息系统与信息管理。

朱佳雯　西安交通大学管理学院助理教授，研究方向为供应链物流、信息安全。

周　旭　中国物流与采购联合会大宗商品交易市场流通分会副会长，研究方向为产业链供应链管理、大宗商品流通。

* 基金项目：国家社科基金重大项目（20&ZD053）。

① 作为核心起草专家，参加了《全国电子商务物流发展专项规划（2016—2020年）》的制定。感谢规划研究团队和相关政府部门对作者研究工作的支持，以及中国（西安）数字经济发展监测预警基地的支持。

当今世界正经历百年未有之大变局,国际体系和国际秩序深度调整,不确定、不稳定因素明显增多。我国已转向高质量发展阶段,经济长期向好,但发展不平衡、不充分的问题仍然突出。面对国内外环境的深刻变化,党中央、国务院提出了加快形成以国内大循环为主体、国内国际双循环相互促进的新发展格局的重大战略部署。在新发展格局下,物流业承担着畅通国民经济循环的重要使命,其中,电子商务物流(以下简称电商物流)已成为现代物流业的重要组成部分和推动国民经济发展的新动力。

电商物流指的是主要服务于电子商务的各类物流活动,具有时效性强、服务空间广、供应链条长等特点[1]。随着电子商务的日趋繁荣和网络购物的不断兴起,电商物流具有广阔的市场需求。国家连续出台《全国电子商务物流发展专项规划(2016—2020)》《关于推进电子商务与快递物流协同发展的意见》等文件,为加快电子商务物流发展进一步奠定了坚实的政策保障。由此,我国电商物流迎来了前所未有的发展机遇。与此同时,新冠肺炎疫情在全球蔓延,国际航空运力、海运运力急剧减少,物流成本大幅上升,物流拥堵、通道中断事件频频发生,加之电商物流自身标准化、信息化、绿色化程度不高,综合服务能力不强等短板,使我国电子商务快速发展面临重大挑战,从而制约经济发展。

本文立足新发展阶段,全面梳理我国电商物流产业的发展现状,发掘存在的瓶颈问题,探究新发展格局给电商物流发展带来的机遇与挑战。在此基础上,有针对性地提出电商物流产业高质量发展的政策建议。研究成果对我国加快建设现代化流通体系、畅通国内国际双循环、助力国内经济高质量发展和抢占数字经济发展国际制高点有着十分重要的意义。

1 新时代我国电商物流发展特征

"十三五"时期,我国电子商务保持快速增长,如杠杆般撬动着传统产业和新兴产业,成为数字经济领域的重要业态之一。特别是新冠肺炎疫情暴发以来,以生鲜电商、社区团购为代表的电子商务快速发展,成为百姓寻常生活的新选择和社区经济的新形态[2]。近年来,我国电子商务交易额从2015年的21.8万亿元增长到2020年的37.2万亿元,年均增长11.3%。全国网上零售额从3.9万亿元增长至11.8万亿元,年均增长24.8%;2021年,网上零售额进一步提高至13.1万亿元,占社会消费品零售总额的近1/3。我国已连续8年成为全球规模最大的网络零售市场。以网络零售为代表的电子商务行业已经全面融入我国生产生活各领域,成为拉动

内需、推动经济社会发展的重要动力[3]。电子商务行业发展迅速带动了以快递物流为重要代表的电商物流行业的蓬勃发展,两者相互促进、共同发展,如图1所示。

近年来,我国电商物流总体发展态势持续向好,电商物流网络基本实现城乡全覆盖,电商物流服务体系的植根性、纵深性、响应性大大加强,进一步激发了服务消费和国内国际两个市场的潜力。"布局完善、结构优化、功能强大、运作高效、服务优质"的电商物流体系基本形成。

1.1 消费新业态、新模式引领电商物流模式不断创新

近年来,居民消费加快升级,电商创新层出不穷,直播电商、社交电商、短视频电商、小程序电商、社区零售、"不打烊"服务等消费新业态、新模式加速迸发。以新消费引领新供给、以新供给满足新消费的特征更加明显[4]。艾瑞咨询发布的《2021年中国直播电商行业研究报告》显示,2020年中国直播电商市场规模超过1.2万亿元,年增长率为197.0%,预计2023年直播电商规模将超过4.9万亿元[5]。消费新业态、新模式对以快递为代表的传统电商物流企业提出了综合化、多样化的要求,推动电商物流形成了即时物流、生鲜电商冷链物流等模式(如表1所示),并促使其朝着多元化、智能化、国际化的方向发展,增长空间广阔。

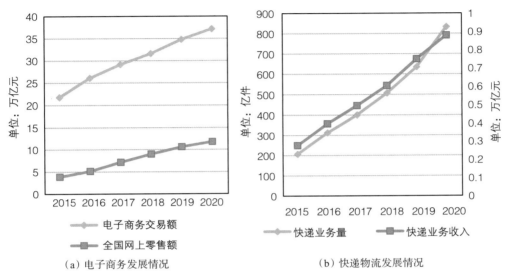

（a）电子商务发展情况　　　　（b）快递物流发展情况

图1　电子商务与快递物流发展情况

数据来源：国家商务部、国家邮政局。

表1　电商物流模式

电商物流模式	特　　征	代　表　企　业
快递物流	将货品在指定时间内从发件人送达收件人的门到门（手递手）的运输方式	EMS、顺丰、四通一达、天天快递、优速快递
自营物流	电商平台自建物流系统，专业性、协调性更强	京东物流、苏宁物流、菜鸟物流
即时物流	即时性，即满足用户提出的极速、准时的配送要求	美团配送、蜂鸟即配、UU跑腿闪送、达达
跨境电商物流	为分属不同关境的交易主体提供物流服务	UPS、DHL、斑马物联网、海带宝、转运四方、风行全球送、快鸟转运
生鲜电商冷链物流	为保持物品品质使其在从生产到消费的过程中始终处于规定的低温环境下的物流服务	易果生鲜、原本生活、一米鲜、喵鲜生、爱鲜蜂
"最后一公里"物流	配送的最后一个环节，它的优势是可以实现"门到门"、按时按需的取货	速递易、丰巢、E邮柜、菜鸟驿站、e栈

1.2 电商物流服务转向行业生态圈竞争

面向一体化供应链的需求，电商物流服务逐渐向电商供应链服务转变，打造行业生态圈。传统的电商物流竞争已经转向供应链和生态圈的竞争。淘宝、京东、拼多多、快手等平台企业纷纷布局，利用大数据，通过销售预测与行情预测、设立动态定价模型、打通全链路服务等措施，帮助供应链上的企业整体转型升级，推动电商物流上下游行业形成协同共享、合作共赢、互相制约的数字化生态圈。在这个过程中，电商物流企业提供更加标准化的服务，将供应链深入生产制造业的前端和内部，与更多末端形态结合，形成综合多样并兼具定制化的柔性供应链服务。电商物流企业从价值创造的来源体演变成价值共创的承载体，促进参与主体协同创造价值。

1.3 电商物流转型升级的关键是数字化、智能化

数字化、智能化成为电商物流转型升级的关键力量，智能应用场景不断丰富。在新兴信息技术的支持下，电商物流业也迎来了数字化、智能化改造，为物流业规模化集约化发展、加快物流转型升级和创新发展提供有力的引导和支撑。电商物流业已基本形成以信息技术为核心，以智能运输、智能配送、智能仓储、智能包装、智能装卸为支撑的

物流智能化技术格局。电子面单、多级地址库、物联网、大数据、云计算、工业机器人、人工智能、大数据分单路由、物流预警雷达、智能调度无人配送车、无人配送站、自动驾驶物流闭环、仓储管理自动化、智能仓储管理系统等得到推广应用（见表2）。全行业加速"线上交易+线下物流"融合发展，组织化、集约化、品质化程度大为提高，供需匹配程度大为增强，资源配置效率大为提升，有力地支撑了生产方式、流通方式和消费方式变革。在供应链走向柔性化、定制化、数字化的过程中，在传统零售向新零售的演变中，在品牌商全渠道建设、消费者需求即时满足的发展中，电商物流为数字科技提供了丰富的应用场景，从而激发了更多的市场需求。

1.4 农村电商物流网络向纵深发展

电子商务进农村，物流配套体系下乡，县乡村三级农村电商物流网络向纵深发展。2020年5月，财政部办公厅、商务部办公厅、国务院扶贫办综合司联合发布《关于做好2020年电子商务进农村综合示范工作的通知》，持续开展电子商务进农村综合示范工作。电商进农村补齐了农村流通短板，推动了农村消费升级，激发了农村创新创业，带动了农民收入增长，农村电商为乡村振兴提供了新动能、新载体。推动电商进村，关键是物流配套体系下乡。近年来，多家电商、快递、零担企业依托县级网点布局加强农产品流通设施和市场建设，完

表2 电商物流智能化应用

企 业	智能化应用
菜鸟网络	先后推出了电子面单、大数据智能分单等数据产品。在无锡"未来园区"应用物联网整体解决方案，首次实现物流领域物联网技术的大规模应用，智慧调度水平显著提升
顺丰	自主研发"时效管理系统"，采用"快件全生命周期"对物流中各个环节进行监控。布局无人机物流，从无人机的试飞到场景应用，已成功研发出满足不同运营需求的多款机型和相关配套软硬件
京东	自主研发的全球首个无人智慧配送站在陕西西安落成并投入使用，从入库、包装到分拣、装车、配送，全程100%由机器人操作
苏宁	无人配送车"卧龙一号"正式进入常态化运营，实现1小时生活圈即时配送，全天候服务

善农村配送和综合服务网络。国家邮政局数据显示，截至2021年上半年，乡镇快递网点覆盖率达到98%，除云南、青海、新疆、西藏等地区外，其余地区均实现快递服务网络乡镇全覆盖，相较2015年仅江苏、上海、天津实现全覆盖而言，覆盖面明显扩大。国家邮政局数据显示，2021年，快递带动农产品进城和工业品下乡超过18 500亿元。各省市结合当地实际创新合作，推进"邮快合作""快运合作""快快合作""快商合作""抢单配送"等配送服务模式。物流企业和电商企业合作建设县级服务中心、村级服务站点，扩大电子商务的应用和影响范围，将快递配送对接到村，着力解决农村的"最后一公里"难题，促使农村"工业品下乡"和"农产品进城"的良性双向渠道不断深化。

1.5 城市物流以城市配送为主，城际运输为辅

以城市配送为主，城际运输为辅的即时物流市场规模增长迅速，行业迎来向精细管理要效益的拐点。进入后疫情时代，整体消费观变为理性消费观念与个性消费倾向并存，"懒人经济"转向生活刚需，物流需求侧改变显著，如图2所示。线下商家线上化趋势加强，超市便利、生鲜果蔬、医药健康、鲜花蛋糕、家居时尚等商品的到家服务水平日益增长，为即时物流提供了新的赛道红利。以美团配送、达达、盒马

图2　以外卖为代表的即时物流及相应电商市场规模

数据来源：艾媒数据中心。

30分钟达、天猫超市1小时达、菜鸟"门店发货"2小时为代表的即时配送平台，弥补了电商末端物流设施的不足，成为末端配送的重要力量。同时，即时物流供给侧加速迭代，即时配送的头部企业继续保持动态平衡，市场竞争逐渐由粗放转向理性，分钟级配送从一二线城市向三四线城市拓展。在摆脱野蛮和无序增长的惯性后，即时配送企业开始发力内部的精细化运营和能力建设，追求更高质量、更有效率、更可持续、更为安全的发展。

1.6 跨境电商与跨境物流融合发展

跨境电商与跨境物流融合发展，推动外贸逆势增长，助力构建"双循环"新发展格局。近年来，我国与相关方正式签署《区域全面经济伙伴关系协定》（RCEP），积极申

请加入《全面与进步跨太平洋伙伴关系协定》（CPTPP），在对外释放维护多边主义的坚定信号的同时，激发跨境电商的发展活力。疫情对国外产品生产与物流造成了一定影响，导致这些年我国出口跨境电商增势迅猛。与此同时，跨境电商物流渠道不断拓展。以中欧班列为例，据2022年2月国家发展改革委发布的信息，2021年中欧班列开行数量实现较快增长，全年开行1.5万列，同比增长22%。特别是在疫情期间，海运、空运受阻，国内"一箱难求"，全球供应链面临中断风险，在此背景下，中欧班列给出了畅通全球供应链的中国答案，解决了国际贸易物流运输的燃眉之急。此外，海外仓建设与跨境业务加速展开。重点快递企业通过自建、加盟、代理等方式拓展国际网络，数据显示，截至2021年初，菜鸟跨境物流

合作商数量上升至90个,包括新加坡邮政、英国邮政、EMS等,业务覆盖224个国家和地区,跨境仓库数量达到231个。国内外物流企业合作共享运输服务网络,国内企业通过收购、合资、合作等方式开拓东南亚、美国、欧洲、中东、非洲等地区的电商物流业务。

2 我国电商物流发展存在的问题

虽然目前我国电商物流发展成效显著,但仍然存在发展不平衡、不充分等突出问题,主要表现在以下方面。

2.1 电商物流体系亟待进一步完善

现有电商物流的体系、结构、能力与快速变化的物流需求不相适应,出现供降需增的突出矛盾。面对不同规模、业态和地域的电子商务需求以及快速变化的商业模式,传统快递物流从量和质两个方面均难以满足。特别是面对近几年网络零售、本地生活的爆发式增长,电商物流模式趋同,主要电商快递企业盈利出现下降,基层网点与网络运行出现不稳定现象,瓶颈问题凸显,造成行业价格战,也对行业主管部门的监管能力提出了更高要求。行业主管部门在2022年开始加强对一些重要领域和特殊领域的快递物流的监管力度,如生鲜冷链快递物流、医药快递物流等,这些物流模式尚处于初级阶段,适合城市配送、市内分拨、电子商务、生鲜冷链的仓储网点严重不足。"最先一公里、最后一公里、最远距离"等物流难题亟待进一步解决。

2.2 跨境电商物流网络短板较明显

麦肯锡研究报告《中国与世界:理解变化中的经济联系》指出,我国2017年的连接程度位居全球第9,远落后于新加坡、新西兰、美国、德国等国家[6]。2019年,国家邮政局发展研究中心发布的《全球快递发展报告》显示,国际3家快递巨头占全球市场份额达90%以上[7]。我国在出口高峰期没有形成与之匹配的国际物流体系,外贸高度依赖海外货运公司。中国国航、东航、南航的国际货运能力都很差,通过航空进口的物资有六七成要依赖国外航空公司。随着海外疫情蔓延,多地港口严重拥堵,"一箱难求""一船难求"成为普遍现象,大量国际客运航班取消,客机腹舱货运能力大幅下降。大批原本走空运、海运的货物转到铁路运输,导致中欧班列线路相继爆仓,大量货物无法及时运出,短板制约严重。

2.3 企业数字化智能化转型存制约

麦肯锡研究报告《中国货运与物流业:如何借力数字化改变需求飙升但效率低下的局面》指出,相较于其他行业,我国货运和物流业效率较低且数字化程度仍然不高[8]。在面对零售新变革时,国内电商物流企业面临需求预测难度高、仓储管理与运输规划复杂化、最后一公里配送成本高等新问题。各地仓库采用的托盘、包装盒的数据传输接口标准不统一,给运输车型匹配、包装盒回收、数据共享等带来了巨大阻力。对于无人车、无人机、新能源车等新技术装备,仍存在开放路权、开放空域和城市禁停等政策上的制约。

2.4 农村电商物流配送能力仍较弱

农村电商物流需求分布零散、生鲜蔬果存在保质期、贮藏保鲜及加工技术相对滞后,致使物流成本居高不下,生鲜品类农产品上行比例仍然较低,农村电商物流仍然面临"前后一公里"的难题,农村物流"慢"和"贵"的问题依然突出。服务农村电子商务的快递物流薄弱,小城市、乡镇和农村的配送服务网点覆盖率有待进一步提升。全程冷链目前仅能支持陆运运输,在多式联运时无法完全保证全程冷链;前端农产品采摘环节预冷不足,末端配送以冷链保温箱为主,冷藏时效有限。

2.5 电商物流服务能力和效率需提升

目前,国内一些地区还存在快

递配送车辆难以进入市区，通行难、停靠难、卸货难的问题，制约了居民对基本快递物流的需求。部分电商物流企业片面追求经济效益，对配送时效考核不科学，使用超标配送车辆。配送人员为了抢时间而闯红灯、逆向行驶、争道抢车、驾车过程中接打电话等违反交通规则的现象时有发生，一定程度上增加了交通事故发生的概率[9]。在疫情的常态化防控下，物流网络还面临各类阻隔和切断，效率降低，网络严重受阻；而运输线路暂停、地区性道路封闭也使得全国和区域性网络受阻，这些都给电商物流的时效保证带来了较大压力。中国物流与采购联合会发布的最新数据显示，2022年1月物流时效指数为95.2%，比上月回落3.5%，连续3个月低于100%，且该值是继2020年3月份之后的新低。

2.6　电商物流绿色化进程仍显落后

包装安全、材料、强度和环保等相关标准仍然缺乏，塑料类快递包装废弃物回收困难、再生成本高、再生利润低，快递包装废塑料约99%（质量比）混入生活垃圾，造成资源浪费与环境污染。商品批发零售企业和城乡接合部的农村电商行业的绝大部分商品包装仍然采用传统非环保难降解塑料、一次性纸箱及塑封，绿色包装理念普及仍任重道远。部分物流园区存在功能重复建设、能力闲置、功能单一、粗放集聚等问题，难以达到绿色物流标准。现阶段，新能源物流车的市场占有率还比较低，中重型新能源货车产品较少，与新能源物流车相关的配套设施仍需进一步完善，充电设施覆盖率低、充电桩布局不合理、充电时间过长等问题普遍存在。

2.7　电商物流员工队伍建设需加强

许多电商物流从业人员队伍呈现出临时性强、流动性高、素质水平偏弱、社会认可度低等特点。工作环境艰苦，工作时间长，假期时间少，使得社会化电商物流从业人员流动性相对较大。加之三轮车遭遇政策"红灯"，加剧了快递员从业人员流失。物流从业人员缺乏体系化、延续性培训，整体从业人员素质提升远远落后于行业规模增长速度，制约着电商物流服务水平的进一步提升。

3　我国电商物流未来发展的机遇与挑战

2022年是"十四五"规划实施的第二年，也是迈上全面建设社会主义现代化国家新征程的关键之年。"十四五"时期，我国电商物流业仍将处于重要战略机遇期，但机遇和挑战都有了新的变化，需要我们精准把握、提前谋划、做好准备。

3.1　在新的发展格局下，电商物流产业必须秉承创新、突破瓶颈

当前是中国经济从高速增长转向高质量发展的关键期，中国正面临百年未有之大变局和日益复杂的外部环境。加快形成以国内大循环为主体、国内国际双循环相互促进的新发展格局，既是应对国际复杂环境的关键之举，也是开启建设现代化强国新征程的战略举措。以电商物流为代表的现代流通业在激发内需潜能、扩大市场交易规模、实现跨区域良性循环、促进我国产业迈向全球价值链中高端等方面作用突出。为充分发挥纽带和传动器的作用，快递物流、即时物流等要摆脱同质化竞争和盈利模式单一的经营陷阱，积极应用大数据、物联网、人工智能等新兴信息技术[10]，实现转型升级，在国内协同、国际竞争、乡村振兴、公共应急等关键领域提高服务能力，为国内大循环畅通和国内国际双循环相互促进提供完善的流通基础。

3.2　在新的发展阶段下，电商物流产业应统筹好安全和发展两条线

继党的十九大提出"统筹发展与安全"的重大论断以来，近年来在习近平总书记重要讲话和党中央重大决策部署中，把"安全"与"发展"相提并论已经成为一种常态[11]。

随着新时代中国特色社会主义不断向纵深拓展，影响和制约进一步发展的"安全"因素也在增加，"安全"与"发展"事实上已经构成一对显著的矛盾关系。这就要求电商物流产业发展要站在总体国家安全观的高度，既做好传统范畴中的经营安全、运输安全、仓储安全、消防安全、员工安全，也要更加重视数据安全、疫情防控、无人机的隐私侵犯等新问题。电商物流业还要牢固树立底线思维，做好全过程服务监控，完善风险预警机制，防范化解各类风险隐患。

3.3　在新的监管环境下，电商物流产业要平衡好扩张与有序的关系

2021年，中央经济工作会议特别强调要为资本设置"红绿灯"，依法加强对资本的有效监管，防止资本野蛮生长。2021年以来，国家层面和地方政府出台了一系列有关平台经济反垄断、禁止恶意低价竞争等方面的监管措施。这些监管措施会在未来相当长一段时间，对企业的经营活动和商业行为产生深远影响。而目前，电商物流行业的同质化竞争较为严重，部分电商物流平台在经营管理上仍存漏洞。为了适应新的监管要求，行业需要做出相应调整，企业将会面临难经营和强监管的双重挑战。电商物流企业应摒弃低价占领市场的恶意竞争思维，深耕细分市场，做好模式创新；

应提高社会责任感，做好资金管理控制，做到有所为有所不为[12]；还须推动业务流、信息流、资金流、票据流、货品轨迹流"五流合一"，实现合规合法经营。

3.4　在新的"双碳"目标下，电商物流产业亟待加快推进绿色低碳转型

2020年9月，我国明确提出2030年"碳达峰"与2060年"碳中和"目标。在2021年全国两会上，习近平总书记再次深刻阐述了坚持生态优先、推动高质量发展的内涵。"双碳"目标将深刻影响电商物流产业机构的重塑、重组和新标准的制定，同时为"十四五"时期的电商物流可持续发展提供了方向指引[13]。电商物流是能源消耗和温室气体排放大户，而物流包装更是国家八大战略性新兴产业中"节能环保"的重要分支领域，在实现"双碳"目标中责任重大。但目前电商物流行业生态环保意识还很薄弱，粗放发展方式尚未发生根本性改变，行业面临着成本制约与绿色环保的双重压力。未来，电商物流产业应通过树立绿色发展理念，加快编制碳排放清单，制定"双碳"发展战略规划，加快智能化、数字化转型，推进包装标准化、环保化等路径，最终推动整体行业健康可持续发展，实现经济效益、社会效益和生态效益的协同统一。

4　我国电商物流产业高质量发展的政策建议

在我国着力建设高效的现代流通体系，推动经济高质量发展的时代背景下，物流业扮演着基础支撑的重要角色，电商物流更是其中的关键业态之一。在实现电商物流业健康快速发展的过程中，政府支持起着至关重要的作用。为了更好地优化政策体系，构建更加透明、公平、健康的电商物流营商环境，本文建议政府从以下七个方面着手，强化政策支持。

4.1　统筹国内国际两个市场，打造高水平供应链体系

鼓励优势企业整合中小企业和上下游企业，构建协同制造、电商、物流、金融、信息、科研等机构组织的现代电商物流供应链体系，着力打造在全球具有竞争力的电商物流产业链。加强海外仓、物流园区等在RCEP成员国和"一带一路"沿线国家和地区的布局建设，推动建设跨境电商物流联盟。推进海关等部门对综合服务平台的建设，提升跨境物流便利化水平。支持企业打造高水平的跨境贸易门户网站，促进跨境电商与物流协同发展。构建高效、快速、柔性的城市电商配送体系，支持物流企业开展仓储、分拣、配送等集配设施智能化改造。推动生鲜、餐饮、药品等即时配送场

景的广泛应用。

4.2 推进数字化、智能化转型，构建全覆盖、立体式网络

支持物流企业搭建数字化供应链平台，发挥平台对企业的赋能作用，带动更多中小微物流企业进行数字化转型升级。支持无人配送、无人仓技术的推广与应用。鼓励企业加大智能快件箱、取物柜在社区、医院、学校、商务楼宇等区域的布局，提高末端配送智能化、共享化、标准化水平。建立物流数据质量责任制度，强化全过程数据质量管理，完善物流数据质量事前规范制定，加强物流数据质量事中实时监控，确保物流数据质量事后可追溯，保障物流数据及时可信。

4.3 持续完善标准体系建设，推进高水平高质量发展

加强物流包装安全、材料、强度和环保有关标准与物流新技术、新产品运营管控标准的研究。完善跨境电商物流、生鲜食品冷链物流、农村电商物流、本地生活即时物流领域标准。推进国家标准与国际标准深入对接，重点加强跨境电商、医药冷链等物流标准与国际标准接轨。统筹推进强制性标准、推荐性标准、团体标准和企业标准的制定与推广应用。引导电商物流企业开展标准化体系建设，加强工作流程标准化，降低人员流动带来的

影响。

4.4 推动物流服务模式创新，持续提升末端配送能力

鼓励有条件的电商物流企业加快发展"大数据+仓配"一体化模式，通过大数据分析预测客户需求，优化配送中心仓储策略和中转运输等物流活动。鼓励大型电商与物流企业合作共建电商分仓，由分仓或配送中心完成对消费者的就近配送。借鉴各地"快商合作""快快合作""农超对接""基地+社区直供""批发市场+宅配""移动互联网+众包"等经验，完善农村物流网点建设和配送模式。构建以互联网为支撑的冷链物流体系，推动冷链物流全程可视化。依托农产品冷链公司，提供"站到门""门到门"的农产品收购和农业生产资料配送服务，全面落实鲜活农产品运输"绿色"通道政策。

4.5 强化电商物流环保要求，促进行业绿色集约发展

紧紧围绕电商物流在包装、运输、加工、快递、配送等环节存在的环保问题，研究制定强制性法律规范，细化法律责任主体，明确责任内容。将快件包装列入《中华人民共和国循环经济促进法》的强制回收目录和城市垃圾分类回收体系中。促进快递包装在设计、材料使用、生产、循环利用等环节的绿色化发展，通过技术创新降低绿色包装材料的

成本。推动建立包装生产者、使用者和消费者等多方协同的回收利用体系。大力支持再生包装材料研发、生产、使用等。

4.6 加强行业监督监管力度，提升企业合规经营水平

进一步完善对快递、即时配送、同城配送等物流活动和电商物流平台的监督监管，研究出台相关指导性文件和规范准则。健全电商物流行业监管机制，压实主体责任，促进电商物流企业建立规范的用工制度，加强行业监管和劳动监察执法力度。鼓励行业协会联合物流企业成立企业联盟，推动企业完善配送考核制度及健全内部交通安全培训教育制度，规范企业经营与从业人员行为。对快递、配送车辆实施统一备案上牌管理，引导企业使用符合标准的配送车型。完善社会监管，充分发挥行业协会、新闻媒体和消费者的第三方监督作用。

4.7 着力构建协同育人体系，丰富行业专业人才供给

优化物流学科设置，加快建设适应电商物流发展特点的院校教育、毕业后教育、继续教育三阶段有机衔接的人才培养培训体系。加大对电商物流业急需的专业人才的培养培训，推进管理人员专业化、职业化。建立健全多层次的电商物流人才培养体系，支持校企联合

开展定制式的人才培养,鼓励电商物流企业加大职工培训力度。引进和培养一批具有国际领先水平的电商物流学科带头人。出台可持续的扶持或补贴政策,主要用于电商物流企业税收减免、冷链物流扶持、快递从业人员生活健康补助等方面,从而加强行业从业人员的归属感。◆

【参考文献】

［ 1 ］ 商务部流通业发展司.商务部等六部门关于印发《全国电子商务物流发展专项规划(2016—2020年)》的通知［EB/OL］.(2016-03-17)［2022-01-10］.http://ltfzs.mofcom.gov.cn/article/smzx/201603/20160301280799.shtml.

［ 2 ］ 王可山,郝裕,秦如月.农业高质量发展、交易制度变迁与网购农产品消费促进:论新冠肺炎疫情对生鲜电商发展的影响［J］.经济与管理研究,2020,41(4):21-31.

［ 3 ］ 崔忠付.新发展阶段下,我国电商物流的新特征和面临的新问题［J］.中国物流与采购,2021(21):14-15.

［ 4 ］ 本刊首席时政观察员.以新消费引领新供给 以新供给创造新需求新消费是高质量发展引爆点［J］.领导决策信息,2018(20):10-11.

［ 5 ］ 艾瑞咨询.2021年中国直播电商行业研究报告［R］.上海:艾瑞咨询,2021.

［ 6 ］ 华强森,成政珉,梁敦临,等.中国与世界:理解变化中的经济联系［R］.上海:麦肯锡全球研究院,2019.

［ 7 ］ 国家邮政局发展研究中心.全球快递发展报告［R］.北京:国家邮政局发展研究中心,2019.

［ 8 ］ 华强森,成政珉,沈思文.中国货运与物流业:如何借力数字化改变需求飙升但效率低下的局面［R］.上海:麦肯锡研究院,2018.

［ 9 ］ 马越峰,郝敏程.电商物流末端配送的常见问题与解决对策探讨［J］.中国物流与采购,2020(6):59-60.

［10］ 胡斌,王莉丽.物联网环境下的企业组织结构变革［J］.管理世界,2020,36(8):202-210+232+211.

［11］ 高培勇.从全局高度准确把握和积极推进构建新发展格局［N］.经济日报,2021-01-18(001).

［12］ 刘伟.实现企业资金有序高效运行的措施［J］.商讯,2020(23):117-118.

［13］ 喜崇彬.“双碳”目标下物流业的挑战与对策［J］.物流技术与应用,2022,27(1):58-60.

全球结构矛盾加剧背景下的中国产业转型

潘英丽　何知仁

摘要

当前全球经济面临着新冠肺炎疫情的近中期冲击和结构矛盾的长期困扰。随着后疫情时代经济秩序的正常化,全球结构矛盾的中长期影响将更为凸显,中国产业转型面临着更为紧迫的要求和更大的压力。本文首先简述气候变化、贫富极度分化和人口结构的不利变化等全球结构矛盾及国际社会的应对之策,然后探索经济全球化的新型结构矛盾及其对中国的长期影响,最后提出关于产业转型的相关政策建议。

关键词

全球结构矛盾;中美再平衡;中国产业转型

【作者简介】

潘英丽 上海交通大学安泰经济与管理学院教授,研究方向为中国宏观经济分析、世界经济与国际金融学、中国金融改革与发展研究。主持国家哲学社会科学基金重点项目、教育部应急项目,主持完成国家社科基金项目、国家财政部委托课题、教育部社科基金项目、上海哲学社会科学基金项目等20余项。

何知仁 上海交通大学安泰经济与管理学院博士后,研究方向为世界经济与国际金融。

改革开放之初,中国以人均收入仅为美国2.1%、人口为全球22%的劳动力成本的巨型"洼地",参与到全球分工体系中。政府还以税收优惠、廉价的土地和环境资源吸引外资。随着跨国企业及其资本、技术和管理经验的流入和扩散,改革开放政策不断推进以破除一个又一个发展瓶颈,内部经济的动力、活力和竞争力得到了持续提升,经济高速增长自然也水到渠成。特别是在2001年加入WTO后,政府主导、投资拉动、产能过剩、关停并转所导致的不稳定增长在以外部市场弥补内需不足后转化为出口拉动的加速增长。但是2008年世界金融危机后全球经济大停滞初露端倪,百年未遇之大变局徐徐展开。这种变局表现为战后国际体系的失序与分化,表现为中美难以调解的大国博弈,同时也表现为"去全球化"和"去中国化"。战略机遇期的时间之窗事实上已经关闭。

全球大变局是全球长期结构矛盾持续积累和恶化的结果。新冠肺炎疫情的近中期冲击使问题变得更为严重。2022年2月以来的俄乌冲突及西方国家冻结俄央行外汇储备和私人海外资产的联合制裁,给高度依赖美元体系和西方市场的中国出口导向型经济敲响了警钟。中国经济必须克服路径依赖,不能再

依惯性前行。中国产业转型是"做好自己的事情"中最为紧迫的重中之重。

为此,本文第一部分从国际公认的全球结构矛盾入手阐述气候变化、贫富极度分化和人口结构不利变化等结构矛盾的最新前沿研究成果和对策建议。第二部分提出并探索经济全球化的新型结构矛盾,如全球因广义制度差异带来跨境生产要素组合的困难,全球消费市场结构的不平衡和再平衡,中美经济关系的不平衡和再平衡问题,以及这些新型结构矛盾对中国的长期不利影响。第三部分对我国经济从"国际大循环"转向"内循环为主体"所要求的产业转型进行系统分析,并提出可供选择的相关政策建议。

1　国际公认的全球结构矛盾

2020年初,法国总统埃马纽埃尔·马克龙(Emmanuel Macron)邀请两位著名经济学家奥利维尔·布兰查德(Olivier Blanchard)和让·蒂罗尔(Jean Tirole)牵头组建了由26位国际一流经济学家构成的顾问委员会,经共同研讨后于2021年6月完成了444页的《未来的主要经济挑战》报告(俗称"马克龙报告")[1]。报告围绕气候变化、不平等和老龄化三大挑战,探讨并提出

切实可行的整体解决方案。针对报告仅限于分析法国问题,本小节在补充全球相关数据的基础上,简述其主要研究成果,以供各界推进结构改革和产业转型时参考。

1.1　气候变化的挑战及其应对

地球正在变暖,并且与人为因素有关。对此,国际社会已有共识。日益紧迫的气候问题要求国际社会迅速开展大规模应对行动,但是人们不愿意接受此类行动所需付出的代价。虽然气候变化对人类而言已经是生死攸关的问题,但是对当代人和后代人、对不同地区和不同群体的影响是不平衡的。而对抗气候变暖的行动也会带来结构性影响:存在发展成本的代际分配,高碳与低碳行业间的消长及其利益相关者的得与失问题。因此,整体解决方案需要考虑分配效应、民众的信任和可接受度等复杂因素。为此专家们提出了由五个支柱构成的整体解决方案。

支柱1:碳价格。尽管具有惩罚和累退性质的碳税不受欢迎,但一定水平的碳价格仍然是绝对必要并且有效的,符合污染者付费原则。碳价格的优点是鼓励以较低成本消除污染;促进绿色创新;仅需对排放进行测量,简便易行,可减少行政裁量权,让市场发挥更大的调节作

① International Commission by Olivier Blanchard and Jean Tirole. Major Future Economic Challenges [R/OL]. (2021-06-23) [2022-01-25]. https://scholar.harvard.edu/files/stantcheva/files/rodrik_and_stantcheva_report_for_macron_commission.pdf.

用。探索和建立正确的碳价格形成机制是绝对必要的,并且未来要让碳价格进入私人长期投资函数。建议为碳排放价格设定上下限,保持碳价格相对稳定,并且每年以稳定的速率提高;创立一家独立的碳理事会(或将之命名为碳中央银行)以负责价格的调整。碳价格还必须具有普遍性,以避免高碳活动的海外环境倾销这种漏洞,为此建议实施碳边境税来调整。

支柱2:加强绿色技术研发。 可以通过两种方式促进研发:一是为民营部门设定可实现的技术目标;二是设立相关研发部门,为私人和公共部门高风险、高回报的研究项目提供资金,以解决绿色技术领域的关键挑战。

支柱3:补充行动。 碳价格存在一定的市场失灵:政治因素致碳价格过低,部分领域排放测量存在困难,统一技术标准以及政府在选择上保持中性相对困难,碳价格对消费者长远投资的指导作用相对较弱。因此,需要在碳价格之外采取补充措施,如实施禁令或更普遍的标准,包括禁止使用一次性塑料袋,禁止在特定日期后生产或销售使用某种燃料的汽车,设立不允许采用化石燃料的汽车驶入的低排放区,等等。目前全球温室气体排放中有25%来自农业,16%是具有强烈温室效应的甲烷,因此,作为主要污染源之一的农业需要得到政策制定者更多的关注,但除了一般降碳政策外,还可采取哪些更有效的农业降碳政策尚不明确。另外,需要实施建筑、城市规划与公共交通设计等城市绿色战略,并辅以房地产税或资本利得税,让社区分享城市土地升值等协同效益。

支柱4:补偿。 补偿并非针对所有受损者。劳动者应得到补偿,股东则没有资格,原因是为搁浅资产提供补偿反而会削弱企业采纳绿色技术的积极性。另外需要采取后顾型而非前瞻型补偿,也即应补偿受损者支付的成本,而不是让补偿

成为经常性收入。

支柱5:国际合作。 实施碳排放边境调节机制,以边境税消除企业处于环境监管不力的国家中的竞争优势(此政策将对中国高碳出口产业造成不利冲击)。鼓励对绿色技术的公共投入,向贫困国家提供技术成果,并向其展示现有技术的可行性。

1.2　经济不平等及其应对

瑞信银行《2021全球财富报告》指出,在全球成年人中占比1.1%、财富超过100万美元的群体,拥有的财富总额达到全球的45.8%,而财富小于1万美元的成年人数占比56%,财富总额占比仅为1.3%。10个代表性国家在2000—2020年间的财富不平等数据如表1所示。除日本以外,其他国家的财富基尼系数与2000年相比都是恶化的。从1%顶层富人的财富占比看,俄罗斯、巴西和印度排名前三,美国在发达国家中排名第一[①]。

表1　部分国家2000—2020年财富不平等趋势(单位:%)

	基　尼　系　数						1%最高净值人群拥有的财富占全社会财富的比例					
	2000	2005	2010	2015	2019	2020	2000	2005	2010	2015	2019	2020
巴西	84.7	82.8	82.2	88.7	88.2	89.0	44.2	45.1	40.5	48.6	46.9	49.6
中国	59.9	63.6	69.8	71.1	69.7	70.4	20.9	24.3	31.4	31.5	29.0	30.6

① Shorrocks A, Davies J, Lluberas R. Credit Suisse Global Wealth Report 2021 [R/OL]. (2021-07-01) [2022-01-25]. https://www.credit-suisse.com/media/assets/corporate/docs/about-us/research/publications/global-wealth-databook-2021.pdf.

续　表

	基 尼 系 数						1%最高净值人群拥有的财富占全社会财富的比例					
	2000	2005	2010	2015	2019	2020	2000	2005	2010	2015	2019	2020
法国	69.7	67.0	69.9	70.0	69.9	70.0	25.7	21.1	21.1	22.5	22.4	22.1
德国	81.2	82.7	77.5	79.3	77.9	77.9	29.3	30.5	25.9	32.3	29.4	29.1
印度	74.7	81.0	82.1	83.3	82.0	82.3	33.5	42.2	41.6	42.5	39.5	40.5
意大利	60.1	59.5	63.0	67.1	66.4	66.5	22.1	18.3	17.3	22.8	21.8	22.2
日本	64.7	63.2	62.5	63.5	64.2	64.4	20.6	19.1	16.9	18.2	17.8	18.2
俄罗斯	84.7	87.2	90.0	89.5	87.3	87.8	54.3	60.3	62.6	63.0	57.1	58.2
英国	70.7	67.7	69.2	73.1	71.4	71.7	22.5	20.8	23.8	25.2	22.4	23.1
美国	80.6	81.1	84.0	84.9	85.1	85.0	32.8	32.7	33.3	34.9	35.0	35.3

数据来源：瑞信银行《2021全球财富报告》。

由托马斯·皮凯蒂（Thomas Piketty）等人撰写的《2022年世界不平等报告》（*World Inequality Report 2022*）对全球不平等现状做了更为全面和系统的考察，其揭示的全球贫富分化程度与瑞信的分析较为接近[1]。图1给出了2021年全球收入不平等和贫富两极分化的现状。

从地区来看，拉美的墨西哥、巴西、秘鲁、智利，中东的沙特阿拉伯和非洲南部的南非等国10%顶部人群的财富占比为72%～86%，50%的底部群体的财富占比则低于1.8%，并且还有很多属于负资产群体。从顶部10%人群相对底部50%人群的财富倍数来看，中东、南非和拉美国家的财富分化最为严重，美国次之，中国、俄罗斯、加拿大、北非以及阿根廷再次之，欧洲、澳大利亚和日本的财富不平等程度相对较小。

另外，除了收入和财富差距外，人们还担忧社会流动性，关注子女的出路，认为获得良好教育的机会是极为不平等的。贫富极度分化必然抑制最终消费需求和经济发展动能，造成经济低迷，慢性萧条风险上升，甚至导致严重的财政危机和社会危机。因此，全球不平等的挑战已是各国必须应对的棘手问题。

"马克龙报告"的专家们提出了在生产前、生产后和生产过程中缓解不平等的政策。

（1）生产前阶段促进公平竞争环境。一是缓解教育的不平等。减少学校分隔，为弱势学生群体增加投入；鼓励企业招收学徒工，鼓励学生成为学徒，大力增强职业培训与岗位的联系；增加教师职业的吸引力。二是完善与财产继承相关的制度。遗产税（而非财产税）的意图是让后代人有更平等的财务竞争基础。但财富代际转移占年度可支配收入的比例正在上升（法国目前为

① World Inequality Lab. World Inequality Report 2022［R/OL］.（2021-12-12）［2022-01-25］. https://www.cadtm.org/IMG/pdf/summary_worldinequalityreport2022_english.pdf.

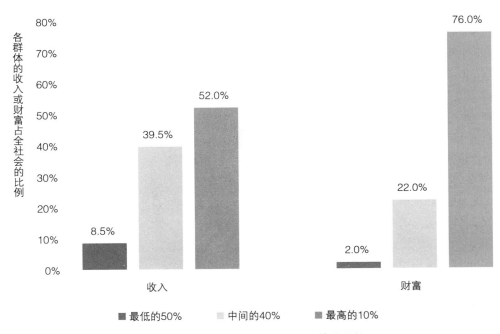

图1　2021年全球收入和财富不平等的现状

数据来源：《2022年世界不平等报告》。

19%，2050年可能达25%～32%）。报告建议，遗产税需以受益人的所得作为税基；打破公共财政原则，明确将遗产税收入用于促进机会平等的资金再分配。

（2）生产后阶段实施税收干预。所得税征收面临的挑战是资本流动性比劳动力的流动性强得多。对资本的征税导致资本外逃，而技术的运用可提升征税效率，如人工智能与数据挖掘可增加税收收入并提高公平程度，不让老实人吃亏。强化国际税收自动信息交换，达成最低税率国际协定以避免逐底竞争（近140个国家就全球15%最低企业税达成协议）。另外就是填补影响税制效率与公平的各种漏洞，并且对外国人也应一视同仁。

（3）生产阶段推进技能与技术的相互适应。技术进步导致资本替代劳动，造成低技能就业岗位和只需重复操作的中等技能岗位的消失。但是技术也可以成为劳动的补充，让低技能劳动者完成更复杂的工作，让中等技能劳动者完成高技能任务。因此，可以采用两类政策。一是实施"积极的劳动力市场政策"，帮助劳动者适应岗位的需求。设计得当的行业培训项目，且与企业的合作越紧密，培训效果就越好；创设个人培训账户，由政府提供补贴，采取拨款或减免用于培训的贷款的形式。根据企业提供的资质培训减免企业的社保缴费以提供激励。创建负责职业培训的协调、资助和认证的新体系以提供组织保障。二是引导企业开发和应用劳动互补型技术，创造更多优质劳动岗位。可运用"就业前景测试"决定公共资金对创新项目支持的优先等级。对摧毁就业岗位的设备和创新则应取消补贴并予以征税，从而让企业更多关注其投资和研发对劳动者福利的影响。

1.3　老龄化的应对

老龄化是社会发展的必然趋势，但也给社会带来了养老负担。

对实施现收现付社会保障制度的国家而言①，预期寿命的延长意味着要么降低养老金待遇，要么增加缴费或延迟退休时间。"马克龙报告"的专家们建议将延迟退休时间与减少（法国高标准）养老金相结合。

首先，需对现行养老金制度进行改革，引入整体解决方法。① 将养老金缴费与工资指数挂钩，并参考人口抚养比，运用更透明、更易预测和更为公平的调整方法来实现财务平衡。② 引入一套简单易懂的积分体系。在职业生涯中，劳动者得到的积分需由个人工资与社会平均工资的比例加权，从而保证其早期收入同后期收入具有同样的社会相对价值。积分在个人账户中逐渐积累，跨越整个职业生涯，直至个人开始领取养老金。累积的积分将换算为初始养老金数额，与当年的社会平均养老金数额成比例。应根据工资通胀率和人口结构变化调整积分的货币价值，给付水平的增幅应等于社会平均工资增长率扣减抚养比变化后的部分。积分体系应承认个体差异，并给失业期、孕产期和终生收入较低人群提供额外积分，给收入分配处于底层40%的人群提

供额外积分。③ 设定最早退休的时间窗口，并随预期寿命的提高而推迟。根据职业期限约为退休期限的2倍，预期寿命如果增加3年，那么其中2年应该工作，也即退休年龄应推迟2年，退休期则增加1年。

其次，需要采取相应的劳动力市场政策。劳动者不仅因就业而获得收入，而且因与职场保持联系而获得生活的目标感。① 要让延长工作年限的调整能保持养老金的精算中性，以增加吸引力。② 需加强劳动者在整个职业生涯中的培训，瑞典正式教育结束后接受再教育的职工比例高达72%。③ 需改进预防措施和职场环境，以提高慢性病患者继续工作的能力和可能性。

2 需要重视并继续观察的全球结构矛盾

跨国公司主导的全球产业链已加深了全球经济的结构性不平衡。本文在生产要素三分法基础上引入广义制度的生产要素属性。包括宗教文化、社会习俗在内的无形制度与有形制度作为一国的社会资本，是基础性生产要素的黏合剂和

生产效率的催化剂。基础生产要素的地区分布不平衡和社会资本差异已经造成跨境要素有效组合的困难。

2.1 全球生产要素地区分布的不平衡与跨境要素组合的困难

1）劳动力资源的地区不平衡

中国、印度和其他发展中亚洲地区的总人口超过全球的50%。联合国预计撒哈拉以南非洲地区的人口到2050年将占到全球人口的22%②。从年龄结构来看，美国国家情报委员会的《全球趋势：进步的悖论》报告（2017年发布）预测，2015—2035年15～64岁的人口变化的主要特点在于：受教育年限低的发展中国家的劳动年龄人口将大量增加；热带地区低收入国家医疗卫生条件差、非正常死亡率高，导致人口年龄中位数在15～20岁③。这些年龄中位数低的低收入国家经济发展的重大问题是有教育与经验积累的人力资本匮乏，文化与制度环境也不利于经济发展，未来将面临严重的年轻人失业问题。东亚与欧洲未来将面临劳动力稀缺、老年赡养负担上升

① 中国曾试点个人缴费形成"个人账户"，以"基金积累制"应对未来自身养老所需。向积累制转换将造成当代劳动者的双重不幸，他们既要负担数量巨大的上一代人的养老金，又要负担自己的一部分养老金，而且就业稳定性也在下降。至2020年全国做实个人账户的省市基金总额达4154亿元，按3.2亿名缴费职工计算，每人近20年来才积累了1300元。个人账户做法已然失败，未来不再做实，并把个人账户的金额放入统筹账户。
② 马丁·沃尔夫.经济权重日益下降 发达世界失去的七个优势［EB/OL］.（2017-07-28）［2022-01-25］.https://world.huanqiu.com/article/9CaKrnK4n01.
③ The National Intelligence Council. Global Trends: Paradox of Progress［R］. USA: NIC, 2017.

等问题，其本地储蓄、投资和经济增长将面临持续下滑的状况。

2）资本积累的地区不平衡

由于全球资本技术积累的地区分布缺乏直接数据，本文以全球家庭财富数据作为替代指标。尽管这些数据或多或少地含有资产泡沫成分，但家庭财富积累与一国生产性资本技术的积累具有正相关关系，可大致反映国家和地区的资本技术积累水平。瑞信银行《2021全球财富报告》给出了21世纪以来家庭财富地区分布及其变化情况，如图2所示。截至2020年底，实物资产加金融资产再减去债务的全球家庭财富净额达418.34万亿美元。财富的地区分布情况是北美占32.58%，欧洲占24.67%，亚太地区（不包括中国和印度）占17.99%，中国占17.90%，印度占3.07%，此外拉丁美洲和非洲分别仅占2.60%和1.18%（见瑞信银行《2021全球财富报告》）。发达国家在中高端技术和先进制造业上有更多资本积累，中国则在基础设施硬件和中低端制造业上有更多资本和技术积累。

3）全球要素组合面临文明冲突的挑战

全球范围内基本生产要素的组合有两种模式：跨境投资，资本流向年轻劳动力富裕的地区；移民政策，年轻劳动力流向人口老龄化国家。

本文认为，劳动力大规模流动的可能性很小。发达国家移民政策通常有技术或资本门槛，并且会对人才流失国家产生负面影响。而难民的涌入更易给发达国家带来财政压力、社会动荡和主场文明冲突的长期后遗症。

相比较，跨境投资过去是，未来仍然是全球生产要素组合的主要模式。其面临的挑战是东道国国家风险，包括债务违约和核心生产要素的稀缺造成的投资失败。其背后是不利的广义制度环境。20世纪80年代，欧美曾以"华盛顿共识"向发展中国家输出西方制度，但大都

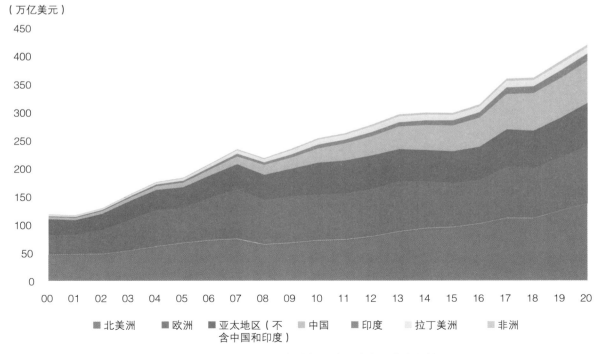

图2　2000—2020年全球家庭财富的地区分布及其变化情况

数据来源：瑞信银行《2021全球财富报告》。

以失败告终。旧体制上很难建立新制度，或导致两种制度缺陷的叠加，致使"南北"之间的直接投资迅速衰减，更多资本在发达国家集团内部流动或以热钱的方式在全球流转。非洲经济失去了50年，而众多拉美国家也陷入了中等收入陷阱。只有积极参与全球化分工的韩国、新加坡和中国先后出现经济的快速增长。

但是跨国公司主导的产业内国际分工的发展也带来了多重结构矛盾。

（1）美国陷入"全球化陷阱"[1]。一是制造业外包造成了本土产业空心化和就业岗位的减少。美国在21世纪最初10年，在非农就业持续增长的背景下，制造业就业减少了1/3。失业和低收入家庭转移支付要求增加了政府财政压力[2]。二是增加了联邦政府外交和军费开支以维护本国海外经济利益。三是境外投资收益不给母国纳税，造成税基流失。全球化由此导致了收益为私人集团获取、成本由联邦政府承担的国家与跨国集团间的利益冲突。Gomory 等人指出，在全球化进程中，某个国家的利益与该国企业的利益可能并不一致。美国需要新的经济策略把企业和国家的目标统一起来，以反映全球化世界的现实需要[3]。

（2）欧洲面临资本输出和劳动力输入的双重压力。制造业外移会减少就业岗位，而东欧国家移民的流入则挤占了非贸易产业本地居民的就业机会，造成了主权国家内部社会冲突的激化。欧洲面临内部市场相对萎缩、财政难以持续、难民危机与宗教文化冲突等多重复杂问题。

（3）中国面临产业结构与内部市场需求结构的错配以及关键技术"卡脖子"的问题。中国重资产行业存在低水平重复和产能过剩的问题。而过剩产能的去化又面临出口受阻、对外投资风险和内部债务违约等多重困难。非贸易产业如消费服务业发展滞后，医疗保健、养老服务、技能培训等方面存在供给短缺。

2.2 全球消费市场结构的不平衡和再平衡

G7国家人口、消费和GDP的全球占比如表2所示。美国2000年人口的全球占比为4.61%，消费占全球总消费的32.19%。2020年人口占比为4.25%，消费占比仍高达27.95%。长年以来，美国以其奢侈的生活方式吸引着全球人才的流入。但美国也是2020年G7中唯一一个消费占比超过GDP占比3个百分点以上的赤字国家，这与美元作为国际货币的特殊属性密切相关。其他六国在2020年也同为赤字，但所超占比都低于1个百分点。从趋势看，2000—2019年G7国家GDP全球占比合计减少了20个百分点。人口占比减少了1.41个百分点，消费占比减少了17.43个百分点。十分明确的是：发达国家经济和消费市场的重要性持续下降。未

来人口占比小幅下降，消费及GDP占比大幅下降仍然是相对确定的趋势。这从市场容量上抑制了中国对欧美出口的空间，也意味着国际经济关系仍将持续紧张。

12个人口过亿的发展中大国的相关数据如表3所示。这12个国家2020年人口总规模的全球占比达57.53%，当年消费仅占24.99%。从2000年以来的趋势看，中国消费占比从2000年的3.02%增长到2020年的13.17%，增加了约4.36倍。亚洲国家消费占比都有增长，除巴基斯坦外也达到了翻番。相比较，俄罗斯、巴西、墨西哥和南非在一定程度上已落入中等收入陷阱，人口占比不变或下降，消费占比近年来皆呈下降态势。非洲人口大国尼日利亚和埃塞俄比亚近年来经济增长势头良好，消费占比处在上升期；埃及GDP和消费占比波动较大。可见，发展中大国的消费占比与人口占比相比，上升的潜力更大。特别是中国、印度和印度尼西亚，2020年三国总计人口、GDP和消费的全球占比分别为39.42%、21.76%和17.42%。中国的消费占比与GDP占比相比低了4.24个百分点，消费受抑制最为严重。这与快速的贫富分化以及城乡二元经济结构矛盾有很大关系。

总之，全球消费市场的地区结构正在发生变化，重心已从欧美转向亚洲。但是中国等亚洲人口大国亟待通过深刻的结构改革去释放其

表2　G7国家人口、消费和GDP的全球占比（1970—2020年）

单位：%		1970	1980	1990	2000	2010	2015	2016	2017	2018	2019	2020
美国	人口占比	5.57	5.13	4.73	4.61	4.47	4.37	4.35	4.33	4.30	4.28	4.25
	消费占比	37.87	26.16	27.79	32.19	25.89	27.00	27.34	26.94	26.83	27.33	27.95
	GDP占比	35.96	25.31	26.22	30.42	22.66	24.31	24.59	24.09	23.93	24.51	24.75
日本	人口占比	2.81	2.63	2.34	2.07	1.85	1.73	1.71	1.69	1.67	1.65	1.62
	消费占比	5.54	8.79	11.84	13.69	8.88	6.08	6.63	6.16	5.99	6.01	NA
	GDP占比	7.12	9.79	13.78	14.74	8.70	5.92	6.56	6.08	5.85	5.89	5.88
德国	人口占比	2.12	1.77	1.50	1.34	1.18	1.11	1.11	1.10	1.09	1.08	1.07
	消费占比	7.00	8.99	7.81	5.74	5.14	4.43	4.49	4.47	4.57	4.41	4.59
	GDP占比	7.23	8.42	7.79	5.77	5.13	4.47	4.55	4.54	4.62	4.45	4.55
法国	人口占比	1.41	1.24	1.10	1.00	0.94	0.91	0.90	0.89	0.88	0.88	0.87
	消费占比	4.77	6.31	5.66	4.07	4.25	3.45	3.43	3.39	3.44	3.28	3.36
	GDP占比	4.97	6.21	5.58	4.04	3.99	3.25	3.24	3.19	3.24	3.12	3.11
英国	人口占比	1.51	1.27	1.08	0.96	0.91	0.89	0.88	0.88	0.88	0.87	0.87
	消费占比	4.95	5.78	5.45	5.42	4.31	4.46	4.03	3.74	3.80	3.69	3.70
	GDP占比	4.38	5.00	4.81	4.92	3.75	3.91	3.53	3.28	3.32	3.24	3.20
意大利	人口占比	1.46	1.27	1.07	0.93	0.86	0.83	0.82	0.81	0.80	0.78	0.77
	消费占比	3.78	4.31	5.34	3.51	3.52	2.66	2.64	2.61	2.64	2.48	2.43
	GDP占比	3.80	4.23	5.19	3.39	3.23	2.45	2.46	2.41	2.43	2.29	2.23
加拿大	人口占比	0.58	0.55	0.52	0.50	0.49	0.49	0.49	0.49	0.49	0.49	0.49
	消费占比	3.08	2.45	2.73	2.15	2.57	2.22	2.16	2.19	2.17	2.15	2.15
	GDP占比	2.94	2.43	2.61	2.21	2.44	2.07	2.00	2.03	2.00	1.99	1.94
G7合计	人口占比	15.46	13.87	12.36	11.43	10.69	10.32	10.26	10.18	10.11	10.02	9.94
	消费占比	66.99	62.79	66.62	66.77	54.56	50.30	50.72	49.50	49.45	49.34	NA
	GDP占比	66.41	61.39	65.98	65.49	49.91	46.39	46.94	45.63	45.37	45.49	45.67

数据来源：世界银行WDI数据库。

表3　12个人口过亿的发展中国家的人口、消费和GDP的全球占比（1970—2020年）

单位：%		1970	1980	1990	2000	2010	2015	2016	2017	2018	2019	2020
中国	人口占比	22.22	22.13	21.50	20.65	19.33	18.68	18.57	18.46	18.34	18.22	18.09
	消费占比	2.67	1.47	1.34	3.02	6.04	10.84	11.01	11.40	12.23	12.56	13.17
	GDP占比	3.10	1.69	1.59	3.59	9.20	14.74	14.74	15.18	16.13	16.33	17.41
印度	人口占比	15.08	15.77	16.54	17.28	17.83	17.85	17.84	17.83	17.82	17.81	17.80
	消费占比	2.50	1.93	1.47	1.39	2.23	2.65	2.84	3.11	3.03	3.23	3.07
	GDP占比	2.09	1.65	1.41	1.39	2.53	2.80	3.01	3.27	3.14	3.28	3.10
印度尼西亚	人口占比	3.12	3.33	3.44	3.46	3.49	3.52	3.52	3.52	3.53	3.53	3.53
	消费占比	0.37	0.61	0.45	0.44	1.00	1.05	1.12	1.14	1.10	1.17	1.18
	GDP占比	0.31	0.64	0.47	0.49	1.14	1.15	1.22	1.25	1.21	1.28	1.25
巴基斯坦	人口占比	1.58	1.76	2.04	2.33	2.59	2.72	2.74	2.77	2.80	2.82	2.85
	消费占比	0.39	0.26	0.20	0.27	0.32	0.45	0.45	0.48	0.47	0.41	0.39
	GDP占比	0.34	0.21	0.18	0.24	0.27	0.36	0.37	0.38	0.37	0.32	0.31
巴西	人口占比	2.58	2.72	2.82	2.86	2.83	2.79	2.78	2.77	2.76	2.75	2.74
	消费占比	1.53	2.20	2.12	2.14	3.55	2.74	2.71	2.95	2.59	2.50	1.96
	GDP占比	1.42	2.08	2.03	1.94	3.34	2.40	2.36	2.54	2.23	2.15	1.71
尼日利亚	人口占比	1.52	1.66	1.80	2.00	2.29	2.47	2.50	2.54	2.58	2.62	2.66
	消费占比	NA	NA	0.11	0.12	0.56	0.75	0.63	0.54	0.52	0.56	0.55
	GDP占比	0.42	0.57	0.24	0.21	0.55	0.65	0.53	0.46	0.46	0.51	0.51
孟加拉国	人口占比	1.74	1.80	1.95	2.09	2.13	2.13	2.13	2.13	2.13	2.12	2.12
	消费占比	0.38	0.21	0.16	0.17	0.19	0.28	0.30	0.31	0.34	0.36	0.40
	GDP占比	0.30	0.16	0.14	0.16	0.17	0.26	0.29	0.31	0.32	0.35	0.38
俄罗斯	人口占比	3.54	3.14	2.80	2.40	2.06	1.96	1.94	1.92	1.90	1.88	1.86
	消费占比	NA	NA	2.10	0.62	2.17	1.74	1.63	1.89	1.80	1.84	1.70
	GDP占比	NA	NA	2.27	0.77	2.30	1.82	1.67	1.94	1.92	1.93	1.75
墨西哥	人口占比	1.40	1.53	1.59	1.62	1.65	1.66	1.66	1.66	1.66	1.66	1.66
	消费占比	1.27	1.73	1.20	2.15	1.65	1.65	1.49	1.50	1.49	1.52	1.34
	GDP占比	1.19	1.82	1.15	2.10	1.60	1.56	1.41	1.43	1.42	1.45	1.27

续　表

单位：%		1970	1980	1990	2000	2010	2015	2016	2017	2018	2019	2020
埃塞俄比亚	人口占比	0.77	0.79	0.91	1.08	1.27	1.37	1.40	1.42	1.44	1.46	1.48
	消费占比	NA	NA	NA	NA	NA	0.09	0.10	0.11	0.10	0.12	0.14
	GDP占比	NA	NA	0.05	0.02	0.05	0.09	0.10	0.10	0.10	0.11	0.13
菲律宾	人口占比	0.97	1.07	1.17	1.28	1.36	1.39	1.40	1.40	1.40	1.41	1.41
	消费占比	0.23	0.28	0.21	0.27	0.34	0.46	0.48	0.46	0.47	0.51	0.53
	GDP占比	0.22	0.29	0.19	0.25	0.31	0.41	0.42	0.40	0.40	0.43	0.43
埃及	人口占比	0.94	0.98	1.06	1.13	1.20	1.26	1.27	1.28	1.30	1.31	1.32
	消费占比	0.32	0.22	0.21	0.34	0.38	0.56	0.56	0.39	0.37	0.43	0.56
	GDP占比	0.27	0.19	0.19	0.30	0.33	0.44	0.44	0.29	0.29	0.35	0.43
12国加总	人口占比	55.47	56.67	57.63	58.16	58.02	57.81	57.75	57.71	57.65	57.59	57.53
	消费占比	9.65	8.92	9.57	10.94	18.42	23.27	23.31	24.27	24.52	25.22	24.99
	GDP占比	9.66	9.30	9.91	11.47	21.80	26.68	26.55	27.55	27.98	28.49	28.68

数据来源：世界银行WDI数据库。

消费市场潜力。

2.3 中美贸易不平衡与再平衡调整

　　全球化的钟摆由此开始从跨国公司主导的产业内过度分工向大国核心产业链本土化摆动。造成全球产业链断裂的新冠肺炎疫情则成为这一过程的加速器。全球化成就了中国世界生产大国的地位，美国则出现了制造业的空心化。中国生产（2010和2020年GDP全球占比分别超过消费占比3.16%和4.24%）对应着美国消费（2010和2020年消费全球占比分别超过GDP占比

3.23%和3.20%）。中国以农民工的低福利低成本支撑制成品出口并积累美元债权，而美国则以美元霸权地位支撑并积累对外美元债务。中美贸易不平衡支撑的生产—消费角色平衡，对中美双方都具有不可持续的高风险性。如果美国的出口能力与海外积累的美元购买力间的差距日益放大，则参与国际贸易和投资的经济主体终将逃离美元体系，或发展双边平衡的易货贸易，或创造美元替代品（如虚拟货币或者地区性货币）。这意味着美国失业、财政脆弱性和社会分裂等问题加深，中国过去40余年积累的海外财富

则将面临巨大损失。因此，美国特朗普政府倾向全面收缩，而拜登政府则以"小院高墙"策略维护其高科技产业的国际竞争力，并以意识形态差异为由动员盟国围堵中国。

　　在此全球化调整期，中美面临的内部挑战却是相似的，都需要通过教育培训大力提升劳动者对产业结构调整的适应能力。Gomory等人认为，美国可增加研发投入和改进中小学教育质量以提高生产率，但远水解不了近渴。更直接的措施是让美国一些高附加值企业享有低税率，以此鼓励企业将高附加值工作岗位迁回或留在美国[3]。相比

较而言，我们需要积极推进技能与技术的相互适应政策，处理好劳动替代和劳动互补型技术发展的节奏与关系，并对传统产业的剩余劳动力进行大规模的技能培训，促进劳动力更顺畅地向消费服务业等成长可期的产业转移。

3 中国的战略应对与产业转型

3.1 全球结构矛盾的中国情景及其对产业转型的要求

气候变化、经济不平等和老龄化三类全球结构矛盾在中国表现突出。气候变化趋势及我国政府在气候谈判中的承诺意味着中国将进行长期的能源结构转型。中国能源消费内部高度依赖煤炭，外部高度依赖进口石油。而新能源的发展，既可降碳，又可避免战略资源受制于人；而且新能源的产出与国土规模成正比，能充分体现中国的大国优势。但是能源转型显然会导致传统能源行业和使用传统能源的经济活动萎缩，导致经济增长下行和通胀高企，以及不同群体间的利益冲突。中国的贫富分化逐渐严重，造成消费不振、市场收缩、经济下行和资产泡沫膨胀。人口结构问题表现为深度和超级老龄化社会的快速到来，因此，要从消费需求与劳动和资本供给两个方面实施产业转型。老龄人口增多，将加速保健、医疗、养老需求的增长，并对生物医药、慢性病防治和养老服务业的规模扩张与个性化、人性化发展提出更多要求。而劳动力和储蓄的减少要求中国着力提高全要素生产率，以及推进生产体系供给能力与市场需求更精准地对接。相比较而言，少子化将对经济发展和财政可持续性造成压力。扭转少子化趋势除了需要政府通过政策调整降低生育、养育成本和女性生儿育女的机会成本外，还要求学前教育、养育服务等消费服务业提高供给能力。另外，壮年劳动者技能与产业升级的技术要求之间的矛盾也在日益加剧。这对健全技能培训体系、调整高科技产业发展方向提出了更高的要求。劳动替代型技术发展应受到一定限制，而劳动互补型技术则应得到鼓励和补贴。

相比较而言，欧美国家内部和不同国家集团间的文明冲突也呈加剧态势。中美生产—消费角色相互依存格局的不可持续以及试图脱钩的摩擦也给全球增加了不确定性。特别是俄罗斯与乌克兰战争中美国动员西方国家冻结俄罗斯外汇储备的惊世骇俗之举给中国出口导向型经济敲响了警钟。中国出口导向型经济是将过度扩张的制造业产能输出到欧美，以换取美元储备。在全球化退潮的过程中，我国经济的外部风险大幅度上升。如何从为全球市场生产转向更好地满足14亿本国人民追求美好生活的客观需求？

这给我国从规模过度扩张的重资产行业（制造业、房地产和超前的基础设施建设）转向高科技、轻资产（消费服务业）和现代化农业的健康发展提出了非常紧迫的时代要求。

为此，我国政府提出构建以国内大循环为主体、国内国际双循环相互促进的新发展格局。

3.2 构建新发展格局的政策框架

内循环为主体的核心在于提高产业或供给体系对国内需求的适应能力。当前经济现状的主要特征在于中低端领域供大于求；而中高端领域更多的是在补短板，或应对"卡脖子"技术问题，或解决普遍的供不应求。因此，应对之策就是在刺激中低端消费需求的同时削减其过剩产能；在中高端领域精准施策，通过专精特新企业的发展打破技术瓶颈；在消费服务业领域以体制、机制和商业模式的创新和劳动互补型技术的发展，创造就业机会并扩大有效供给。

（1）需要通过公共服务供给与政策调整并释放私人消费需求。具体政策如下：① 实施人口代际可持续发展战略。鼓励生育，实施二胎补助；扩大义务教育年限并实现学前覆盖；提高教育培训等人力资本投资。2021年8月17日，中央财经委员会第十次会议提出的"共同富裕""普惠性人力资本投入""三次分配"等新政策，无疑是对症下药的。② 推进要素市场化改革。促进农村宅基地的跨地区流转，放松户籍制度，在人口导入城市更多地提供公租房和社会公共服务，实现农民工市民化及其进城子女的教育均等化。

（2）需要提高供给的适应能力及其效率。重在消除内部壁垒，改善投资环境，促进区域经济一体化，加强城市群与都市圈集聚效益等。而改善投资环境则要求政府转变职能，即简政放权，提供公共服务，以强监管维护市场秩序，在保护私人权益的同时防范商业欺诈。

3.3　中国产业转型的方向与路径

1）淘汰制造业低端过剩产能

中国制造业产能相对于全球大变局下内循环为主体的新发展格局的要求而言是明显过剩的。制造业产能过剩源自中央和地方政府的双重逐底竞争机制。中央政府通过压低汇率及出口补贴帮助企业以更低成本参与国际竞争，而地方政府通过建设工业园区以压低工业地价、降低劳动与环保成本的方式展开地区间招商引资竞争，致使产能过度扩张[4]。因此，避免产能的过度扩张需要从中央与地方政府退出逐底竞争机制入手。自中美贸易战以来，中央政府的逐底竞争政策正

在逐步退出，人民币汇率自2020年以来持续升值可看成政策变化的重要趋势。地方政府逐底竞争政策也将随土地财政的退出而退出。

中央政府提出"3060"降碳目标，坚定不移地推进新旧能源替代政策。这是促进产业转型的重要抓手，除了达成降碳直接目标外，还将通过提高经营成本的方式促进高碳产业去产能。

另外，加快行业内重组也有助于淘汰低端过剩产能。一是行业领先企业具有更先进的技术和管理水平，通过市场化的并购在提高企业生产效率的同时还能提高现有产能适应市场需求的能力。二是国有企业间行政性的合并除了提高经营效率外还有财政转移支付作用。若能在合并后促进集团内部的产业转型，通过员工技能培训，拓展社会事业或发展成长型服务业，则可解决产业升级和转型中剩余劳动力的安置问题，对社会稳定和可持续发展做出重要贡献。

2）构建有效的资本市场，促进高科技产业平稳发展

在中国，高科技产业发展具有政府驱动的重要特点。战略新兴产业发展规划给出了政府资源配置的主要方向。但是在一个体量超过整个欧盟、各级政府都扮演投资主体

的场景中，与制造业投资类似的产业同构化与投资泡沫必然发生。另外，科研积累或专业预判能力不足也可能导致更多高科技投资项目的失败。

股票市场科创板的设立促进了风险资本对高科技产业的更多投入，并在吸引海外华人科学家回归和创业方面发挥了积极作用。但是中国股票市场存在制度性缺陷，即政府的立场在于帮助企业融资而非保护中小投资者防范商业欺诈；特别是地方司法部门的地方保护主义导致上市公司质量不高。这使得中国股市优胜劣汰的功能缺失，系统性风险高企，进而无法有效支持优秀企业做大做强。

因此，在借鉴欧美股票市场注册制，扩大股市融资和股票供给的同时，需要健全立法、司法和执法体系。

3）加快现代农业及其相关产业链的发展和合理布局

中国消费占GDP的比例比全球平均水平低20个百分点以上①。中国有6亿人人均月收入仅1 000元人民币。中国内需不足和贫富分化的主要原因是城乡二元结构矛盾长期未得到解决。乡村振兴很大程度上是建成以内循环为主体的新发展格局的基础。现代农业及其产

---

① 引自李迅雷，"消费偏弱的深层原因：结构性因素与传统价值观"，微信公众号"李迅雷金融与投资"，2021年6月4日。他在文中写道，相比全球平均水平，我国的消费率还是太低了，如英国、美国、法国和日本的消费率基本在75%～85%之间，全球平均消费率水平也在75%左右，中国则与全球平均水平相比落后20个百分点以上。

业链形成和发展是乡村振兴的核心，这些产业按规模经济和范围经济逻辑形成合理的空间布局是其题中应有之义。在农业生产率大幅提升的基础上，农村剩余劳动力可离土不离乡，在农产品加工产业，农村医疗保健养老、教育文化娱乐等消费服务业获得充分就业和社会保障。

现代农业以及农村社会事业的发展需要以土地制度改革为突破口。其中闲置的宅基地面积远超城市住宅用地面积。因此，如果政府允许宅基地复耕并将由此置换的建设用地权利以地票方式随农民工进城流转，这将成为最优选择，而城市以地票获取的建设用地应仅限于福利房和社会设施建设。相比较而言，耕地制度改革需要遵循"使用权高度集中、收益权充分分散"的原则，耕地的集中使用及其潜在的规模效益有助于吸引人才、资本和技术的流入；而收益权充分分散才能确保农民的根本利益不受侵害。

另外，可以探索含有可继承、不可转让优先股的股份合作制，以促进先进农业企业组织的发展。

4）鼓励商业模式和劳动互补型技术创新，促进消费服务业发展

美国经济分析局数据显示，2019年，美国家庭总消费支出中，服务消费占69%，耐用品消费占10%，非耐用品消费占21%。中国目前的消费结构与美国20世纪60年代末相似。由于开放度和信息传播速度的提升，消费结构变化有加速的趋势，如果中国未来以20年时间走完美国以往30年的历程，作者预计，那么中国消费服务占比将从目前的50%左右增加到65%。其中，医疗保健、旅游运动健身、教育文化娱乐、金融保险服务和养老服务需求都有巨大的增长空间。

消费服务业是即时供给（服务由从业者直接提供给消费者）的非贸易产业，服务不能储存，只以劳动消耗的形式发生，因此，此类行业具有劳动及技能密集型特点，也是未来唯一创造新增就业岗位的大类产业。另外，消费服务业具有人性化、个性化的特殊要求，并且具有纠纷高发的风险。消费服务业的健康发展需要健全的社会基础设施和制度保障。

因此，有必要放宽市场准入并加强执业和从业资格管理。以税收减免和贴息优惠等政策鼓励商业模式创新，培育更多将人力资源开发与劳务派遣相结合的优秀消费服务企业，由此既满足消费者对服务质量的个性化要求，又满足从业者在继续教育、劳动保护、人格尊严和组织归属感等方面的多样化需求。健全从业资格、技能培训及等级证书的行业管理体系，提升消费服务人员的综合素质，快速增加合格服务从业劳动者的供给。鼓励消费服务业劳动互补型技术的创新和应用，以缓解服务劳动者的压力并提升其劳动生产率。改革现行的用工和休假制度，释放中高收入阶层的消费服务需求。◆

【参考文献】

［1］潘英丽，周兆平.美国的全球化陷阱、贸易争端诉求与中国的战略应对［J］.国际经济评论，2018（6）：85-97+6.

［2］Fort T C, Pierce J, Schott P K. New perspectives on the decline of us manufacturing employment［J］. Journal of Economic Perspectives, 2018, 32(2): 47-72.

［3］Gomory R, Baumo W. Globalization: country and company interests in confict［J］. Journal of Policy Modeling, 2009(31): 540-555.

［4］陶然，苏福兵.经济增长的"中国模式"：两个备择理论假说和一个系统性分析框架［C］//吴敬琏.比较，北京：中信出版集团，2021.

疫情防控推动互联网医疗快速发展

于广军

摘要

近10年来，我国互联网医疗领域蓬勃发展。随着产业逐渐成熟及新冠肺炎疫情暴发的催化，互联网医疗得到进一步的横向拓宽与纵深发展，由公立医院主导的互联网医院，以及由企业主导的平台型互联网医疗服务得到广泛普及和应用。互联网医疗打破了时空限制，深化了医疗服务内涵，也对传统医疗服务模式形成了冲击，促进了医疗模式优化，提升了患者的就医体验。然而，目前我国互联网医疗建设发展程度参差不齐，尚未形成一定规模的互联网医疗服务网络体系，在带来正面影响的同时，也面临着驱动力、运营、医疗安全、行业监管等方面的挑战。由此，本文建议，相关部门应从顶层设计、模式创新、医药险结合及政策保障等多方面入手，加强互联网医疗管理，实现该产业的高质量、高效率、高品质、可持续发展。

关键词

互联网医疗；疫情防控；产业可持续发展

【作者简介】

于广军　上海市儿童医院/上海交通大学附属儿童医院院长，研究员，博士生导师。上海市儿童精准医学大数据工程技术研究中心主任，上海交通大学中国医院发展研究院医疗信息研究所所长，中国医院协会信息专委会副主委，中国妇幼协会精准医疗专委会主委，上海医学会互联网医疗专委会主委，中国卫生信息学会大数据质量专委会副主委。上海医联工程创始人之一。2015年入选上海市领军人才。2020年入选国家百千万人才工程，并荣获"有突出贡献中青年专家"称号。研究领域为儿童保健和医疗信息化。著有《走进移动健康时代》《健康医疗云》《医疗大数据》《儿童医生说》《高危儿管理》。

互联网医疗作为一种新型医疗健康服务业态，以互联网为载体，以医疗资源汇聚为手段，以医疗服务在线化、便捷化为特色，通过健康教育、医疗信息查询、在线疾病咨询、远程诊疗和康复等多种形式，为人民群众提供更加便捷的医学知识普及和医疗健康服务，代表了未来医疗行业发展的新方向。在刚性需求增多和新冠肺炎疫情暴发的刺激下，互联网医疗实现规模化增长，并与大数据、人工智能等新一代信息技术深度融合，呈现出"智能+"的新特征。

我国互联网医疗的发展主要是为了解决两个核心问题：一是打破医疗信息不对称以及资源配置不合理的困局；二是增加效率，缓解资源配置的难题。基于此，我国衍生出三类互联网医疗服务：最早出现的一类是信息服务，比如好大夫在线、微医、春雨医生等平台，这些平台本质是提供了一个医生黄页的功能；第二类服务是非医疗服务，比如支付宝、腾讯等科技公司通过接入医院端数据，帮助医院提高非医疗服务的效率，解决了线下排队预约挂号、费用支付等一些常见问题；第三类服务是在线问诊和处方药品服务，特别是突如其来的新冠肺炎疫情加快推进了互联网医疗这类服务的发展。

1 互联网医疗的发展历程

我国互联网医疗领域的发展从时间维度可以划分为三个阶段：萌芽期、发展期和成熟期。

1.1 第一阶段——萌芽期（2013年之前）

2013年以前，我国互联网医疗处于PC互联网医疗阶段，当时互联网普及程度较低，与此相关的政策较少，因此，互联网医疗发展规模十分有限，主要由一些先行企业和走在前沿的医疗机构推动。国家层面除了在药品电商领域有一些相应规定外，其他细分领域内并没有明确的态度，行业发展都是依靠各方自发探索和创新。此时的互联网医疗主要是提供信息查询和挂号等一些基本服务，并开始探索网上问诊服务，由专业医生在线上为民众答疑，重在解决医患之间的沟通需求，但并未形成用户黏性，互联网医疗发展速度较为缓慢，政府部门的监管力度也较小。

1.2 第二阶段——发展期（2014—2019年）

2014年国家出台了《关于推进医疗机构远程医疗服务的意见》，允许医疗机构提供远程医疗服务；2015年政府工作报告首次提出制定"互联网+"行动计划；2016年发布《"健康中国2030"规划纲要》，鼓励开展互联网医疗服务。随着"互联网+"的兴起与人民群众对健康的日益关注，互联网医疗开始得到广泛认可，从过去的概念走向了实体建设阶段。尽管2017年国家卫健委曾出台过征求意见稿，对互联网医疗政策有所收紧，但很快，2018年国务院办公厅出台《关于促进"互联网+医疗健康"发展的意见》，明确表示鼓励互联网医疗发展，随后《互联网诊疗管理办法（试行）》《互联网医院管理办法（试行）》《远程医疗服务管理规范（试行）》等一系列鼓励性、规范性的政策文件相继出台，形成了明显的政策动力，推动了我国互联网医疗的发展。

1.3 第三阶段——成熟期（2020年以来）

面对新冠肺炎疫情的暴发，国家卫健委发布了《关于加强信息化支撑新型冠状病毒感染的肺炎疫情防控工作的通知》，鼓励互联网诊疗，减少线下诊疗压力和交叉感染风险；还联合国家医保局出台了《关于推进新冠肺炎疫情防控期间开展"互联网+"医保服务的指导意见》，将符合条件的"互联网+"医疗服务费用纳入医保支付范围，进一步为互联网医疗的落地实施提供支持。疫情让大家不得不体验了一次互联网医疗应用场景，用户对这一领域的认可度迅速提高，从而加速了整个互联网医疗的发展。这一阶段互联网医疗的发展由"政策动力"转为"用户动力"。在过去互联网医疗的发展都是局部的，是由个别利益相关者进行推动，而如今是需求方、供给方、政策方均有动力去推动这一领域的发展。除了互联网医疗平台企业积极参与疫情防控、履行社会责任外，公立医院也开始加快建设自身的互联网医院，实现诊疗服务线上化。随着现阶段国家相关监管制度不断健全完善，互联网医疗开始细分为健康咨询、专科服务、医药处方、医疗保险、健康服务等多个应用场景和业务领域，并逐步走向成熟发展阶段。

2 互联网医疗发展模式

互联网医疗具有零接触、响应快、突破地理空间壁垒等优势特征，能够为防范和化解疫情重大风险提供助力，成为抗疫的"第二战场"。疫情期间，医院成了高危区域，人们因担心发生交叉感染尽量不去医院，由此催生了线上诊疗的需求，同时伴随全国各地陆续出台限制人口流动的举措，以及支持互联网医疗和线上医保支付的相关政策的落地，在线咨询、慢性病复诊、无接触配药、在线医保报销等互联网医疗服务走进了人们的生活。而从建设和运行模式来说，互联网医疗可以分为两大类，一类是公立医院的互联网医院，另一类是企业平台型互联网医院。那么公立医院的互联网医院与企业主导的互联网医院有什么不同呢？

2.1 互联网医院的本质属性

公立医院的互联网医院，其本质是一家实体医疗机构的第二名称，由已经取得《医疗机构执业许可证》的实体医疗机构申请设置并按规定进行执业登记，实体医疗机构为申请主体和责任主体。而企业平台型互联网医院，其本质是依托实体医疗机构独立设置的第三方机构，与有《医疗机构执业许可证》的机构形成协议依托关系后向当地申请，与依托机构共同为责任主体，二者之间的纠纷责任划分由双方协议沟通。公立医院的互联网医院和企业主导的互联网医院功能是相同的，皆可在注册允许的诊疗科目内，对常见病、慢性病的复诊患者，出具诊断建议并开具电子处方，并接受卫生健康行政主管部门监督管理。

2.2 互联网医院的功能定位

公立医院的互联网医院主要是将线下已有医疗服务通过线上开展、延伸，是服务内容和服务方式的升级，主要目标为：一是常态化开展连续、准确、有效的互联网医疗健康服务；二是打造线上线下一体化的互联网医疗健康服务新模式；三是构建以患者为中心的互联网诊疗服务新体系；四是提高医疗健康服务效率，推进分级诊疗制度；五是扩大医院业务辐射范围和医疗服务空间内涵；六是提高患者满意度与体验感，提升医院的品牌。而企业主导的互联网医院不是线下原有业务的升级，而是通过搭建一个互联网服务平台，吸引全国自由执业的医生前来入驻，目的是为全国患者提供丰富多样的差异化服务。该互联网服务平台主要分三类：第一类是全科平台类，如好大夫、微医、平安好医生等，提供咨询、问诊、处方、购药、科普、慢性病管理、诊后随访等多项服务；第二类是垂直单科类，如小苹果儿科、掌上糖医、好心情互联网医院，聚焦垂直单科室，为特定患者群提供更深入的服务；第三类是医药电商类，如1药网、健客、药师帮等，利用互联网医院的电子处方能力使处方药合法化。

2.3 互联网医院的运营方式

公立医院的互联网医院属于行政化运营管理，所开展的"互联网+"医疗服务，主要按项目管理，由医疗保障部门对项目收费标准的上限给予指导，未经批准的医疗服务价格项目不得向患者收费，服务提供者主要是本院医生，线上线下同质化管理，医院主营业务在线下，所以患者来源不成问题。而企业主导的互联网医院属于市场化运营管理，可以自行设立医疗服务价格项目，服务提供者为平台招募的全国医生，医生需要通过提升个人服务质量，以获得更多的收入和患者资源，有时因资源获得成本较高，很难实现盈利。

2.4 互联网医院的发展前景

目前阶段，有关政策利好于公立医院的互联网医院，因为其与传统医疗服务体系的冲突小，风险可控，"互联网+"的延伸拓展难度也较低，而且医保支付政策和监管规则可以从线下同步适用到线上，使效率得到很大程度的提升；而企业主导的互联网医院监管难度大，当这类互联网医院还要消耗所依托的医疗机构原有紧缺的医疗资源时，就会更难，医保政策也很难在此类互联网医院上全面落地。但是更市场化的运作方式，给了这类互联网医院探索其他非严肃医疗业务的空间，企业主导的互联网医院应该聚焦于传统医疗的盲区发展。

3 互联网医疗产生的影响

互联网医疗打破了时空限制，深化了医疗服务内涵，改变了过去传统的医疗服务模式，具体体现在如下几个方面：一是改变了患者的就医模式，从到医院就医变成了在家中就医，患者可更快、更容易地找到合适的医生以获得有效的医疗服务；二是改变了医生医疗服务的提供方式，从诊间面对面提供服务到用一部手机提供服务，医生可以利用自己的碎片化时间解答患者的病情疑问；三是改变了支付方式，真正实现了移动支付，开启了医保的无卡支付时代；四是改变了药品供应链，云药房的出现实现了为患者送药上门服务，真正实现了闭环的网上医疗，大大节省了患者来院取药的时间与交通成本。互联网医疗

打造了一种新型医疗服务体系，产生了一系列重大影响。

3.1 深化医疗供给侧改革，打破地域空间限制，提升优质医疗资源可及性

互联网医疗的核心价值在于合理配置有限的医疗资源，贯彻落实分级诊疗，帮助基层患者实现便捷的导诊，实现医疗资源的可及性。互联网医疗能够显著发挥医疗资源优化重组的作用，延长传统医疗机构服务半径，推进优质医疗服务更加公平可及，解决医疗资源稀缺性问题，特别是解决城乡之间、地区之间医疗资源配置不均衡的问题。通过整合优质医疗资源，互联网医疗能为广大人民群众提供远程诊疗、康复指导、慢性病管理、随访、健康知识普及等服务，既能确保诊疗服务的连续性，又能减轻家庭的经济负担，这在很大程度上提高了优质医疗资源的配置效率和使用效率。

3.2 拓宽线下传统医疗服务内容，降低运营成本，提升医院服务能级和医疗服务效率

大型公立医疗机构通过建设互联网诊疗服务平台，一方面能够拓展现有线下医疗服务的空间和内容，提高诊疗质量和服务效率，降低医疗机构运营成本，还能赋能医联体单位及基层医生提升诊疗服务能力；另一方面能够帮助大型公立医

院特别是顶级医院实现患者分流，缓解线下医疗机构人满为患的情况。医生可以将部分常见病、慢性病患者的咨询和就医需求转至线上，能够把线下医疗资源留给更有需要的患者，同时将分散的时间留给其他有需要的患者，这在一定程度上缓解了医疗资源匮乏地区服务能力不足的问题。

3.3 创新医疗服务模式，提供安全便捷高效的医疗健康服务，改善医疗服务体验

对于需求方的患者来说，互联网医疗服务平台与线下实体医疗机构互联互通，为其省去了排队挂号、排队检查、排队付费和冗长的门诊等待时间，很大程度上提升了就医体验，而且互联网医疗的快速发展，打通了医保脱卡支付和药品配送到家两个关键环节，为慢性病、常见病患者提供在线复诊续方和送药上门服务，让患者足不出户就能完成整个复诊流程，享受到线下实体医院的同质化服务，大大节约了患者来院就医的时间和交通成本。对于供给方的医生来说，互联网医疗可以为医生个体赋能，能够激励医生建立"自身品牌"，促使医生主动维护自身口碑信誉，提升服务意识，也能让医生更多地关注患者和诊疗过程，进而为患者提供长期持续的健康管理，构建起医患之间的良性互动关系，这也进一步倒逼整体医疗服务质量的改进。

3.4 强化"互联网+医疗"服务,助力新冠肺炎疫情常态化防控,推动医疗行业数字化转型

面对新冠肺炎疫情带来的重大考验,除了借助互联网平台提供线上诊疗服务和疫情防控知识科普外,大数据技术作为互联网医疗的基础支撑同样发挥了重要作用,如对人口流动大数据进行动态监测、实时预测和分析应用,为研判复工复产情况及流行病调查溯源等工作提供了有效助力,为政府决策制定提供了客观现实依据。此外,医疗机构以互联网医院为载体,开展精准预约、智能预问诊、检查检验结果互联互通互认、医疗付费"一件事"、电子病历卡与电子出院小结、线上申请核酸检测及疫苗接种、智慧急救等多个"互联网+医疗"服务应用场景,加快推进医疗机构数字化转型工作,改善过去"就医难""排队时间长""不够人性化"等痛点,通过"便捷就医服务"应用场景建设,切实提升了老百姓就医便捷度和获得感。

4 互联网医疗存在的问题与挑战

疫情以来,全国各地积极推动互联网医院建设,打造新型医疗服务体系和健康服务模式,破除信息交换壁垒和时间地域限制,为老百姓提供更加便捷高效的"互联网+"医疗健康服务,形成了多方互动、多点联动、多区域融合、协调统一、线上线下一体化的医疗健康服务新模式,实现了医院业务系统协同、服务流程再造和就医模式创新,有效提升了群众就医获得感和满意度。不过,互联网医疗在带来正面影响的同时,也存在诸多问题和挑战。

4.1 公立医院为主导的互联网医院驱动力不足、导流效果甚微

疫情冲击下的公立医院响应国家政策纷纷建立各自的互联网医院,把诊疗工作延伸到患者看病的全过程,让患者的治疗不因时空的改变而中断,服务深度和患者满意度不断提升。但互联网医院服务项目、诊疗范围尚未明确,各级医疗机构的互联网医院以在线咨询和在线复诊服务为主,病种范围也局限在常见病、慢性病范围之内。另外,项目收费标准单一且较低,加上由于"药品零加成"政策,互联网医院的主要收入来源是挂号费,所以这对公立医院而言缺乏内在驱动力。此外,三级甲等医院的高年资医生处于满负荷工作状态,医院只能安排资质较浅的医生线上出诊,优质资源稀缺这个核心问题没有解决,患者仍然更愿意去线下实体医院就诊。

4.2 企业主导的平台型互联网医院医疗资源匮乏、盈利困难

互联网企业主导建设的互联网医院近两年呈现发展速度快、区域广、形式多的特点,但其医生资源大都源于全国各地公立医疗机构的医生招募,多数平台签约医生的资质认证存在疑问,公信力普遍不高,以及医保和商保无法支付,这些成为企业平台型互联网医院发展的强大阻力。目前互联网医院医疗事故责任界定还处于政策灰色地带,加上患者对公立医院的信任根深蒂固,短期内平台型互联网医院资源匮乏的现状难以改变。并且,互联网医院和线下医院定位重叠,低频的医疗行为无法支撑高企的运营费用,所以实现盈利比较困难。

4.3 互联网医疗平台难以合法有效地保障用户隐私与线上诊疗数据安全

疫情后,越来越多的患者开始尝试线上医疗服务,随之带来医疗数据量级的大幅增长,患者的个人信息安全问题变得尤为重要。医疗数据往往涉及患者大量的个人隐私,是非法数据盗取和交易的主要目标,这更加突出了保障用户隐私和线上诊疗数据的重要性。此外,医疗数据共享机制匮乏,各类互联网医疗平台衔接不畅,线上线下、跨平台诊疗结果分布分散,使得各地以患者个体为中心的数据汇集与共享难以实现,互联网医疗一体化服务体验不佳。

4.4 互联网诊疗业务标准化流程和服务监管体系尚未形成

随着互联网诊疗服务量的快速增长，互联网诊疗的质量安全愈发受到关注，因此，相关部门需要逐渐建立互联网诊疗业务标准以约束不规范行为。如今在互联网医院平台上，医务人员无法进行现场查体，只能通过问诊来做出诊断和治疗建议，诊疗的准确性势必会受到影响，容易增加患者的误诊风险；同时，提供互联网医疗服务的执业人员是否具有资质、诊疗行为是否规范、处方是否合理等，都会对医疗服务质量和患者人身安全带来较大影响。此外，健康医疗信息的事前、事中和事后监管制度不健全等机制问题，从不同角度阻碍了互联网医疗生态的形成。

5 互联网医疗建设的政策建议

当前，互联网医疗建设发展程度参差不齐，且基层医疗机构的互联网医院数量较少，尚未形成一定规模的互联网医疗服务网络体系。为加强互联网医院运营管理，实现高质量、高效率、高品质、可持续发展，建议相关部门除了在价格收费政策和资金投入等方面给予支持外，还应从以下几个方面着手。

5.1 建设区域互联网医院服务平台，提高互联网医院医疗资源可及性

建议相关部门应当着眼于建设"整合型医疗服务体系"，结合紧密型医联体的发展，通过建设统一的区域互联网医院服务平台，实现区域医疗机构之间信息数据的互联开放和共享，有效破除医疗信息壁垒，解决基层医疗机构开展互联网医疗服务的资金、技术与服务保障难题，不断提升互联网医院规模效益。推动建设国家级的医疗、检测、医药、医保管理服务平台，实现全国医疗健康信息的互联互通。

5.2 有条件延展复诊患者的身份界定范围，提升患者就医便捷性

进一步发挥互联网医院平台在缓解就医难、提高服务可及性及降低就医成本等方面的作用，研究并延展复诊患者的身份界定范围。可在同城医院间或者医联体单位内部，通过跨院互认和就诊信息共享等方式，使"初诊患者"在规定条件下可被认定为"复诊患者"，从而最大限度地满足更多患者的便捷就医需求。

5.3 建立基于互联网医院的慢性病管理模式，提供全面、连续、主动的个性化健康服务

全生命周期的慢性病健康管理是《"健康中国2030"规划纲要》的重要目标之一，同时也是互联网医院的主要建设内容之一，建议聚焦重点人群和重点疾病，综合运用物联网与人工智能技术，不断完善医联体体制机制，建立投入保障、价格、医保支付与绩效激励机制，真正实现慢性病的个体化、精准化健康管理服务。

5.4 完善互联网医疗产业生态链路，形成"医、药、险"服务闭环

要充分发挥互联网医疗的价值，从根本上推动互联网医疗的发展，关键在于建立良性的互联网医院综合服务生态体系，主要包括药品配送平台（药品供应商与零售药店）、第三方检查检验平台、保险支付平台（社保与商保）以及与其他互联网医疗平台的协作等，并进一步完善相关政策，促进形成新的价值网络体系，真正做到为患者提供优质、高效、便捷的互联网医疗服务。

5.5 完善线上医疗服务绩效评价和激励机制，提高互联网医院利用程度

建议尽快建立长效激励机制，对医疗机构的互联网医疗服务开展情况进行绩效评价与考核，将互联网医疗服务指标纳入绩效考核体系，并对开展较好的医院给予一定的财政奖励或补助。此外，可将互

联网医疗服务工作纳入晋升卫生专业技术职称以及等级医院的评审要求中,同时制定互联网医疗绩效分配机制,充分体现劳动价值,调动医务人员开展互联网医疗服务的积极性。

5.6 探索有序开放互联网诊疗初诊政策,充分发挥互联网医疗跨区位、跨人群、跨时间优势

目前互联网医院仍以开展在线咨询、在线复诊为主,主要针对常见慢性病病种范围。建议在一定区域范围内探索开展针对非重大疾病患者的初诊,如皮肤病等易诊断、风险低的疾病,允许部分有丰富临床诊疗经验的医生开展部分专病的互联网初诊诊疗,在

患者知情同意的前提下,从自费开始试行,逐步放开病种,支持医保,鼓励商保介入,让简单疾病患者在线上完成初诊配药,从而充分发挥互联网医院突破时空限制的优势。

5.7 加速推动保险融入互联网医疗,完善医疗服务结算体系

推动线下实体医院与线上互联网医院共同参与医疗保障体系建设,推进保险在线支付,建立医保支付与商保支付并行机制,加快互联网医疗与多样化医保支付结合的配套政策落地,形成多层次、多类型的医疗服务体系和医保结算支付体系,切实解决群众挂号难、看病难、买药贵等问题。

5.8 加强互联网医疗行业监管力度,保障医疗信息安全和用户隐私

互联网医疗行业的发展涉及众多利益相关者,商业模式复杂,政府部门应针对互联网医疗的不同领域、不同参与者、不同发展模式,明确监管目标,建立监管机制,制定监管要求,同时丰富监管手段,完善监管流程,提高监管能力,实现全流程监管、全程可追溯、责任可倒追的目标。建立互联网医疗责任分担机制,推行在线知情同意告知机制,有效防范和化解医疗风险。加快个人健康医疗信息保护立法进程,制定与个人健康医疗数据隐私安全保护相关的法律法规,确保医疗信息数据安全,防止用户隐私泄漏。◆

全球变局中的人工智能产业发展：新格局与新挑战

史占中　张　涛

摘要

人工智能作为新一轮科技与产业变革的重要力量，日趋成为各国竞争力角逐的主赛道。现阶段我国在人工智能领域取得了巨大的成就，技术上不断有新的突破，论文产出连年占据榜首；产业应用也发展迅速，进入赋能百业的新阶段。本文总结梳理了全球人工智能发展趋势，并基于此分析了逆全球化、贸易冷战、技术封锁、军备竞赛等变局对中国人工智能产业发展的影响，然后结合我国人工智能产业发展现状深入剖析遇到的新问题，最后提出针对性的政策建议。

关键词

全球变局；人工智能；产业发展；新挑战

【作者简介】

史占中　上海交通大学安泰经济与管理学院教授、博士生导师，行业研究院"人工智能+"行业研究团队负责人。研究方向为产业经济、战略管理、投资银行与资本运营。近年来在国内外核心期刊上发表论文累计90余篇，主持完成国家及省部级课题20余项、企业横向咨询课题30余项。

张　涛　上海交通大学安泰经济与管理学院博士生，行业研究院"人工智能+"行业研究团队成员。研究方向为人工智能与数字经济。

随着贸易保护主义的抬头，全球化背景正在发生深刻的变化，新一轮科技革命也在重塑全球产业竞争格局，叠加新冠肺炎疫情的大流行，加快形成了当今百年未有之大变局。当前，中国正处在经济结构优化、增长动力转换、发展方式转变的战略关键期，人工智能作为新一轮科技与产业变革的重要力量，日趋成为各国竞争力角逐的主赛道。首先，人工智能技术催生新产业、新模式和新业态，为中国社会经济的持续发展增添了新动能。其次，人工智能、大数据、工业互联网等数字技术不断交叉融合，社会分工和产业组织网络化，制造业与服务业相互渗透，大规模生产与个性化定制相结合，不断催生和创造新的生产组织方式，引领和带动新产业革命走向高潮。

中国依托大国的制度优势和市场优势，以及丰富的应用场景与数据资源，不断增强技术创新能力，推动行业应用快速发展，已成为全球重要的人工智能高地。然而，国际环境日趋复杂多变，人工智能领域的竞争也日益剧烈，未来人工智能产业发展道路充满挑战与机遇。在此背景下，中国人工智能产业为了保持快速发展的竞争优势，亟待探索具有中国特色的人工智能发展模式和道路。

1 全球变局下人工智能产业发展的新趋势

在未来数十年里，人工智能技术将加速融入经济社会发展的各个领域，极大地改变人类社会生产和生活方式，同时在重组全球要素资源、重塑全球经济结构、改变全球竞争格局方面产生巨大影响力，呈现出新的发展趋势。

1.1 垂直集成技术的服务平台发展迅速，"平台＋场景应用"催生新商业模式

亚马逊、微软、谷歌和阿里等主要云服务提供商正在引领人工智能开发平台的发展。从 GitHub 开源 AI 软件库的用户数量可以看出，2021年 TensorFlow 仍然占据霸主地位，排在第2名的便是 OpenCV，紧随其后的是 Keras、PyTorch 和 Scikit-learn。中国近几年投入了大量资金在人工智能平台开发上，根据 IDC（互联网数据中心）数据，2020年上半年中国人工智能开发市场规模达到1.4亿美元，复合增长率达30%。中国信通院数据显示，阿里云和百度同步 AI 技术服务的使用率超过每天1万亿次请求。未来人工智能平台的发展将打通产业链上下游企业，通过云端应用积累真实的相关应用数据，并由此催生出多种新型的商业模式，满足用户复杂多变的实际需求。

1.2 人工智能与相关数字技术的融合成为必然趋势，将推动数据服务向精细化方向转变

5G 技术对数据进行高效传输，云技术对数据进行计算和存储，AI 技术对数据进行分析和挖掘，"5G＋云＋AI"三者相互协同，将打破众多行业发展天花板，能够较好地满足各行业精细化数据服务需求。根据工信部数据，截至2020年12月中旬，中国累计建成的 5G 基站数量位居全球第一。随着 5G 网络的快速普及，实现低功耗低成本，数据量将迎来爆发式增长，进一步满足行业精细化服务的要求。

1.3 深度学习基础理论不断深化，人工智能技术将进一步推进人机协作与融合

人工智能技术将提升机器人对现实的理解，基于大数据不断优化分析人在复杂的现实场景中的行为，使机器人逐渐熟悉并替代人完成大多数简单、重复的工作。

但现有研究开始认识到持续推动自动化的现实局限性，未来人工智能的重点是增强人机交互，而不是取代人类[1-2]。人与机器的交互，将不断深化机器对人的行为的理解，人机协作将大幅度提高工作效率。

1.4 智能物联网（AIoT）赋能实体经济，万物互联融入更多场景

全球移动通信系统协会智库（GSMA Intelligence）于2020年预测，全球物联网收入在未来几年将增加3倍以上，2025年将增长到1.1万

亿美元(约人民币7万亿元)。中国信通院研究数据显示,2020年中国AIoT市场规模总产值已接近6 000亿元,未来人工智能处理数据量高速增长,为物联网发展带来新机遇。人工智能有望从现阶段的"专用智能"进化到"通用智能"。

2 全球变局对人工智能产业发展的新挑战

随着人工智能技术创新和产业应用的快速发展,在这个新兴技术领域本应加强国际科技合作与交流,但以美国为首的发达国家掀起了新的"技术封锁"和"逆全球化"潮流,使得全球人工智能产业发展面临更多新的挑战。

2.1 "技术冷战"的影响

美国发起的"技术冷战"也威胁到人工智能产业供应链,对于人工智能的全球技术链、产业链、价值链的构建形成巨大挑战。较高的产业技术依赖度在很大程度上危害了中国人工智能产业的发展基础。郭朝先和方澳测算了人工智能产业价值链依赖度指数,结果表明,中国人工智能产业链面临着国际巨头压制的风险,且软硬件贸易竞争力指数连年下滑,创新链与产业链供应链存在滞后性失衡现象[3]。据中金公司的调研报告统计,中美贸易战影响下,加税等政策导致全球消费

电子供应链面临巨大挑战,因而不能在全球范围内构建人工智能的技术链和产业链。IDC也通过数据预测表明,相关芯片供应的短缺在一定程度上抑制了全球人工智能产业的发展势头。

2.2 "逆全球化"的影响

发达国家掀起的"逆全球化"潮流,也严重影响了人工智能领域的国际合作。特别是美国对中国的打压日渐升级,拜登政府自上台以来,几乎每个月都会出台遏制中国的政策与相关的议案,并对中国高科技企业进行"组合拳"式打压。自由市场经济的规律被打破,如TikTok、华为等中国高科技企业遭遇美国不公平的市场封杀。研究表明,人工智能产业发展超越国界,主要由全球运营公司推动[4]。部分人工智能领域的"超级明星"企业和政府部门结成联盟以增加其在数字经济发展中的"垄断势力",这在一定程度上抑制了我国人工智能初创企业的发展。例如,Meta首席执行官马克·扎克伯格(Mark Zuckerberg)暗示美国科技公司"维护美国价值观以应对日益增长的中国威胁"[5];谷歌前首席执行官埃里克·施密特(Eric Schmidt)就"国家紧急情况"警告美国在人工智能某些方面落后于中国[6]。在这种科技打压和封杀的情形下,中国人工智能的发展面临着重重障碍。

2.3 "科技军备竞赛"的影响

美国挑起新一轮的"科技军备竞赛",正将人工智能领域拖入"军备竞赛"的轨道。美国从2016年开始制定国家人工智能战略,英、德、法、俄等国也随之制定相关战略,人工智能领域的军备竞赛已开启[7]。世界各地都在追求人工智能创新,但只有少数国家拥有引领技术开发和促进技术外溢的资源、专业知识和政策[8]。不少专家认为,人工智能将会成为新时代军备竞赛的重要一环。2017年,中国政府对外宣告:到2030年将努力成为人工智能领域的世界领导者[9];2019年,美国政府启动了美国人工智能计划,以确保"美国在人工智能领域的领导地位"[10-11]。

3 全球变局下中国人工智能产业的发展:现状与问题

3.1 发展现状

在过去的10年中,中国在人工智能创新和应用领域也取得了非凡的成就。人工智能在技术层面不断有新的突破,在产业层面开始进入赋能百业阶段,产业规模增长迅猛;同时,不断出台的新政策促进人工智能技术的加快应用和产业的快速发展。

1)技术层面
我国近年来大力发展的人工

智能新兴技术主要包括：跨媒体感知计算、人机混合增强智能、机器人与自主无人系统、新兴计算、基于大数据的复杂系统智能等。根据斯坦福大学发布的《2022年人工智能指数报告》，过去12年在人工智能期刊论文发表数量占比上，中国始终霸榜，但在引用量上略低于美国、欧盟和英国。2021年中国人工智能期刊论文发表数量占比为31.0%（2020年占比18.0%），其次是欧盟和英国，合计占比为19.1%，美国占比为13.7%。

2）产业层面

人工智能产业发展进入赋能阶段，未来将形成新的"爆发力"。普华永道报告表明，中国是从人工智能技术赋能中获益最多的国家，预计到2030年GDP增长将高达26%[12]。数据测算表明，人工智能可以在未来20年内促进12%的就业增长[13]。我国人工智能产业发展已逾越建立和完善技术工具链的第一阶段，正在进入赋能百业的新阶段。艾瑞咨询发布的《2020年中国人工智能产业研究报告（Ⅲ）公开版》预计，到2025年，人工智能带动相关产业规模预计过1.6万亿元[11]（见图1）。人工智能在未来5～10年将朝着专用领域的定向智能化方向发展。

3）政策层面

我国人工智能政策的演进可分为三个阶段。第一阶段为萌芽期（2012—2014年），政府针对人工智能技术的应用制定了相关专项政策规划，如2012年科技部印发了《智能制造科技发展"十二五"专项规划》，相关政策不断出台；第二阶段为发展期（2015—2017年），人工智能上升为国家战略，政府发布了大量政策文件进行宏观层面的布局，明确人工智能发展的顶层设计，如国务院2017年发布的《新一代人工智能发展规划》，将人工智能定位为未来领先的战略技术，并明确其将在新一轮信息技术变革中发挥引领作用；第三阶段为成熟期（2018年至今），政府发布人工智能相关政策，集中布局相关产业的数字化转型落地，如智能网联汽车、智能制造、智慧健康养老、智能能源、智慧教育、智慧城市、智慧交通等产业。

3.2　发展问题与挑战

面对全球化竞争，我国人工智能产业发展尽管已经取得重大突破，但现阶段仍面临诸多问题和挑战。

1）技术封锁严重

国外技术封锁严重影响我国人工智能产业生态的形成，并对我国数据安全、信息基础设施安全、产业安全产生较大威胁。当前，国内人工智能企业的发展在芯片领域高度依赖英伟达、AMD（赛灵思）等国际芯片厂商。在GPU（图形处理器）等人工智能基础设施算力芯片领域，我国的国产化率极低，国内龙头企业与国外巨头相比有较大差距。自2019年美国将多家人工智能公司列入实体清单后，AI算力芯片断供的风险严重影响了中国人工智能企业的供应链安全和研发进程。亿欧智库《2022中国人工智能芯片行业研究报告》预测，中国企业自主研发的类脑等新型芯片最早于2023年才能实现

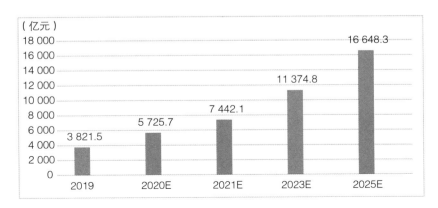

图1　2019—2025年中国人工智能带动相关产业规模

数据来源：艾瑞咨询《2020年中国人工智能产业研究报告（Ⅲ）公开版》。

流片①和量产（见图2）。在芯片设计制造领域仍缺少关键核心自主技术。在软件操作系统和数据库领域，从消费电子、AIoT、工业控制到云计算，产品国产化水平仍然极低，国外软件系统的市场份额超过90%。可见，亟待打破国外"技术殖民"。

2）产业链分布不合理

人工智能产业链分布不合理，现阶段仍侧重于应用场景的设计和布局，基础研究相对薄弱。国内企业在产业链应用落地端分布更加集中，更注重针对场景应用进行大规模商业应用竞争和布局。以阿里巴巴为例，阿里云通过数据中心基础架构优化，承载阿里巴巴自身规模庞大的互联网业务以及公有云、混合云的云计算业务，并且推动云计算2.0的浪潮——企业和政务业务"上云"和"智算"。美欧日方面，头部互联网科技企业兼具基础研究的科研能力和技术应用的研发能力，较为注重技术开发，通常先基于大数据基础、算法优化来提高技术水平，再将技术开发拓展到商业化领域。例如微软、脸书等，围绕机器学习的技术核心，创建算法工具链、分布式机器学习软硬件基础设施、定制人工智能芯片等，能够实际推动人工智能的理论和算法技术走向

更高的层面。

3）场景融合能力滞后

中小企业"场景+AI"能力滞后，应用数据和人力资本应对数字化转型的能力不足。中小企业信息化水平不高，对工业互联网、大数据、云计算等缺少足够的认知，且市场仍缺乏专业的服务于企业智能化转型的第三方咨询和服务机构，企业普遍未具备智能化设计和运营能力，阻碍了人工智能赋能中小企业。人工智能还未形成标准化的产品，如何实现AI全周期应用链与企业内部业务的融合是AI技术开发者们所面临的较大挑战。同时，中国目前还未形成成熟的数据要素市场，在数据公开、数据应用、数据交换和统一标准的数据生态系统

构建等方面存在较多实际问题，在制造业、交通运输、电子商务、医疗等领域的数据应用仍停留在试点阶段。

4）人工智能工程技术开发人才供给不足

未来5～10年，弱人工智能产品与产业的发展或将进入爆发期，而人工智能工程技术开发人才的缺乏将成为产业快速发展的最大障碍（见图3）。中小企业智能化转型急需复合型人才，而既具备人工智能行业应用经验又具备工程化能力的复合型人才较少。此外，不同的技术方向供需不平衡，现阶段机器学习和计算机视觉领域的人才需求最为突出，相关专业人才极度稀缺，有效供给严重不足[14]。

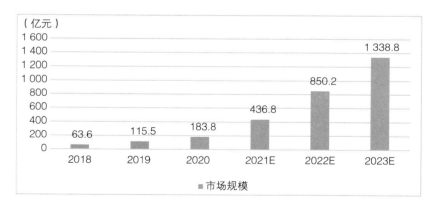

图2　2018—2023年中国人工智能芯片市场规模及预测

数据来源：艾媒咨询《2020中国人工智能产业白皮书》。

---

① 流片（tape out），是指像流水线一样通过一系列工艺步骤制造芯片。在集成电路设计领域，"流片"指的是"试生产"。

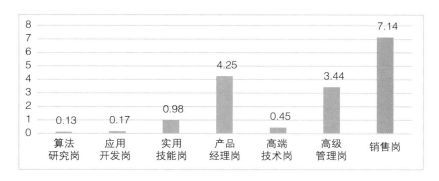

图3 2020年人工智能岗位供需比值

数据来源：工信部，BOSS直聘网站。

4 全球变局下中国人工智能产业的发展：对策与建议

加快推进人工智能技术和产业的发展，可谓是我国在新一轮国际竞争中实现"弯道超车"的关键。基于人工智能产业未来的趋势以及当下面临的问题和挑战，应从国际合作、战略布局、场景应用、人才培养及智能化转型服务等方面寻求新的发展之路。

4.1 深化国际战略合作，拓展人工智能产业发展的"双循环"版图

1）形成"深耕东盟、连接日韩、拓展欧盟"的产业合作格局

深化与东盟的战略合作，与东盟合作共建人工智能基础设施体系，培育区域经济发展新动能；立足开放平台优势，推动中国—东盟合作迈上新台阶。争取连接日韩，在RCEP框架下积极扩大区域开放合作，建立以日本、韩国为重点的对外投资和贸易新机制，推动面向东北亚区域的开放合作，打造特色鲜明的开放合作先行区。拓展与欧盟的合作，鼓励欧洲科技企业来华投资和开拓市场，加大对欧盟各国的招商和市场推介。对于能与被美国制裁的中国公司进行贸易和技术合作的国外公司，应该予以适当政策优待；中国充分借助算法及应用技术优势主动与欧洲企业展开更多合作，并从外交和国家合作层面向欧盟做更多合作宣传；在反国际巨头的人工智能技术市场垄断方面主动立法，并与欧盟启动反国际技术垄断和数据加密共享方面的前沿技术合作。打破美国技术垄断，对美国寡头垄断的全球并购进行一定程度的干预及限制，以此来推动全球技术的分散分布，并保护国内创新企业不进入美国技术垄断范畴。对来自美国的开放标准或开源项目但不受美国技术封锁限制影响的领域，鼓励国内企业或联盟积极参与，不断提升中国在全球化标

准和开源项目领域的国际影响力，以打破美国为首的一些国家的技术封锁。

2）增强中国在人工智能产业国际标准方面的话语权

搭建全球化服务平台，整合全球创新要素资源助推中国人工智能技术及产业发展，积极推动中国企业、行业组织、联盟机构的更多专家人才共同参与探索人工智能国际标准、国家和行业标准等的制修订，以提升中国标准的国际化水平。在重点领域推进"产、学、研、用"之间的深度合作，提高高端产品验证和质量评价水平，支撑产业链、供应链的健全完善及优化升级。深化国际合作，积极参与全球人工智能治理体系建设。加强人工智能伦理治理研究力量，推动国内伦理治理规则共识、中国方案的形成，推进人工智能标准体系建设，建构"国家标准顶层设计，行业和团体标准引导，国际标准协同"的良好局面。

3）推动国内企业积极开拓国外市场及提升抗风险能力

企业层面的应对，中美贸易战背景下，企业应提升自身的风险承受能力，出海前深入研究当地的文化、法律、税务环境，积极建立本地化的团队。新兴领域的独角兽企业应加快做大做强步伐，形成较大规模体量和较强技术竞争力。政府层面的应对，针对人工智能前沿科技领域的相关政策，应审慎监管和相对包容。一方面要最大限度地保护

中国科技和产业的国际竞争力,促进技术红利的释放;另一方面也要避免对偶发事件采取过度监管手段而造成的"因噎废食"。政府还应支持企业开拓海外市场,对出海企业在经营合规管控、专利诉讼、知识产权管理等方面的具体问题给予及时指导;支持国内外的高校、科研院所和企业共建人工智能研究院和研发中心,并助推人工智能技术在"一带一路"沿线国家的推广应用等。

4.2 打造分工合作、相互协同的产业技术生态圈

科学布局包括国家级、区域级和企业层面的人工智能研发机构,打造分工合作、相互协同的产业技术生态圈。

1)组织人工智能前沿技术攻关,突破"卡脖子"技术制约

超前布局重大科技创新项目。针对中国在人工智能产业的薄弱环节及迫切需求领域,重点聚焦助力于人工智能场景落地的基础理论及前沿关键技术,包括研究大数据智能、混合增强智能、群体智能、自主协同控制与决策、跨媒体感知计算等理论,研究知识计算引擎与知识服务技术、数字孪生技术、群体智能关键技术等在军工领域的应用。在科技创新规划中加大部署关键技术研发项目,特别是AI芯片、量子信息与量子计算、脑科学与类脑计算等领域的研究,有力支撑人工智能细分场景落地。全面布局AI芯片,

加大对通用芯片的支持力度。近期重点突破应用在移动设备、工业控制、消费电子领域的以嵌入式神经网络处理器(NPU)为代表的ASIC芯片,远期突破应用在超算中心、数据中心、云基础设施、车载等大边缘端中的GPU、FPGA等通用芯片,并积极探索多种芯片高效协同运行的解决方案。政府层面需要与企业层面互相配合,从技术角度和商务角度解决国产GPU芯片的软件生态问题。深化AI算法领域业界与学界的紧密合作。目前的AI算法研究更多集中在图像、语音、语言处理方面,其中的主要原因是这些领域的数据集较为公开、易收集。政府应推动更多产业领域的龙头企业提供一些真实场景下的典型数据集,积极推动AI算法在更多行业的落地应用;还可结合工业场景的典型数据集要求,举办国际性的AI算法竞赛来引导AI算法向多行业扩展。

2)成立企业层面的人工智能应用研究机构,打造协同创新的产业技术生态圈

现阶段我国人工智能的相关研究机构较为分散,团队规模较小,缺乏深度合作,与企业尚未形成良好协同的创新生态圈。因此,应加快推动不同研究机构合作,加快推进应用研究,积极构建产业核心技术"创新共同体",推动政府、高校、研究机构、产业及用户积极融入系统创新体系,通过组织学习、交流合作、知识流动等形式形成互动合作

的协同网络体系,建构完善的人工智能创新生态圈。积极构建以政府为主导的区域技术融合创新系统。将"基础研究—应用研究—试验开发"升级为打通"企业—高校—研究院所—政府"等创新主体的共同体生态;围绕区域特色优势,针对不同细分领域,建设专业实验室,有机整合各类创新要素和创新主体,形成区域技术创新生态系统。当前,全球已有部分国家率先开展该类载体建设,以完善其人工智能技术创新体系。

4.3 积极推进"场景+AI"应用示范工程,打造军民两用技术融合应用场景

1)遵循场景强封闭性准则,助推AI技术赋能实体经济

根据封闭性准则,只要对应用场景做封闭化,现有人工智能技术就能成功应用。所以,大批企业无须等待更强大的人工智能技术的出现,就能实现很多行业和产业部门的转型升级[15]。但目前国内外人工智能应用都没有充分体现强封闭性准则,具体表现是:一方面选择了自然形态下不符合强封闭性准则的应用场景,另一方面又没有进行充分的场景裁剪或场景改造。由于在实体经济特别是制造业中,大量场景的自然形态非常复杂,所以难以通过场景裁剪使之符合强封闭性准则。针对这种情况,建议在相关产业中推行强封闭性场景应用"先

试先行"的政策，通过场景裁剪或场景改造发挥"场景+AI"示范工程的"头雁效应"；通过封闭化/结构化改造策略或分治化策略或准封闭化策略等场景改造办法，实现现有人工智能技术在实体经济相关行业中的落地应用。

2）推进"人工智能+"应用示范、数据开放及资源共享

支持人工智能场景应用方案及企业研发产品推广，每年择优评选多个人工智能场景应用示范予以授牌并给予补助。推动数据开放，制定政府公共数据资源开放清单，推进政务数据资源有序开放。鼓励企事业单位联合建设面向交通、环境、教育、医疗、金融等重点领域和中小企业的行业数据开放共享示范中心，择优评选多个行业数据开放共享示范中心并予以授牌。建立人工智能计算资源共享名录，支持各省市超算中心等计算资源向社会开放，对使用名录的中小微企业，根据实际支付使用费价款给予一定比例的补助。

3）打造军民两用技术融合应用场景

"加快机械化信息化智能化融合发展""加速战略性前沿性颠覆性技术发展，加速武器装备升级换代和智能化武器装备发展"，中国"十四五"规划首提军事智能化，充分说明国家已意识到武器装备智能化的重要意义。面对全球大变局，应把握人工智能对军工产业的内在驱动性影响，加快推进军工产业智能化转型。中国军工领域，军转民牵引万亿元级别的民用市场，能通过扩大产品应用领域打开成长空间。因此，应积极打造军民两用技术融合应用场景，支持军工科研院所建立人工智能领域军民融合协同创新平台，在军民融合企业中培育创新发展示范企业，带动人工智能领域产业化发展。

4.4 建立和完善人工智能学科体系，加快人工智能专业人才的培养

1）聚焦人工智能产业需求，建立紧缺人才目录系统

分析中国人工智能产业紧缺专业人才的需求状况，引导和吸引海内外优秀人才向中国重点人工智能领域流动聚集，推进人才培育和产业发展同频共振。建立以市场评价为基础的人工智能人才评价体系，构建人才评价机制，在关键核心技术领域有针对性地引进领军型人才及团队。制定人工智能人才的分级引进政策，给予相应的技术研发经费和科研奖励；积极帮助从海外引进的专家对接高校、企业资源，向符合条件的人才和核心团队提供事业发展平台，并配置合理的激励机制和社会保障，以集聚人工智能领域各类优秀人才；支持自主探索人工智能人才在本地区的保障举措。

2）依托人才计划优势，吸引全球AI人才

一方面，充分吸收深圳市"孔雀计划"搭建高层次人才梯级系统的先进经验，借鉴各地区科技巨头吸引人才的有效办法，支持百度、阿里、华为、腾讯等推出人工智能人才培养计划，如百度的"少帅计划"、阿里巴巴的"青年军"计划；另一方面，支持国内企业及机构加强与全球顶尖人工智能企业及研究机构互动合作，鼓励以灵活方式柔性引进人工智能领域的高端人才，并建立人工智能实验室以吸引各国人才。

3）构建人工智能基础理论与应用技术相结合的学科体系

一方面，梳理人工智能课程体系，加强基础课、专业课和实践课的体系建设。当前中国高校较为注重应用学科的发展，还应加强基础理论与应用并重的学科体系建设，为"颠覆型技术"的突破奠定基础。另一方面，人工智能的应用离不开与具体应用科学或工程的深度结合。高校除了布局人工智能专业学科研究之外，还应该在文、理、工、商专业开展人工智能应用的工程教育，积极鼓励大学生跨专业研究人工智能，助力人工智能未来在中国各行业的深度结合和部署。

4）建设人工智能课堂，促进个性化学习推广与实践

鼓励高校和企业合作进行专业共建，倡导企业派驻导师到校园，将最前沿的人工智能技术发展趋势带入一线教学中，激发大学生的创新、创造热情，加大培养其实践动手能

力，从而形成以问题为驱动、项目为载体、创新为目标的教育模式。可参考谷歌"Open Roberta"云平台鼓励青少年利用"乐高头脑风暴"编程的思路，面向各学校开放兼顾不同学生兴趣的人工智能辅导平台。

4.5　增强传统企业"AI+"意识，积极部署全链条智能化转型服务

1）支持传统企业"AI+"转型

传统企业应用人工智能，一直以来存在多方面的问题和困难：场景数据难以定义和整合，缺少熟悉人工智能算法和应用流程的内部人才，人工智能带来的价值不明确，等等。因此，政府需要从政策、标准、资金、人才、产业联盟等多方面予以协助，包括用政策资金引导企业有意识地去定义应用场景，积极推动人工智能应用；推动人工智能产业界与传统行业企业对接，共同定义行业数据标准，以促进行业数据的整合；同时要辅助传统企业培养人工智能人才，侧重于人工智能的背景知识了解和部署应用流程。传统企业只有拥有内部工程应用人才，才能保证企业真正长期应用人工智能，从中取得实际的价值回报。

2）加快建设开源和共性技术创新平台，强化全链条集成创新服务

政府支持各类创新主体搭建行业公共服务和对接交流平台，为中小企业搭建研发服务平台，推进共性技术研发、成果转移转化、检验检测服务等。通过组织行业高峰论坛、技术竞赛、国际会议交流等形式，加强产业链需求对接及合作，加快集聚人工智能领域全球高端创新要素。鼓励企业依据监督学习、迁移学习、非监督学习、强化学习等人工智能核心技术学习方法，分阶段突破人工智能应用服务及产品化核心技术，充分利用开源核心算法、技术框架和工具集，开展人工智能相关企业内部技术创新要素集成和企业间网络集成创新，加速人工智能终端产品与应用服务产业化技术的率先突破，催生引领全球的倍增性技术发明和创新型产品。开源和共性技术创新平台可以是开源或免费工具与商业工具相结合、免费的公共平台与收费的垂直算法模型相结合的平台，最终为非人工智能企业或非高科技企业提供端到端的解决方案，减少企业应用人工智能的障碍。

3）完善人工智能产业孵化体系，培育一批人工智能服务型机构

支持大型企业建设人工智能领域的众创空间、孵化机构和加速器，加快科技成果转化。实施企业梯次培育，培育和引进一批领军企业，重点发展"专精特新"中小企业，建立重点企业培育库，推动人工智能关联的硬科技企业上市。培育一批人工智能服务型机构，支持人工智能领域行业协会、创新智库、产业联盟等组织和机构为人工智能初创企业或新技术专利提供产业化政策咨询、创新合作、产品推广等服务。

4）完善政策和法律法规，构建智能化应用的制度环境

目前在无人驾驶领域、AI技术领域的法律制定严重滞后，随着数据隐私安全法案的出台，各地实行"一刀切"的法律法规，致使视觉智能技术的应用陷入困境；在"3·15"晚会曝光人脸识别安全漏洞后，一些地方直接杜绝人脸识别技术的应用，所以需要政府进一步制定清晰的法律、法规作引导，才能更有效地保护隐私，最大限度地规避风险，促使人工智能更好地为人类服务。政府应成立人工智能治理委员会，积极探索监管和风险评估体系建设，加强人工智能领域社会问题及伦理法规研究；还应为行业企业提供基础设施及系统服务，助推人工智能产业集群式发展，形成集"科技研发、技术转化、产业孵化、创业投资、人才培育、配套服务"于一体的智能生态圈系统。

面对当前世界百年未有之大变局，中国应时刻保持大国的战略定力，做好全面战略布局，在人工智能领域持续推进国际技术合作。充分发挥中国应用场景丰富以及海量数据资源的优势，加快数字基础设施建设，加强核心关键技术攻关，大力培育复合型人才，规范行业发展和完善行业治理等。在稳定中求发展，加快促进人工智能与实体经济深度融合，全面赋能传统产业转型升级，加快实现中华民族伟大复兴。◆

【参考文献】

[1] Yarden K. Manufacturing an artificial intelligence revolution [J/OL]. (2017-11-30) [2022-03-10]. https://papers.ssrn.com/sol3/papers.cfm?abstract_id=3078224.

[2] Kumar S L. State of the art-intense review on artificial intelligence systems application in process planning and manufacturing [J]. Engineering Applications of Artificial Intelligence, 2017, 65(C): 294-329.

[3] 郭朝先, 方澳. 全球人工智能创新链竞争态势与中国对策 [J/OL]. (2022-03-08) [2022-03-10]. http://kns.cnki.net/kcms/detail/11.4558.G.20220304.1615.002.html.

[4] Smyrnaios N. The internet oligopoly [M]. Bingley, UK: Emerald Publishing, 2018.

[5] Nikkei Asia. Facebook touts itself as American champ against China in hearings [N/OL]. (2020-07-30) [2022-04-24]. https://asia.nikkei.com/Business/Technology/Facebook-touts-itself-as-American-champ-against-China-in-hearings.

[6] Forbes. Google billionaire eric schmidt warns of "National Emergency" if China overtakes U.S. In AI tech [R/OL]. (2021-03-07) [2022-02-01]. https://www.forbes.com/sites/jonathanponciano/2021/03/07/google-billionaire-eric-schmidt-warns-of-national-emergency-if-china-overtakes-us-in-ai-tech/?sh=7b9da5d0199f.

[7] 曾子林. 美军推进人工智能军事应用的举措、挑战及启示 [J]. 国防科技, 2020, 41 (4): 106-110.

[8] Fraiberg S. Start-up nation: studying transnational entrepreneurial practices in Israel's start-up ecosystem [J]. Journal of Business and Technical Communication, 2017, 31(3): 350-388.

[9] Roberts H, Cowls J, Morley J, et al. The Chinese approach to artificial intelligence: an analysis of policy, ethics, and regulation [J]. AI & SOCIETY, 2021, 36(1): 59-77.

[10] Lynne P. The American AI initiative: The U.S. strategy for leadership in artificial intelligence [N/OL]. (2020-06-11) [2022-04-24]. https://oecd.ai/wonk/the-american-ai-initiative-the-u-s-strategy-for-leadership-in-rtificial-intelligence.

[11] 艾瑞咨询. 2020年中国人工智能产业研究报告（Ⅲ）公开版 [R]. 上海：艾瑞咨询, 2020.

[12] PwC.Sizing the prize: What's the real value of AI for your business and how can you capitalise? [R/OL]. (2017-09-05) [2022-02-01]. https://www.pwc.com/gx/en/issues/analytics/assets/pwc-ai-analysis-sizing-the-prize-report.pdf.

[13] PwC. What will be the net impact of AI and related technologies on jobs in China? [R/OL]. (2018-09-18) [2022-02-01]. https://www.pwc.com/gx/en/issues/artificial-intelligence/impact-of-ai-on-jobs-in-china.pdf.

[14] 工业和信息化部人才交流中心. 人工智能产业人才发展报告（2019—2020年版）[R/OL]. (2020-03-29) [2022-01-29]. https://www.miitec.cn/home/index/detail?id=2249.

[15] 陈小平. 封闭性场景：人工智能的产业化路径 [J]. 文化纵横, 2020(1): 34-42+142.

重重困境下的中国制造业如何转型突围

蒋　耀　孙远祥

摘要

　　制造业是建设现代化经济体系、建设社会主义现代化强国的重要一环。随着我国产业结构的不断升级，现有制造业面临的困境逐渐显现。围绕产品水平、核心技术、成本优势和贸易保护的四大危机使得中国制造业的转型变得迫切。自主可控的数字化转型成为制造业转型突围的重要策略，借鉴于欧、美、日发达国家工业机器人助推制造业升级的转型过程，工业机器人的国产化自主研发和政策引导是转型的重要导向。在细分行业下，以电子、轻工等行业龙头企业为代表的中国制造业企业为实现数字化转型贡献了智慧和经验。随着数字化转型的深入，国产机器人企业将更加贴近细分市场，实现从设备供应商到服务提供商的转型，在打造成熟的生态圈的同时，产生强大的溢出效应。

关键词

制造业；数字化转型；工业机器人

【作者简介】

蒋　耀　上海交通大学管理科学和工程博士，上海捷勃特机器人有限公司董事长，多年来专注于智能制造装备自主研发、国产机器人核心技术研究等工作。

孙远祥　新加坡南洋理工大学工商管理硕士，上海捷勃特机器人有限公司营销总监，具有多年机器人智能制造行业销售管理、市场营销工作经验。多次参与电子、轻工行业知名企业的智能制造工厂重点项目。

制造业是立国之本、强国之基，是国家经济命脉所系。在构建新发展格局的过程中，推动制造业高质量发展是相关工作的重中之重，也是建设现代化经济体系、建设社会主义现代化强国的重要一环，必须坚定不移地深入实施制造强国战略，保持制造业比重基本稳定，增强制造业竞争优势，推动制造业高质量发展。

1 制造业是国民经济的基础

1.1 制造业高质量发展是我国迈向高收入国家的"入场券"

国家统计局数据显示，2020年，我国人均制造业增加值为2 749美元，与高收入国家人均制造业增加值平均6 000美元左右的水平相差较大。其中，德国和日本的人均制造业增加值均超过8 000美元，美国和韩国的人均制造业增加值则均超过7 000美元。我国制造业发展的质量和效益还有很大的提升空间。面向未来，制造业高质量发展将是推动经济发展迈上更高水平的一个必要条件。

1.2 制造业是以创新驱动经济高质量发展的主力军

近年来，我国依托规模庞大的制造体系，以及市场导向的应用型创新突飞猛进，积累形成了新产品、新工艺、新业态、新模式的创新土壤。与美国等国家相比，制造业过程创新成为我国独特的创新优势。同时重视制造业科研成果，并大力投入科研经费，据国家统计局、科技技术部和财政部联合发布数据，2020年，我国总体研发投入结构中，应用研究和试验发展经费分别占11.3%和82.7%，我国制造业研发投入占总研发投入的60.6%。

1.3 制造业是带动就业实现共同富裕的强引擎

国家统计局发布数据显示，2010—2019年，我国城镇单位就业人员年平均工资从36 539元提高到90 501元，工资增速高于同期我国GDP年均增速和企业收入平均增速。我国制造业工资水平与美国、日本、韩国等国的差距正在缩小。

"十四五"规划和2035年远景目标纲要将"民生福祉达到新水平"作为"十四五"时期经济社会发展的主要目标之一。强调"实现更加充分更高质量就业，城镇调查失业率控制在5.5%以内，居民人均可支配收入增长与国内生产总值增长基本同步"[①]。在这一伟大进程中，制造业需发挥自身优势，将保障已有就业岗位、创造新兴就业创业机会等重要作用发挥出来。

1.4 制造业是巩固提升产业链、供应链的"定盘星"

新冠肺炎疫情仍在全球肆虐，国际形势复杂，黑天鹅事件频发，诸多因素使产业链、供应链安全问题凸显。世界主要经济体都开始深刻地认识到强化产业链、供应链的重要性和紧迫性，在未来很长一段时间内加强制造业发展韧性将成为各国的战略共识。新形势下，国际竞争格局正发生变化，我国制造业面对发达国家围堵和发展中国家追赶的双重压力，要更好地维护产业链、供应链的安全稳定面临严峻挑战。

综上所述，制造业不仅在国民经济中占据重要地位，而且在立足新发展阶段、贯彻新发展理念、构建新发展格局的进程中具有重要使命。对此，"十四五"规划和2035年远景目标纲要提出"深入实施制造强国战略"。政府会在加强产业基础能力建设，推动制造业优化升级，实施制造业降本减负等方面做出安排部署。

2 中国制造业的四大危机

2.1 产品低端困境

随着我国产业结构的不断升

① 中华人民共和国国民经济和社会发展第十四个五年规划和2035年远景目标纲要［EB/OL］.（2021-03-13）［2022-02-13］.https://www.12371.cn/2021/03/13/ARTI1615598751923816.shtml.

级,产业链也日益完善,中国是目前全球少有的产业链完善的国家之一。但是,当前我国部分制造业产业链主要集中在下游,基础普遍薄弱,在产业链的高端、核心环节仍然存在一些不足。

国家统计局的数据显示,2020年我国货物进出口总额为321 557亿元,其中加工贸易总额占进出口总额的23.77%,相较于2019年的25.2%稍有下降,但总占比仍然较大,而且不难发现我国在高新技术产品方面的进口额是远超出口额的。

近年来,世界经济结构深刻调整,制造业国际竞争形势日趋激烈。一方面,美国的"先进制造业国家战略计划"、德国的"国家工业战略2030"等都能体现出发达国家"再工业化"的战略思想,以及强烈的产业链本土化意愿;另一方面,发展中国家也在利用优势加速布局。两者对我国的双重挤压加大,使我国制造业处于尴尬的"三明治"困境中。

2.2 核心技术缺失

自2010年以来,我国制造业已连续11年位居世界第一,表明中国作为制造业大国的地位非常稳固。然而,我国制造业却陷入了一种"大而不强"的发展窘境之中。尤其是制造业的基础工业机器人产品,其核心技术更是严重受制于国外企业;国际机器人联合会(IFR)

《2020年世界机器人报告》数据显示,日本的纳博特斯克以及哈默纳科2家公司,几乎垄断了全球机器人75%的减速器市场。中国工业机器人所需要的精密减速器,国产化率甚至不到30%。

2020年我国工业机器人市场中,外资工业机器人厂商占据了47%的市场份额,其中,日本的FANUC、安川以及瑞士的ABB、德国KUKA这四大机器人家族拿下了28%的市场份额(见图1)。

2.3 成本优势消失

1)劳动力红利消失

2021年5月,国家统计局发布了第七次全国人口普查的主要数据结果。数据显示,全国人口共141 178万人,与2010年相比,增长了约5.38%。而15~59岁人口出现了绝对下降,降幅为6.79%,60岁及以上人口却上升了5.44%,65岁及以上人口占13.50%(见图2)。由此可见,我国人口老龄化程度进一步加深。

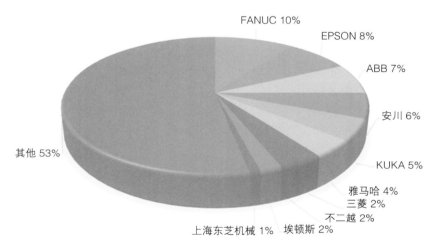

图1 我国工业机器人市场份额

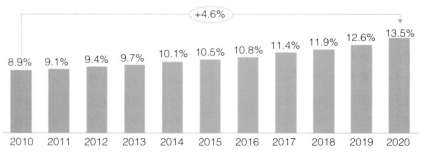

图2 2010—2020年65岁及以上人口占我国总人口数量的比重变化

近些年来，不少企业纷纷感叹招工难，用工成本高。随着信息技术的日新月异，现在的年轻人对互联网行业的热情与日俱增。而包含汽车、生产、加工在内的制造领域，在人才争夺方面并不具备优势。也有些年轻人选择到服务行业工作，而对制造业则有些"冷落"。这几年，受疫情等影响，传统制造业"用工荒"更是到达了顶峰。

2）土地成本快速上涨

随着我国工业化和城市化进程的不断深入，部分大中城市开始面临土地供需失衡的矛盾，一方面，人口持续向大中城市集中，住宅、工业、商业服务等各类用地需求保持增长；另一方面，城市建设用地总量的增长受到各种因素的制约。进入"十二五"后，100个大中城市土地供应面积的增速大幅放缓，2010—2020年平均每年供应土地面积约为8.34亿平方米，有一半的年份土地供应面积较上年减少。工业用地是城市产业优化升级的重要保障，制造业比重的稳定也依赖于工业用地的合理供给。

伴随着土地供给的减少，土地价格加快上涨，制造业企业发展的土地要素成本也正明显攀升。对全国100个大中城市工业用地挂牌均价进行分析发现，2012年以来，我国主要城市工业用地价格上涨势头明显。以2012年作为基准，2019年主要城市工业用地挂牌均价平均累计上涨了13.6%。

改革开放以来，随着工业化进程的不断推进，我国经济实现了持续的高速增长，但粗放型经济增长方式带来的资源消耗速度过快、能源利用率低等问题日益突出，所以调整和优化产业结构，尤其是制造业的产业结构，加快经济转型发展迫在眉睫。此外，为了保护和改善生态环境及生活环境，国家加强了环境规制强度。但是，环境规制在实现环境保护的同时，也会对一些产业，如制造业发展产生一定的影响。

首先，环境规制的实施势必会增加企业的生产成本负担，从而可能会对企业的技术创新产生消极的"资源挤占"效应或者积极的"创新补偿"效应，影响制造业的产业结构升级。其次，理论上环境规制会促使清洁产业逐步取代污染密集产业，促进制造业的"清洁化"发展，从而直接对制造业的产业结构升级施加积极影响。最后，环境规制的实施还能通过对制造业的FDI（外国直接投资）、出口等施加影响，从而间接影响制造业的产业结构升级。

2.4 保护主义抬头

当前世界经济结构深刻调整，新冠肺炎疫情的暴发也让许多国家猛然意识到，我国制造业在全球生产链中不可或缺。有一组数据表明，全球需要我国企业做一级供应商的公司，至少有51 000家，需要

我国企业做二级供应商的公司，超过了500万家。对此局面，西方国家为维护自己主导的产业链，纷纷采取相关措施。日本启动了企业召回的计划，拨出20亿美元用以支持日企撤离中国，此外还留有2亿美元的预算用以支持日企迁往其他国家。美国国家经济委员会主任库德洛鼓励美国企业回流或迁往东南亚，表示将对此支付"搬家费"。

贸易保护主义反映出"逆全球化"浪潮下全球价值链分工深化的速度正在趋缓、停滞乃至倒退。面对严峻挑战，我国制造业需要重塑参与全球价值链分工的方式和竞争优势，不断向全球价值链的上游攀升，进而推动我国制造业转型升级。

3 面对危机的策略——自主可控的数字化转型突围

3.1 欧美日发达国家工业机器人助推制造业转型升级的借鉴

1）美国：以智能制造重塑制造业竞争优势

劳动力成本一直是美国制造业发展的重大难题，智能制造的实现将大幅度降低制造业对劳动力的需求，制造业转型升级为智能制造能充分解决劳动成本高这一难题，实现制造业的高端化。智能制造实现的关键在于工业机器人，美国政府高度重视机器人技术的开发与应用，发布了相关的促进计划并

提供了必要的资金支持,工业机器人在美国制造业领域的广泛应用弥补了美国劳动力成本高的劣势,为美国制造业的发展提供了又一优势。

2)德国:基于工业4.0的智能制造

德国一直以来都十分重视制造业的发展,不断加强在工业科技产品上的研发创新。"工业4.0"的目标是把人工智能技术和网络技术等智能化技术充分结合到工业生产过程中。德国政府于2010年发布了《德国2020高技术战略》报告,将工业发展的重点放到了科技创新和国际竞争层面,同时把"工业4.0"作为德国以后重点推进的十大项目之一,"工业 4.0"是德国为了实现制造业的转型升级,塑造制造业的全球竞争力而提出的战略。

3)日本:制定实施机器人大国战略

日本作为世界上工业机器人装机数量最多的国家,其机器人产业在全球居于领先地位。为了在人工智能背景下满足制造业转型升级的要求,并继续占据世界机器人产业的领先地位,日本在 2015 年推行了《机器人新战略》,并设定了日本机器人发展的三大首要目标:

(1)把日本打造成全球机器人创新和研发基地。推动政企学研通力协作,为机器人产业的发展提供动力。

(2)在机器人行业占据世界领先地位。把机器人充分应用到制造、服务以及农业发展等领域,在推进机器人开发与应用的同时优化产业发展环境。

(3)创造全球领先的机器人新时代。在互联网深度应用的背景下使机器人的数据交换与存储成为现实,而在这当中,平台的安全性及标准化十分重要。

日本的制造业企业通过对核心制造技术进行加密和保护,使日本智能制造产品在全球市场上具有持续的竞争力。

3.2　工业机器换人目标——降本增效提质

在当前我国制造业面临多重危机的情况下,机器换人成了推动传统制造业实现产业转型的一项重要举措。机器换人是指通过向机器要人、向技术要产能来加快转型升级步伐,也是指以现代化、自动化的装备提升传统产业,使劳动人员逐渐从传统生产方式中解放出来。

伴随着物联网、大数据、人工智能等先进科技的深入发展和应用,越来越多的企业也在持续实施智能机器人的科技引进,推进数字化转型的建设,实现关键岗位的"机器换人"。

数字化、智能化、自动化的生产,不但能提高生产效率,减轻劳动强度,减少用工成本,而且能大大保证产品质量的稳定性,有力地提升产品市场竞争力。

3.3　工业机器人的国产化自主研发

1)以工业机器人的自主研发补齐核心技术短板

工业机器人被誉为"制造业皇冠顶端的明珠",其研发、制造、应用是衡量一个国家科技创新和高端制造业水平的重要标志。自主研发是我国机器人产业掌控核心技术的必要条件。

在"十三五"期间,我国机器人产业呈现良好发展势头。工信部公开的数据显示,从规模上看,2016—2020年,我国机器人产业规模快速增长,年均复合增长率约为15%。目前,在工业机器人领域,我国是最大消费国,也是最大生产国。两个"最大"背后,是中国工业机器人产业奋力追赶、逐步扭转对外依赖局面的宏大图景。

但是与世界先进水平相比,我国工业机器人产业还存在着一定的差距。比如,技术积累不足,原创性研究、理论研究、正向设计能力欠缺;产业基础薄弱,关键零部件质量稳定性、可靠性等还不能满足高性能整机的需求。

作者所在的上海捷勃特机器人有限公司也从聚焦底层的控制系统开始,打开曾经的"黑匣子",进行颠覆式创新。公司从单芯片多轴驱控一体运动控制器的研发开始慢慢积累自己的工业机器人核心技术。技术团队创新性地打破传统路线的束缚，用单块芯片集成复杂的驱动和控制功能，打破数据传输限制，在一块芯片的方寸之间，不断实现工业机器人驱动控制一体化的场景落地（见图3）。

我国工业机器人企业通过以机器人为核心的高端装备的国产化研发，补齐我国制造业核心技术短板，将核心技术牢牢掌握在手中，打造属于自己的生态圈。

2）以国产机器人为基础完成智能化转型

传统工业机器人从诞生至今，已经走过了三代发展历程，从第一代的示教再现，只能重复预装程序里的指定动作，到第二代的离线计算编程，显著提高适应力。

目前工业机器人发展已进入第三代智能化发展阶段，随着人工智能新技术的大规模应用，机器人智能化发展呈现多维升级的特点（见图4）。从单一感知向全域感知提升，从感知智能向认知智能升级，从单机智能向集群智能演进，更好地提升了机器人在工业制造领域的关键地位。

智能化发展转型对国产机器人厂商来说既是挑战也是机遇。未来要加强核心技术攻关，推动国产工业机器人与智能化新技术融合应用，这既是推动智能制造的切入点和突破口，也是制造业转型突围的重要基础。

3.4 自主可控的数字化转型的政策引导

1）细分行业精准施策扶持

按照国家政策的指引，制造业企业需要在智能制造装备领域，按照"以示范带应用，以应用带集成，以集成带装备，以装备带强基"的思路推进智能制造装备发展，加强核心装备突破与系统集成应用。

在机器人行业，行业领头企

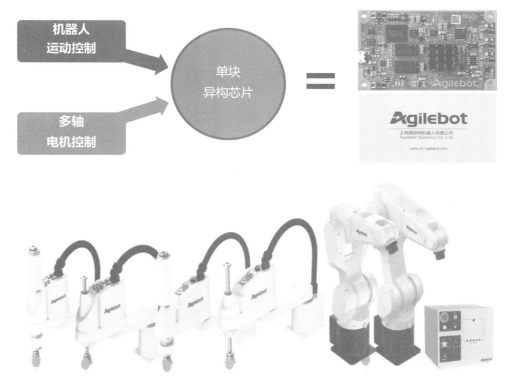

图3　单芯片驱控一体控制器机器人展示

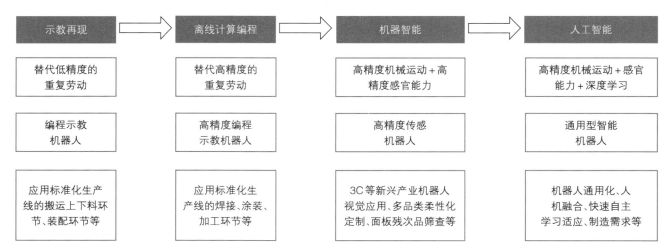

图4　工业机器人的发展历程

业基本以场景引领、核心突破为重点，发展应用于加工、装配、焊接、打磨、码垛、分拣、洁净等场景的高精度工业机器人，突破具备柔性交互与高仿人化特征的6轴及以上协作机器人与自适应机器人，全面覆盖离散制造行业的多种应用场景。

同时，行业企业需要突破机器人核心部件，发展高精密减速器、高性能伺服电机和驱动器、高速高性能控制器、高精度传感器及智能模组等，提升机器人核心关节可靠性与性能稳定性。

2）国产化机器人行业的重点扶持

当前，新一轮科技革命和产业变革加速演进，新一代信息技术与机器人技术深度融合，机器人产业迎来升级换代、跨越发展的窗口期。

相关产业政策制定需要重点扶持核心技术攻关，突破机器人系统开发、操作系统等共性技术；建立健全创新体系，发挥产学研三方互动的作用，加快成果转化；支持协同创新和技术融合，鼓励骨干企业联合开展机器人协同研发，提高新产品研发效率；推进各项创业技术融合应用，提高机器人智能化和网络化水平。

同时，相关部门需要引导标准体系建设，夯实产业基础，补齐专用材料、核心元器件、加工工艺等短板；增强产品供给，面向重点行业需求，集聚优势资源，推进高端机器人产品研制，拓展机器人产品系列和种类，提升性能、质量和安全性；拓展市场应用，实施"机器人+"应用行动，组织产需精准对接，推进机器人典型应用场景开发；优化产业生态，深化国际交流合作，加快培育优势特色产业集群。

4 细分行业观察

4.1 电子行业的机器人智能制造转型案例分享

1）代工厂竞争压力剧增

我国消费性电子的产量巨大，全球近70%的电子产品生产于我国，尤其以经济发达的珠三角、长三角地区的企业为主，加上产品种类变换快，新型电子产品不断随潮流推陈出新，代工的产品也不断更替，尤其需要大量的年轻劳动力参与。近10年来，随着愿意到电子厂工作的年轻人日益减少，机器人的导入变得日益重要。由于国内厂商之间的竞争压力越来越大，针对市场需求的快速响应能力以及更低的制造成本成了竞争的筹码。依靠人力来快速获得大量订单的机会变得稀少,制造厂商的需求响应速度要求以及制程开发的要求愈加严格。

某企业为全球知名电子合约制造服务商(EMS)之一,是一家提供综合设计、制造、供应链和产品管理服务的制造解决方案供应商。为应对竞争压力,在无锡、成都建立了亚洲区制造中心,主要客户包括:HP、Philips、Emerson、Cisco、Xerox、GE等国际知名企业。

2)机器人导入对产品质量/效率的双提升

该企业自2012年起,以引进先进的机械设备、软件和通信技术,以及加强精益库存和集成供应链的智能制造技术,作为突破行业困境的不二选择。机器人技术的应用也是3C制造业降本增效的有效途径。

截至2020年底,该企业的无锡、成都厂区共计拥有近万台机器人用于流水线作业,通过与机器人制造厂家合作,逐步导入全球优秀的自动化工程师资源和先进的机器人技术与工艺,运用其独特的专业知识,在工厂内提供实践规范、标准和部门资源,以满足特定的产品和市场需求。另外,在机器人厂家的帮助下,企业导入了各种自动化设备及机器人技术,使平台设备成本下降30%,在大幅缩减工厂占地面积的情况下,新部署的核心流程比原来提速30%,也逐步在和品牌公司的订单谈判中赢得先机。

4.2 轻工—家电行业的数字化智能制造转型案例分享

1)家电制造业外迁困境

受我国的劳动力成本上涨等因素的影响,很多原本在一线城市的家电制造业开始向二三线城市和东南亚、南亚等地转移。

作为国内制冷压缩机行业的龙头企业,某企业有着近30年的历史,是"上海制造"一张响当当的名片。不过,2007年左右,随着生产成本的不断提高,企业开始把制造基地逐步向外转移;2008年,首个异地工厂建成投产。

这时,企业面临的一项选择是:继续将上海工厂的全部产能外移,还是留在上海,进行转型升级?

2)数字化转型以提效保质降本

该企业最终选择了"立足上海",凭借数字化和智能化转型激发出的巨大潜能,让企业曾经面临的发展瓶颈逐一突破:4条自动化产线,让土地得以集约高效利用;机器人的引入,缓解了用工难、用工贵的困境。

2017年该企业每万名产业工人拥有机器人447台。截至2020年底,企业陆续通过自动化改造、机器换人等方法,将每万名产业工人拥有的机器人数量增加到1 012台。未来,企业将会继续通过自动化推进,降低作业成本,预计至2023年,每万名产业工人拥有机器人的数量

将超过1 500台。

企业同时采用先进的自动化设备、工业机器人与现代化物流系统,通过ERP(企业资源计划)、HCM(人力资本管理)、MES(制造执行系统)、SCM(供应链管理)、PLM(产品生命周期管理)等信息系统的加持和串联,实现全程信息化,并通过产品实时数据的录入利用、云端共享,实现整个工厂的数字化和网络化。其最终目标就是要实现机器自感知、自触发,甚至自适应的智能化,实现"全球的现代化压缩机制造基地""全球制造中心""全球智能制造人才培养基地"的建设。

4.3 轻工—食品行业龙头企业的机器人智能制造转型案例分享

1)后道包装生产线的劳动力优化需求

某大型乳制品工厂共有后道包装60多条生产线,工作时间均在夜间,人工作业强度大,夜间工作可靠性低,且用工和管理成本逐年增加。新冠肺炎疫情的持续导致人员密集型产线承担的压力也越来越大。该企业通过引进机器人自动化设备,提高自动化生产水平来解决用人成本提高与招人难的困境。同时,为了摆脱对劳动力需求的制约,企业改良工厂的人员结构,逐步解决对密集型劳动力的依赖问题,并减少人工与食品的接触,提升乳品

安全保障。

2）乳制品工厂智能化改造和数字化转型

企业通过以工业机器人为主体的整体解决方案的导入，结合工厂信息管理等技术的应用，实现工厂的智能化改造和数字化转型。

通过视觉AI检测系统、智能传感系统、智能机器人运行实时状态反馈，实现奶盒实时质量检测，并将生产状态数据接入数字化中央控制室。

通过后道包装线自动化和智能化改造，实现后道包装过程的全自动控制，提升生产中心的数字化水平，实现标准化作业水平，使传统工厂成为先进的数字制造工厂，从而引领以传统乳制品行业为代表的企业的转型升级。

5 自主可控的国产化转型的未来展望

5.1 贴近需求，赋能细分行业

国产机器人企业更加贴近细分市场，具备开发成本低、响应速度快等先天优势，在性能、功能上实现差异化，激发增量市场，这将会成为国产品牌差异化竞争的关键。

凭借我国制造业的巨大体量，任何一个细分领域都是一个巨大的市场。以工业机器人四大家族为代表的外资企业，目前仍然以汽车制造和3C行业为主要市场，在一般细分行业投入有限，而国产品牌最大的优势是聚焦本土发力优势，迭代研制出细分市场更需要的机器人产品和柔性化解决方案，形成自己的知识产权，或者通过创新实现追赶甚至领跑。

5.2 从设备供应商转型为服务提供商

未来的国产机器人公司，应当从设备供应商转型为服务提供商，为重点行业的合作伙伴提供专业知识及定制化服务。从一个纯粹的"设备供应商"，过渡到"解决方案与服务提供商"，将是机器人企业转型升级的有效路径。而通过软硬件一体的解决方案切入某个垂直领域，又将能够获取全行业的数据。

以行业需求为驱动，以用户价值为主导，解决客户痛点，发挥机器人降本增效提质的价值，并规模化落地的机器人企业将更具竞争力。这类企业不仅能快速获取不同客户的痛点信息，还能"量体裁衣"式地提供不同的解决方案，最终发展成为独立的、具有全面功能的、通用性强的智能化服务企业平台。

5.3 工业机器人生态圈逐渐成熟

在国内巨大需求的驱动下，国产机器人公司通过不断的技术迭代和升级，打造标准化智能工业机器人（包含工业机器人和协作机器人），结合标准化、柔性化的周边设备（磁悬浮柔性智造线、AGV），并与数字化、智能化技术有机整合，形成自主可控的工业机器人生态圈（见图5）。

5.4 制造业智能转型的溢出效益

制造业数字化转型和智能化技术的成熟，将产生强大的溢出效应。技术成果借鉴到第一产业——农业、第三产业——服务业，能重塑产业流程，加速传统动能转化；还将诞生无限可能的"新产业组合"，在原产业基础上创造出新的附加价值，形成产业新动能，完整地实现产业结构调整和产业重构升级。

例如在种植业、畜牧业、餐饮服务业等领域，通过综合运用人工智能、工业自动化、边缘计算、物联网传感器、区块链等技术，实现了产品从种植到生产、仓储流通的无缝化、可视化溯源，并通过构建新型智能装备，促进产业高质量发展，在提高数字化程度的同时，有力地保障了消费者的权益。◆

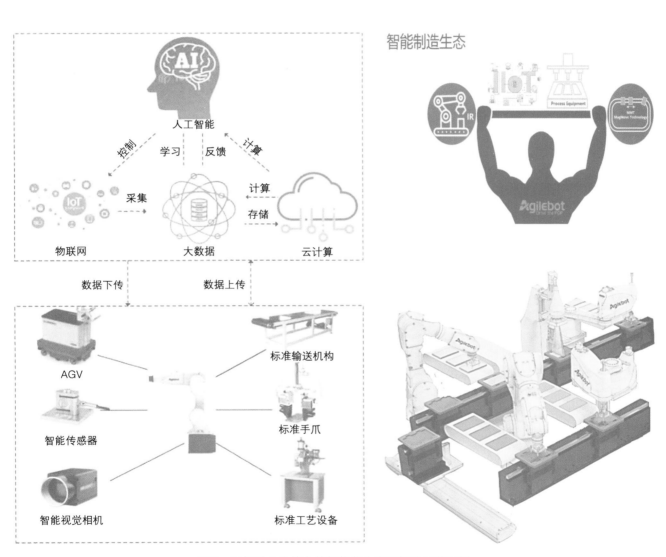

图5　以机器人为核心的智能化生态圈打造示范图例

【参考文献】

[1] 工程师周亮.贸易战给中国制造业带来了什么样的影响？［EB/OL］.(2018-10-13)［2022-01-22］.https://m.elecfans.com/article/796605.html.

[2] 数字化中之杰.浅谈传统制造业数字化转型行业现状与发展趋势［EB/OL］.(2021-12-10)［2022-02-10］.https://www.sohu.com/a/506870785_120747341.

[3] 中国机器人网.工业机器人在智能制造业中的应用［EB/OL］.(2020-07-05)［2022-03-05］.http://www.elecfans.com/jiqiren/1239503.html.

[4] 衣正尧.工业机器人厂家发展述要之一：欧美主流工业机器人厂家及其在中国的市场［J］.中外企业家,2016(2): 53-55.

[5] 丁弋弋.差异化竞争优势凸显 国产工业机器人迎历史性发展机遇［J］.上海信息化,2022(1): 36-39.

[6] 戴荣荣.日本工业机器人产业崛起之路［J］.机器人产业,2015(1): 52-57.

[7] 丁弋弋.工业数字化转型加速国产机器人发展驶入快车道［J］.上海信息化,2021(7): 23-26.

[8] 证券之星.2021年中国工业机器人行业全景图谱［EB/OL］.(2021-06-29)［2022-03-29］.https://baijiahao.baidu.com/s?id=1703875467047563874&wfr=spider&for=pc.

[9] 36氪.2021年中国机器人行业研究报告［EB/OL］.(2021-12-22)［2022-02-20］.https://baijiahao.baidu.com/s?id=1719800435692225362&wfr=spider&for=pc.

钢铁工业数字化工厂建设与运营
——浅谈数字孪生技术的应用

钢铁行业正处于绿色低碳、高质量发展的关键时期，智能制造/数字工厂是关键抓手，本文讲述了数字化工厂设计、建造、交付、生产、运维的方法论，以及数字孪生技术在工程应用中发挥的重要作用，并分析了流程型制造企业多维度优化及全生命周期工业资产的价值化管理。

关键词

钢铁行业；数字工厂；数字孪生；建设与运营

【作者简介】

袁　磊　博士，宝钢工程技术集团公司党委委员、副总经理、CFO、CIO，中国宝武钢铁集团重点科研项目负责人，教授级高级工程师，正高级会计师，特级管理会计师。研究方向为钢铁工业数字化、价值化。

① 在2021年第三届中央企业熠星创新创意大赛中，集团的"数字化设计交付、数字化钢厂建设及运营服务"项目，在77家央企3 340个创新实践项目中脱颖而出，以总排名第35名的成绩在全央企两年一轮的大比武中荣获二等奖。

《中》华人民共和国国民经济和社会发展第十四个五年规划和2035年远景目标纲要》明确提出数字中国战略。国务院印发的《"十四五"数字经济发展规划》明确提出，数字经济是继农业经济、工业经济之后的主要经济形态，发展数字经济是把握新一轮科技革命和产业变革新机遇的战略选择。钢铁行业作为工业的基础产业，经过改革开放40多年在充分市场竞争环境中的发展，具有较高的基础自动化、信息化水平。随着我国工业互联网创新发展战略的深入实施，钢铁行业的头部企业继续走在工业智能化、数字化创新与发展的前列，担当起一代材料支撑一代文明的历史使命，以材料前沿创新推动引领先进制造业发展，充分发挥海量数据和丰富应用场景优势，促进数字技术与实体经济深度融合。按照《"十四五"数字经济发展规划》要求，钢铁行业需要推进数据质量提升工程，深入开展数据标准、数据治理和数据安全工作；推进行业数字化转型提升工程，培育智慧制造先行区，针对痛点、堵点制定数字化转型线路图，打通业务烟囱和数据竖井，实现"书同文，车同轨"；推动产业生态融合，打造高效、透明、可控的智能制造和服务体系，赋能钢铁行业绿色低碳新发展和先进材料精品制造转型升级。

1 研究背景

钢铁行业正处于推进绿色低碳、高质量发展的关键时期，智能制造、数字工厂是实现两大目标的关键抓手，持续受到国家和行业的高度重视。钢铁行业面临着以数字化技术推动传统制造业转型升级的历史机遇与挑战，我们需要从钢厂全生命周期的视野来看智慧制造的实施路径和效果。钢铁工业基础设施及工厂建设是制造业建设的第一步骤，中国宝武钢铁集团技术创新体系的"三驾马车"是"研究开发、工程集成、持续改进"，这三环紧紧相扣。因此，制造业数字化转型中，从工厂设计建造、工程集成开始数字化转型是很重要的起点。面临的问题有以下几个：一是如何流程化、平台化、标准化地全面完整采集这个过程中的数据；二是采集的数据如何形成知识存储和复用能力，为同类装备的系列化、参数化设计和价值化管理提供高效设计服务，进而为装备制造和工程建设服务；三是工程数据及装备投产后的数据，如何为工厂运营中装备状态点检诊断、备件管理的过程所使用，进而为生产过程中与装备相关的质量管理、节能降耗等环节使用。目前，我国流程型制造业，包括钢铁业，其资产全生命周期存在很多数据断点，或者叫数据黑洞，数据难以集成起来。数字化转型的最好方式是把全生命周期的数据按照标准集成起来，在数据中找到支持各种应用场景的规律、算法、模型来优化全生命周期的活动，使得效率更高、成本更低、风险更受控。这种把工厂全生命周期数据集成起来，通过大数据仿真及所产生的算法模型支持动态过程优化、不断迭代升级的数字工厂建设和运营，是制造业数字化转型的重要方式。

从工程建设的普遍意义来看，当前工程建设行业产值占我国GDP相当大的比重，在我国经济转型发展中起着举足轻重的作用，然而这个行业仍然是非农产业中工作方式最传统、生产效率最低下的领域。在过去的几十年中，随着计算机技术的发展和普及，信息化推动制造业生产效率大大提高，而工程建设行业的生产效率却难以有实质性的提高，主要是因为工程行业和制造业业态的不同。制造企业生产的机器设备、流程、人员、场所相对固定，容易建设标准进行管控，而工程行业的每个合同项目都有特殊性，EPC（engineering-procurement-construction）业务流程更具有开放性，需要在纷繁复杂的环境中利用数字化技术抓住各种来源的数据和价值管理内核，针对大规模的业务数据，建立柔性的快速响应机制，构建数据底座和数字资产。

据美国国家标准与技术研究院（NIST）统计，美国重要的工业设施在整个工厂生命周期内，由于缺乏数据协同所带来项目成本的浪费为总项目成本的5%～10%，其中超过2/3由业主承担，1/3由工程相关单位承担。

基于ICT技术的工程建设数字化发展日新月异，工程建设数字化在项目质量、成本、进度、标准化等方面均效益显著。麻省理工学院（MIT）斯隆数字经济项目首席研究科学家乔治·韦斯特曼（George Westerman）在《引领数字化：让技术驱动商业转型》中判断，熟练应用新数字化技术的企业，利润比行业竞争对手要高出26%，对数字化技术的更新与深度把控，将直接决定企业的竞争力。斯坦福大学集成设施工程中心对32个应用BIM（building information modeling，建筑信息模型）技术的大型项目进行了分析。数据显示，模型化、数字化设计可以得到的回报如下：① 消除40%的未预料的工程变更；② 降低成本估算时间的80%；③ 造价成本误差控制在3%以内；④ 通过碰撞检查减少10%的合同造价；⑤ 缩短7%的项目进度时间。工厂的数字化设计与交付不仅仅是建设方式的转变，更催生了工程建设、运营维护的全生命周期新技术和新管理模式，助推工厂装备从构建源头实现系列化、标准化、数字化，这是实现数字工厂正向建设与运营的必备前提条件。

当前在我国制造业数字化、网络化、智能化转型的工作中，探索数字化工厂建设及运营的技术与应用是一个重要任务，特别是数字孪生技术的工程应用。作为工业互联网的重要技术之一，数字孪生可以打通物理世界与数字空间，将实体数据与孪生模型集成融合，为优化物理空间提供决策支持和执行依据。全球行业分析师（Global Industry Analysts）报告，2020年全球数字孪生市场规模为46亿美元，并将于2026年达到287亿美元。Gartner也连续3年将数字孪生列为未来十大战略趋势。从企业层面看，数字孪生技术在工业研发，智能工厂数字化设计、建造、交付、生产、运维及全生命周期工业资产全链条管理方面可以发挥重要作用。

谈到中国制造业的数字工厂建设，理论界和实务界都在积极探讨，但是众说纷纭，莫衷一是，数字工厂的标准建设也在热烈的讨论中。往往是实务界的不断探索与实践，为理论归纳与演绎提供支持。经过多年的实践探索，作者认为流程型制造业数字工厂的正向建设分为从初级到高级的4个阶段：第一阶段是数字化设计形成的数字工厂方案，第二阶段是EPC完成、数字化交付形成的静态数字工厂，第三阶段是实体工厂投产后在静态数字工厂虚拟空间中采集装备三维模型所对应的动态实绩数据而形成的初级孪生工厂，第四阶段是由大量数据算法和模式驱动的高级孪生工厂。实践中也有逆向建设数字工厂的探索，即在实体工厂的基础上，运用扫描软件生成三维图像，在三维空间中集成实体工厂关键装备的运营数据。这种方法能够在一定程度上满足特定的管理需求，但是由于不能对现有设备进行体系化命名并赋以设计参数、对接图纸等，所以不便进行从设计开始的资产全生命周期的优化和管理。

2 数字工厂的建设

青藏高原是中国的"水塔"，长江、黄河分别从青藏高原的唐古拉山脉、巴颜喀拉山脉发源。在数字化时代，企业数字河流的发源地又在哪里呢？装备设计和工程建造的最初数据就是其最初的涓涓细流，而承载着交付标准和数据治理规则的交付平台就是数字化河流的最初河床，所以说数字钢厂的建设首先从数字化设计及交付开始，以终为始、以行为知。目前我国流程型制造业，如钢铁行业、石化行业、电力行业，其基于数字化设计和交付的数字化工厂的成功案例正处在一轮波澜壮阔的实践中，大部分处于第一、第二阶段，而进军第三阶段的数字工厂建设是凤毛麟角，第四阶段几乎是空白。作者所在的宝武钢铁集团在数字工厂建设中奋发创新，在第四阶段的探索中已经卓有成效。

2.1 设立工厂对象位号标识

在缺乏最初顶层设计的情况下，长流程制造企业的多个信息系统根据自身业务管理特点，不断丰富完善本系统的代码设置，很好地完成了本职工作，但是各个系统之间代码相关性不大，造成数据不能贯通共享。这些在线运营的系统树大根深，蕴含着本专业深厚的知识体系。我们面临的难题是，如何在尊重各个体系的同时能够跨越数据竖井呢？围绕冶金产线装备的系列化、标准化、数字化，从设计源头出发，研究产线装备全生命周期各个阶段的数据形态和管理方法，分析设计管理、工程项目管理、生产管理、设备管理、资产备件管理、工程档案管理等各类系统的共性和差异性，以工业互联网方式重新定义工厂对象，探索通过描述制造业工艺逻辑功能对象来建立位号标识体系，以该位号体系建立对现有各个相互孤立信息系统的柔性连接关系，打通工程设计、采购、施工、调试、生产、运维、备件采购、技术改造、退役等各个阶段的数据壁垒，实现产线装备全生命周期的"一码贯通"。这是企业重要的数据治理工作，技术难度和管理难度都很大。这个难题是横亘在制造业数据河流上的一道难以逾越的屏障，如果不能贯通，数据河流就是一段段的堰塞湖。

2.2 建立数字化设计交付标准、数字孪生标准

针对钢铁生产流程连续、工艺体系复杂、产品中间态多样化等特点，亟待制定钢铁行业智能制造标准。为了更好地推动钢铁工业数字工厂建设，我们正在积极牵头或参编冶金工业信息标准研究院和全国钢标准化技术委员会组织的钢铁行业智慧制造标准的研制工作。主要内容是建设以工厂对象位号标识码为核心的数字化设计交付标准、数字孪生标准等，以及钢铁行业智能工厂评价导则、钢铁行业智能工厂评价方法等。钢铁行业数字工厂和数字孪生的建设发展具有重要意义。① 解决智能化建设关键技术难题，促进关键技术持续优化发展。② 促进提升我国钢铁制造核心竞争力。数字孪生系统可对制造过程进行虚拟仿真，在智慧的传承和累加中实现低成本试错、智能化决策和高效率创新，升级现有制造模式，打造柔性化、数字化和智能化的制造体系。③ 具备贯穿全生命周期的动态集成能力，通过设计数字孪生、生产数字孪生、运营数字孪生、服务数字孪生等过程优化，实现全生命周期资产管理。④ 形成示范效应，带动冶金行业智慧制造水平提高，进一步夯实全球领先地位。智能制造数字孪生行业标准的重点研制需求主要包括：数字孪生架构、技术要求与规范、全流程一体化协同管控技术要求、数据交互与接口规范、模型成熟度与评估方法、数字孪生装备通用要求、钢铁行业应用工艺参数在线检测与预测规范等。

在工业和信息化部与国家标准化管理委员会共同发布的《国家智能制造标准体系建设指南（2021版）》中，钢铁企业智能工厂在国家标准体系中的位置如图1所示。在图1中可以看到智能工厂/数字工厂及数字孪生的内容和相互关系。

2.3 实现数字化设计与交付

工业设计和工程技术服务是个复杂的系统工程，其核心是对生产设施的支持。紧随其后的主机厂和施工方各管一方，EPC工期时间跨度大，过程修改和调整多，经过多方交接最终交给业主运营方的资料文档是以卡车计量的，中间涉及大量的数据断点。理想的状态是建立一个基于工厂对象位号标识码的数字化集成交付平台，为工程建设参建方提供资料提交的统一门户。

（1）数字化交付系统以工厂对象为核心，内置数字化交付的数据标准，接收设计、采购、施工承包商、设备供应商等数字化设计信息并集成关联，形成全周期渐进式、伴随式交付。

（2）将EPC全过程各阶段产生的数据、资料、二维/三维模型等，经标准化整编后，以数字化的形式交付各类成果，实现建设期信息资产

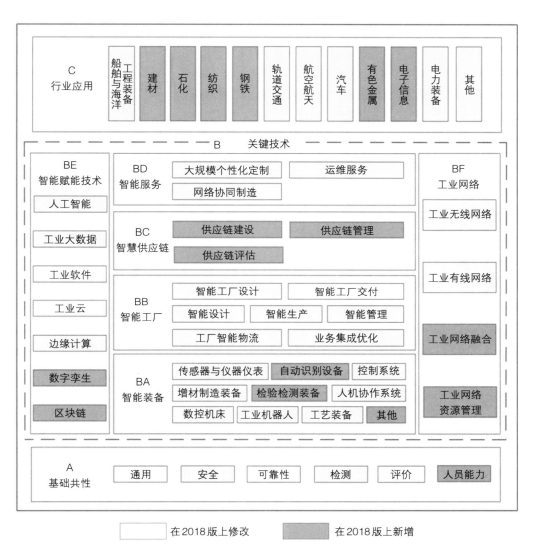

图1 钢铁企业智能工厂在国家标准体系中的位置

的整编和完整性交付,输出满足工厂运营维护、生产管理需求的数据和模型,为数字化工厂和智慧制造提供静态基础设施数据支持。

(3)业主方与总包方、分包方一同构建数字化工具能力,实现多方资料高效传递及同步协同,随时随地获得项目最新信息,在线审阅EPC全过程的成果与进展,接收最早的设计意图和3D模型,把控进度和质量,做好费用管控。

(4)研发数据模型解析技术,将众多类型CAD/CAE设计软件进行统一标准化输出,实现数字化交付和多终端轻量化、可视化应用。这里要特别提及的是,我们当前要攻关的是如何解决数字化设计交付软件"卡脖子"问题,为国产自主工业软件的发展添能聚力。

2.4 建设数字孪生工厂

在传统工程行业交付实物工厂的基础上,工程公司将向业主单位进一步交付数字工厂。如前所述，数字工厂建设分为四个阶段三方面内容。

四个阶段包括：数字化工业设计和工程建设中的静态数据模型建设，生产运营中的动态数据采集及模型的建设，实现静态数据与动态数据的全生命周期匹配，实现数字工厂与物理工厂的相互支持与优化。

三方面内容为：一是基于装备三维模型，形成工艺参数设计可视化、产品模型可视化；实现设备"黑箱"状态远程可视化、异常处理过程可视化等功能；实现三维空间的远程巡检运维。二是推进产线装备状态的全面精细化管理，基于工厂及装备三维模型、工艺机理模型、设备监测预警诊断模型等，提高设备状态预测、备件采购和库存优化能力，发挥数字化工艺设计和设备设计优势，在运营阶段采集现场数据，开发集成算法模型，逐步推进工业知识和经验的数据化、可视化、模型化，实现知识沉淀与传承。三是建设数字工厂智慧管理空间，实现对与装备相关的生产工艺、质量、能耗、环境、安全、成本等关键业务的感知，开发多应用场景的智慧分析与控制模型，以价值创造为导向，深度连接数据，挖掘数据资产价值，实现算法驱动、模型驱动能力的提升，不断提高工厂的产出效率和管理效率，构建更为柔性、灵活的大制造体系。推进跨时间、跨空间融合，构建人机一体的智慧场景，以移动技术

改变工作方式。

通过运用数字化设计交付、数字化钢厂建设及运营服务的关键技术，数字钢厂示范产线已经在建设工期提前、备件库存减少、故障停机时间减少、产品质量提升等方面取得显著成效。

数字孪生是一系列技术的集成融合和创新应用。实时运行的数字工厂，集成工程建设数据和工厂运营数据，建立数字模型并不断迭代，应用数字孪生技术研究生产全过程实时动态跟踪与回溯的双向真实映射，基于数字主线完成物理实体在数字空间的模型映射，并基于PLC（可编程逻辑控制器）及传感监测和数据传递，通过表达引擎、搜索引擎、计算引擎、推荐引擎，实现对物理实体的表达、诊断、预测、仿真、优化和控制，从而帮助钢厂优化生产和运维，建设工业大脑，成为学习型、智能化钢厂。

智慧制造中数字孪生技术的架构图如图2所示。

2.5 建设工程造价库

一般来说，质量是生命，成本是寿命。制造企业的成本管理一直是个重要的话题，其中工程基建成本管理比生产成本管理难度更大。工程建设行业产业链条长，从勘察设计、施工建设、监理、工程咨询，到工程管理、工程造价等多个细分领域，体量大，参与主体众多，业务过程复杂，从业人员多，工作方

式传统，所以工程成本的精细化、标准化管理是非常有挑战性的，财务管理及固定资产入账等工作管理粒度较粗，会计科目较为简单。从工程设计和建设源头开始的数字化设计交付、数字化工厂建设和运营的发展日新月异，全周期数字化解决方案不仅转变了建设方式，更催生了与工程建设、运营维护相关的新的成本管理及全生命周期价值管理模式，助推冶金装备系列化、标准化、数字化、绿色化。关于工程建设的建筑安装部分，2020年住房和城乡建设部办公厅发布了《工程造价改革工作方案》，取消最高投标限价按定额计价的规定，逐步停止发布预算定额；鼓励企事业单位通过信息平台发布各自的人工、材料、机械台班市场价格信息，供市场主体选择。为此，大型工程及制造型企业集团有责任积极推动行业工程造价的市场化改革，加强工程造价数据积累，加快建立国有资金投资的工程造价数据库，按地区、工程类型、建筑结构等分类发布人工、材料、项目等造价指标指数，利用大数据、人工智能等信息化技术为概预算编制提供依据。大型央企有责任积极响应国家号召，带头探索建立行业工程领域价值管理的造价库。

宝武钢铁集团在数字化时代创建价值管理体系，从设计源头开始，建设工程造价库，为集团建设工程投资控制及价值管理提供了有力

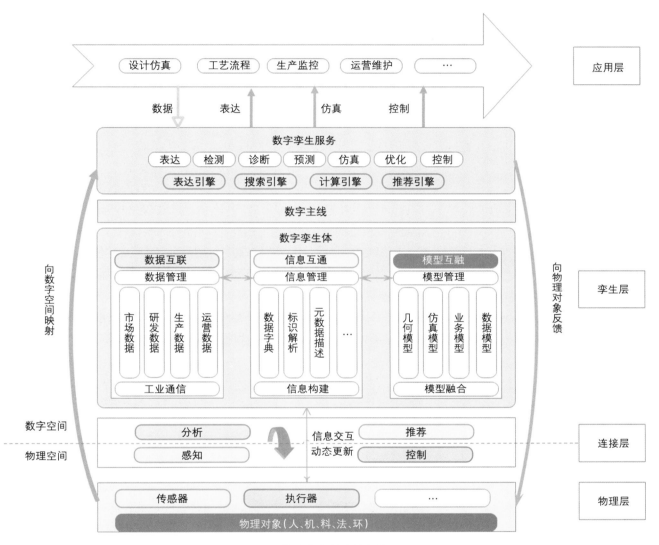

图2　数字孪生技术的架构图

的数据支持。集团通过对工程项目投资概算、招标采购、竣工结算数据的智能采集，实现工程造价数据的智能化对比分析，为投资决策和工程过程管理提供工程造价专业化服务。

以往传统工程行业交付实物工厂和几卡车图纸，数字化时代我们要做的是在这个基础上进一步交付数字工厂和工程造价价值模型，进而形成数字资产、金融资产。价值交付方面，一方面是工程造价，要体现工程设计和建设的高质量、低成本；另一方面要为交付生产使用后的精益运营提供数字化的工作环境，贯穿工程建设和生产运营活动的各个环节，全流程实现最小管理基准值的价值化管理创新。

生产过程的精益运营水平决定了产品的变动成本，工厂装备的设计和建造水平决定了产品的固定成本。我们不仅通过数字化加快工程项目建设进度、提高质量、降低固定成本，还要实现工厂建设与生产运营双向联动，从资本投入产出的全生命周期系统性角度优化全成本，精准控制工程建设成本，联动优化工厂运营过程，降低变动成本。打通产品链、资产链、价值链，实现数字工厂从投入到产出的全生命周期效能提升，系统性推进碳排放的下降。

通过工业大脑、数字孪生功能的建设应用，从源头建立统一的工程数字化技术和标准体系，发挥设计、制造、运维、备件优化的数字化协同联动效应，将数字工厂工艺、模型融入设备设计和工程中，不断迭代升级。工业数字孪生是多类数字化技术的集成融合，其中仿真建模与数据科学的融合应用是关键。云平台是数据集成、模型融合的关键载体，是数字孪生发展的重要基础设施，数字工厂要实现软件上云、流程上云、数据上云、标准上云、模型上云、价值上云，赋能智慧制造，提升钢铁行业数字化能力和水平。

3 数字工厂建设面临的挑战与思考

3.1 管理变革

数字世界展开了一幅"人＋技术＋数据"的精美画卷，对于大企业来说，管理甚至定义了技术的边界，而管理往往是短板，标准化、流程化、价值化管理能力不足，造成质量、成本、效率方面有很多需要改进

的地方。因此，以管理变革与创新来推进制造业数字工厂建设是非常重要的。数字化创新力的培育需要经历艰难的过程，需要人、观念、组织、流程等方面的转变。数字工厂的建设在本质上讲，需要人们转变思想观念，优化团队组织结构和知识结构，创新工作流程。领导者要有坚定的决心和行动，组织企业的人、财、物资源，投入资产链、产品链、价值链的数字化转型与重构中。数字工厂的建设，需要推动基层组织变革、工作流程变革，打通界面、贯通数据以提升管理效率，提高管理智能化水平，推进跨空间、跨时间融合，统一管理思想，统一业务逻辑，以同一平台、同一标准、同一文化，推动数字化创新从业务驱动向数据驱动转变。

3.2 要解决什么问题，如何挖掘需求

作者的一位长者曾说：对于任何信息化项目开发，业主决策层的主管领导对项目的需求分析和模块设计的把控能力，是一种稀缺资源。所以，业主的专业能力成为开发商对软件项目风险评估的首要事项。对于以数字技术与实体经济深度融合为主线的工业化和信息化融合，需求的挖掘与管理是最重要的入口，也就是说，我们要清楚到底要解决什么问题，哪些问题是主要问题，哪些问题是有可能在现有条件下能解决的。一线的业务经验和管

理痛点很重要，往往需要由设计、研究、生产单位的管理者、技术首席、生产及设备操作一线人员组成联合团队共同攻关。时至今日，被称为"鞍钢宪法"的"两参一改三结合"的管理制度（干部参加劳动，工人参加管理；改革不合理的规章制度；工程技术人员、管理者和工人在生产实践和技术革新中相结合）对推动企业走新型的信息化与工业化融合的道路仍然有着深远的现实意义。

3.3 数据管理

工业制造业产生的数据很多，数据是公司的战略资产，但是数据资产化程度不高，那么如何管理好数据呢？第一，从业务、技术、管理等方面定义数据标准，目前"钢铁工业数据分类与编码"标准正在讨论编制中；第二，增强数据治理的工具和实施能力，驱动企业构建跨越孤立数据的简单、可信、一致的数据管理系统；第三，构建全生命周期、实时感知业务、承载仿真与模型算法的数字孪生世界；第四，在数据网络安全的前提下实现数据大范围共享，提高业务作业效率和质量。

3.4 要探索更科学的方法

现有的系统工程方法中，信息以非数字化的文件传递，工程图纸资料交付的是纸质文档和PDF文件，其严重缺陷是不能传递文件内

容之间的相互关系，缺乏系统性和重用性，这样造成企业最宝贵的大量原始数据躺在工程档案馆中难以调用，最终交付的产品和服务与最初的需求相去甚远。近阶段攻坚面临的难点是如何将图纸资料激活、结构化，以进行数据应用。而展望未来的方法是，在需求牵引和技术发展的推动下，以模型为代表的信息技术在钢铁行业数字化工厂建设中将发挥重要的作用，基于模型的系统工程MBSE（model-based systems engineering）从需求阶段开始即通过模型的不断演化驱动工艺设计、装备设计的不断优化，包括需求分析，功能分析，系统设计、确认及验证行为均由结构化数据或模型表达，并驱动联合仿真，以及产品设计、实现、测试、验证和确认环节。

3.5 要不断探索新技术，积累专业知识

当前国内数字化工厂建设大部分应用仍处于数据融合和实时诊断阶段，而宝武钢铁集团数字工厂建设取得了突破性进展，建成了承载多方数据的三维数字空间，以及全生命周期数字工厂云平台，为主作业线示范工厂分析预测能力的提升提供了肥沃的数据土壤。在智慧制造实践中，集团探索新技术，丰富建模功能，提升建模精度，从横向丰富场景和纵向优化性能两方面不断提升水平，凭借深厚的行业细分领域经验，形成多场景数字孪生解决

方案。但是在实际操作中，我们面临着许多短板和"卡脖子"问题，例如数字化设计及仿真软件基本依赖进口，而承载本行业知识的软件非常难得，且往往是由黑匣子保护。数字化设计及仿真软件的各种输出模型的解析与整合需要技术攻关；数字化设计、交付、数字化工厂孪生标准尚未形成体系，数字化设计融入现场实际作业流程不足，装备仿真、数字孪生、数据互联互通接口等方面的总体技术水平与国外先进制造业相比存在差异；与装备密切相关的生产工艺、质量、能耗等模型积累不够。

3.6 工业软件是短板

改革开放以来，钢铁领域工业软件有了长足进步，特别是ERP（企业资源计划）、SCM（供应链管理系统）、CRM（客户关系管理）很成熟，有良好的应用；在制造过程中，生产管理系统、设备管理系统、质量管理等工业软件也很成熟。但是，我们在工业软件上还存在许多短板，如生产过程中流程模拟、排程优化方面的工业软件还不稳定，甚至是缺乏；而在工厂设计、体系建模与仿真、数字工厂建设方面的工业软件虽然拥有雄厚的应用基础，但尚处于探索发展阶段，需要我们不断将大量复杂的工业知识与数学、计算机技术相结合，通过建模与优化不断发掘、固化、传承工业知识，为智慧制造赋能。而在智慧制

造领域，恰恰蕴含着巨大的潜力和价值。

工业软件一直是智能制造和工业互联网必不可少的武器，工业运行的逻辑是基于大量的工业化知识的，工业软件就是工业化知识的集大成者，大量复杂、精细的工业知识，越来越紧密地被编码化。国际上许多拥有先进制造业的国家，在数字化、网络化、智能化发展过程中，不断围绕制造能力来发展工业软件，将工业优势转化为工业软件。纵观美国工业软件的发展道路，可以给我们些许启示。2008年金融危机之后，美国开始反思过度依赖虚拟经济的产业政策，同时将制造业作为振兴美国经济的抓手。2009年美国竞争力委员会发布的白皮书《美国制造：依靠建模和模拟保持全球领导地位》，将建模、模拟和分析的高性能计算，视为维系美国制造业竞争力战略的王牌。2010年美国发布的白皮书《高性能计算与美国制造业圆桌会议报告》指出，建模与仿真可以显著缩短设计周期。2011年美国高端制造合作伙伴计划（AMP）重点发展三大领域：一是开发面向复杂系统的设计工具，二是开发模块化制造设备，三是提供开发式参与平台（围绕数字模拟技术的工具和应用软件平台）。2014年美国商务部推出《振兴美国先进制造业》战略计划，确立优先发展的三大技术领域的战略，包括先进传感器、控制和制造平台技

术（ASCPM），可视化、信息化和数字化制造技术（VIDM），以及先进材料制造技术（AMM）。新的使用数据和信息的方法能实现网络资产（cyber asset）和物理资产（physical asset）之间的无缝交互。可视化、信息化和数字化制造技术涵盖了从数字化设计、采购和交付，直至产品定制化生产的整个过程。先进材料制造技术主要发展数字孪生技术等。2018年美国国家科学技术委员会发布《先进制造业美国领导力战略》报告，认为先进制造业是美国经济实力的引擎和国家安全的支柱，制造业应与研发、产品设计、软件开发和集成系统，以及为向市场提供有价值的产品或服务而开展的生命周期服务活动等价值链紧密结合。在国家战略层面，美国把科学计算和建模仿真作为服务于国家利益的关键技术，多年来一直持续推进。

依靠"政、产、学、研"的密切合作，中国国家制造力量在不断发展壮大。大学拥有强大的基础教育和研究能力、深厚的数学基础，还具有强有力条件与企业共同研发工业软件，成为工业软件最重要的摇篮。数字经济时代，政产学研用联合攻关，紧密围绕钢铁行业关键环节，开展新一代信息技术与制造装备融合的集成创新和工程应用，强化企业创新主体地位，促进各类创新要素向企业集聚，钢铁工业数字化工厂建设与运营将迎来飞跃式发展。◢

【参考文献】

［1］国务院关于印发"十四五"数字经济发展规划的通知［EB/OL］.（2021-12-12）［2022-04-22］.http://www.gov.cn/zhengce/content/2022-01/12/content_5667817.htm.

［2］卢阳光，马逢伯，漆书桂.数字孪生视角的数字工厂建设［J］.信息技术与标准化,2019（6）：35-39.

［3］孙丽丽.石化工程整体化管理模式的构建与实践［J］.当代石油石化,2018,26（12）：1-8.

［4］工业互联网产业联盟（AII）.工业数字孪生白皮书（2021）［R］.北京,工业互联网产业联盟,2021.

［5］林雪萍.工业软件简史［M］.上海：上海社会科学院出版社,2021.